COLLECTION DE TEXTES
POUR SERVIR A L'ÉTUDE ET A L'ENSEIGNEMENT DE L'HISTOIRE

LES GRANDS TRAITÉS
DU RÈGNE DE LOUIS XIV

PUBLIÉS PAR

HENRI VAST
Docteur ès-lettres

II

TRAITÉ D'AIX-LA-CHAPELLE
TRAITÉS DE NIMÈGUE ET TRÊVE DE RATISBONNE
TRAITÉS DE TURIN ET DE RYSWICK
(1668-1697)

PARIS
ALPHONSE PICARD ET FILS, ÉDITEURS
...ires des Archives nationales et de la Société de l'École des Chartes
82, RUE BONAPARTE, 82

1898

LES GRANDS TRAITÉS

DU RÈGNE DE LOUIS XIV

II

MACON, PROTAT FRÈRES, IMPRIMEURS

COLLECTION DE TEXTES
POUR SERVIR A L'ÉTUDE ET A L'ENSEIGNEMENT DE L'HISTOIRE

LES GRANDS TRAITÉS DU RÈGNE DE LOUIS XIV

PUBLIÉS PAR

HENRI VAST
Docteur ès-lettres.

II

TRAITÉ D'AIX-LA-CHAPELLE
TRAITÉS DE NIMÈGUE ET TRÊVE DE RATISBONNE
TRAITÉS DE TURIN ET DE RYSWICK
(1668-1697)

PARIS
ALPHONSE PICARD ET FILS, ÉDITEURS
Libraires des Archives nationales et de la Société de l'École des Chartes
82, RUE BONAPARTE, 82
1898

LES GRANDS TRAITÉS

DU RÈGNE DE LOUIS XIV

I — TRAITÉ D'AIX-LA-CHAPELLE

I

NOTICE PRÉLIMINAIRE

La paix d'Aix-la-Chapelle (2 mai 1668) met fin à la guerre dite de *dévolution*, qui a eu pour objet la conquête de l'ancien cercle de Bourgogne, c'est-à-dire de la Belgique et de la Franche-Comté. Il s'agissait pour Louis XIV de dépouiller les Habsbourg de celles des provinces de langue française qu'ils avaient gardées. Les prétextes d'intervention ne manquaient pas. Louis XIV invoqua d'abord la *nullité des renonciations de la reine*, puis le *droit de dévolution*; en dernier lieu, il eut recours à la force.

A. Les conditions mises aux renonciations de la reine étaient définies dans son contrat de mariage. Il y était dit à l'article IV [1] que, moyennant le paiement de 500.000 écus d'or à certaines époques fixées, la reine renonçait pour elle-même et pour ses héritiers à tout droit sur la succession d'Espagne. Les paiements n'eurent pas lieu : la Feuillade, archevêque d'Embrun [2], arrivé à

1. V. le précédent fascicule, p. 170.
2. V. ses instructions dans le *Recueil des Instructions*, Espagne, par Morel-Fatio, t. I, p. 161.

Madrid le 1er août 1661, avec le titre d'ambassadeur ordinaire, fut chargé des justes réclamations de la cour de France à ce sujet. Elles ne furent pas accueillies [1]. Dans l'intervalle, l'infant Philippe-Prosper, le seul survivant des fils de Philippe IV, mourut (1er nov. 1661). Marie-Thérèse, l'aînée de ses filles, devenait donc, en vertu de la loi de succession castillane, l'héritière de toute la monarchie espagnole. Il est vrai que cinq jours après cette mort, la reine d'Espagne donna le jour à un dernier infant, Carlos-José, qui fut plus tard le roi Charles II. Mais ce dernier rejeton d'une race affaiblie pouvait disparaître à tous moments. Il était bon de fixer les droits de Marie-Thérèse et de les faire reconnaître officiellement par les diverses chancelleries de l'Europe. L'archevêque d'Embrun fut chargé de négocier, avec la cour d'Espagne, l'annulation des renonciations. L'Espagne recherchait à ce moment l'alliance française contre le Portugal et contre l'Angleterre. Louis XIV proposa d'abandonner le Portugal : le duc de Medina de las Torrès, qui avait remplacé don Luis de Haro [2], refusa de donner aucune satisfaction à Louis XIV relativement aux renonciations [3] (janvier-juillet 1662). Malgré leur insuccès, ces négociations n'avaient pas été inutiles. Le secret en avait transpiré ; l'opinion publique s'était habituée à la pensée que les renonciations pouvaient être discutées, peut-être annulées.

B. Dans le cours des précédentes négociations, pour prix de son alliance contre l'Angleterre, Louis XIV avait ordonné à son ambassadeur de réclamer au roi d'Espagne, à titre « d'avancement d'hoirie pour la dot de la reine », l'annexion des Pays-Bas espagnols, sauf à se contenter de la cession immédiate de la Franche-Comté, du Luxembourg, du Hainaut, du Cambrésis, plus Aire et Saint-Omer [4]. C'est en effet du côté du Nord qu'il voulait étendre le territoire français et fortifier la frontière. Le *droit de Dévolution* lui fournit un prétexte pour y arriver. Voici

---

1. V. *Corresp. politique*, Espagne, t. XLII, fos 157-165 ; 179-181 ; 194-195 ; 201 ; 222-228 ; 275-276 (août-nov. 1661).
2. Mort le 17 nov. 1661.
3. V. Espagne, t. XLII, fos 203-205 ; 449-456 ; 537-540 ; 543-549 ; 550 ; 570 ; 590-594 et t. XLIII, fos 14-21 ; 49-51 ; 112-121 ; 137-139 ; 172-173 ; 178 ; 181-186 ; 211 et 228-241. Dans cette dernière dépêche (6 juillet 1662) se trouve le refus définitif opposé par un conseil de théologiens et de docteurs en droit, réunis chez l'inquisiteur général, d'accepter la révocation de la renonciation de la reine.
4. V. Espagne, t. XLII, fos 574 et 581.

comment Saint-Prest le formule[1] : « C'est une coutume établie dans quelques provinces des Pays-Bas, particulièrement dans le Brabant, qu'en faveur des premières noces, les biens immeubles du père et de la mère sont affectés aux enfants du premier lit; en sorte que, lorsqu'il arrive dissolution du premier mariage, ils héritent, par droit de succession, des biens de celui qui est décédé, et ceux du survivant leur sont *dévolus* et tellement assurés, qu'une fille du premier lit est préférée pour ces biens dévolus à des garçons du second lit[2]. Cela présupposé, il est constant que toutes les Seigneuries, au Pays-Bas, où cette coutume a lieu et que le roi Philippe IV possédait, lorsque la reine Élisabeth, sa première femme, mourut, furent *dévolues* à don Balthazar, son fils, et, après la mort de ce prince, à l'infante Marie-Thérèse, qui resta seule du premier lit. C'était donc un droit déjà acquis à l'Infante par la mort de son frère Balthazar, lorsqu'elle fut mariée au Roi, auquel par conséquent elle n'avait pu renoncer étant mineure et qui n'était point compris dans la renonciation qu'elle fit à la succession de son père et de sa mère. » Les jurisconsultes espagnols objectaient que le droit de dévolution est une coutume civile qui ne pouvait régir la transmission des États; qu'elle ne pouvait prévaloir contre les lois politiques fondamentales des Pays-Bas, telles que la pragmatique sanction de Charles-Quint, qui faisait des Pays-Bas une masse indivisible... Gamarra, représentant de la cour d'Espagne à La Haye, prétendait même, que si le droit de dévolution était admis, les Pays-Bas auraient dû revenir aux descendants de Catherine de Savoie, née du troisième mariage de Philippe II, tandis que Philippe III était issu du quatrième mariage[3]. Le roi était résolu à ne tenir compte d'aucune objection. Déjà en 1662, l'archevêque d'Embrun avait fait allusion à ce droit dans une conversation avec le duc de Medina[4].

Le roi fit imprimer en latin, en français et en espagnol, en forme de manifeste, un traité que les jurisconsultes[5] qu'il avait

1. *Hist. des Traités de paix*, t. I, p. 614.

2. Voici l'article de la coutume de Brabant relatif au droit de dévolution : « Sir vir vel uxor quibus liberi supersunt moritur, ad prolem unam vel plures per separationem thori proprietas feudorum provenientium ex latere superstitis devolvitur, servato superstiti solummodo eorumdem feudorum usufructu hereditario. » Cité par MIGNET, *Négociat.*, etc., t. II, p. 70.

3. V. Lonchay, *La Rivalité de la France et de l'Espagne aux Pays-Bas* (1635-1670). Bruxelles, 1896, p. 228

4. Espagne, t. XLIII, f° 28, 11 mars 1662.

5. On attribue ordinairement à Duhan, secrétaire de Turenne, la rédaction

employés avaient composé sur *les droits de la reine sur divers États de la monarchie d'Espagne*[1]. » Ce traité comprenait deux parties. Dans la première partie, on établit juridiquement la nullité de la renonciation imposée à la reine par les cinq motifs suivants : 1° Elle est contraire au droit naturel et au droit civil; elle est justifiable seulement par une décrétale du pape Boniface VIII, disant que, si une fille a été suffisamment dotée par son père et qu'elle ait fait serment de renoncer à la succession paternelle, elle doit s'en tenir à son serment : décrétale qui ne peut s'appliquer aux royaumes et souverainetés; 2° le roi d'Espagne n'a rien donné à sa fille : les 500.000 écus d'or qu'il lui a promis en dot ne sont, en réalité, que la *légitime* de sa mère Élisabeth, qui a apporté cette somme à son époux et, en outre, 50.000 écus de pierreries : la dot promise n'a d'ailleurs pas été payée; 3° la renonciation de la reine ne s'appliquait qu'aux successions futures. Or, par le fait de la mort de sa mère et de son frère, la reine, au moment de son mariage, se trouvait héritière de plein droit; 4° la renonciation d'une mineure (de moins de 25 ans) n'est pas valable; 5° un roi ne peut changer l'ordre de succession à la couronne qu'après avoir consulté les conseils établis dans ses États, ce qui n'a pas été fait. — Dans la deuxième partie, on spécifie les légitimes répétitions de la reine : 1° *en deniers*, elle a droit à la dot de sa mère (500.000 écus); à l'augment de dot, à elle constitué par le roi (166.666 écus); aux pierreries apportées par elle (50.000 écus); et à celles que lui a données le roi (50.000 écus); soit une somme totale de 766.666 écus d'or augmentée de ses intérêts depuis le mois de juin 1660, date du mariage; 2° *en biens fonds*, elle a droit

---

du *Traité des droits de la Reine*. Il fit probablement partie de la commission de jurisconsultes dont il est question ici.

1. *Mémoires et documents*, Espagne, t. LXXIV. Sous le titre de *Négociation du traité d'Aix-la-Chapelle*, ce volume donne un résumé très complet et très clair du *Traité des droits de la Reine* et des négociations qui ont suivi son apparition. — Le *Traité des droits de la Reine* forme un volume de 270 p. in-4 qui a été imprimé à l'Imprimerie royale en 1667. — Le baron de Lisola y répondit par l'écrit intitulé le *Bouclier d'État et de justice* et d. Ramos del Manzano par la *Respuesta de España*; puis vint une réplique de Guy Joly. Des flots d'encre ont coulé pour soutenir ou pour combattre les prétentions de Louis XIV. Pour l'histoire de Lisola, consulter ALF. FRANCIS PRIBRAM, *Franz Paul Freiherr von Lisola 1613-1674, und die Politik seiner Zeit*. Leipzig, 1894. — Voir encore la réplique de STOCKMANS, *tractatus de jure devolutionis* dédié à Castel Rodrigo, cité par Lonchay, dans la *Rivalité de la France et de l'Espagne aux Pays-Bas*, p. 226. — V., pour le *traité des droits de la Reine*, BORGNET, *Louis XIV et la Belgique*, dans la *Revue nationale de Belgique*, t. XVI, p. 26, Bruxelles, 1847.

au duché de Brabant avec ses annexes, au duché de Limbourg, avec les seigneuries de Dalem, Fauquemont et Rolleduc, et tous les pays d'outre-Meuse; à la seigneurie de Malines; à Anvers, au marquisat du Saint-Empire[1]; à la haute Gueldre, aux comtés de Namur, de Hainaut et d'Artois avec le Cambrésis « comme lui appartenant parce que les coutumes de chacun de ces pays y établissent le droit de dévolution » et, en outre, à une partie de la Franche-Comté et du duché de Luxembourg où les biens se partageaient également entre tous les enfants[2]. Ce manifeste « sentait la poudre », c'était le prélude d'une entrée en campagne. Louis XIV appuya par la force des droits tout à fait contestables.

La *préparation* de la conquête de la Belgique est due à une campagne diplomatique fort habilement menée par Lionne. Il a cherché et il a réussi à faire le vide autour de l'Espagne. Le traité du 27 avril 1662 donna à la France l'alliance des Provinces-Unies. Lionne ne put, il est vrai, leur faire admettre la nullité de la renonciation imposée à la reine. Mais il fit accepter du grand pensionnaire Jean de Witt l'idée du *cantonnement* des Pays-Bas espagnols[3]. Ils devaient former une république indépendante dans le cas où la succession d'Espagne serait vacante. Les Hollandais, redoutant l'ambition de Louis XIV, voulaient bien l'avoir pour allié, mais non pour voisin. Dans leur guerre contre les Anglais, ils réclamèrent les vaisseaux promis par le roi de France. Mais Louis XIV avait acheté l'amitié du roi d'Angleterre, Charles II, qui lui avait vendu Dunkerque et Mardyck, en vertu du traité du 27 oct. 1662. Pour répondre aux sollicitations des Hollandais, il attaqua l'évêque de Munster, leur ennemi. Mais par un pacte secret du mois d'avril 1667, il s'engagea à l'égard de Charles II à ne donner aucune assistance offensive à la Hollande. La Suède, par le traité de Fontainebleau (1661), s'engagea à appuyer la candidature, au trône de Pologne, du duc d'Enghien, fils du grand Condé, et, après l'abandon de cette candidature, resserra son alliance par le traité de Stockholm (3 janv. 1663). Le Danemark signa deux traités d'alliance et de commerce (nov. 1662 et 3 août 1663). Il devait contenir la Suède

1. Ce marquisat comprenait précisément Anvers et son territoire.
2. V. *Mélanges et documents*, Espagne, t. LXXIV. f° 22-27.
3. V. Mignet, I, p. 212; Legrelle, I, p. 85; Lonchay, p. 206. — V. la *Correspondance de Gamarra avec Philippe IV* (secrétairerie d'État espagnole, t. 127-134).

dans le cas où l'amitié de ce pays avec la France viendrait à se refroidir. L'alliance avec les Cantons suisses fut renouvelée (4 sept. 1663). Pour tenir en respect la maison d'Autriche, la *ligue* du Rhin fut prorogée par les deux traités de Ratisbonne du 26 mars 1661 et de Francfort du 25 janvier 1663. En vertu de plusieurs accords particuliers, l'électeur de Trêves entra dans la ligue du Rhin (9 octobre 1661); le duc de Neubourg (21 juillet 1666), les électeurs de Cologne (22 oct. 1666) et de Mayence, et l'évêque de Munster promirent seulement de fermer le passage aux troupes que l'empereur pourrait tenter d'envoyer dans la Belgique. L'évêque de Spire et le comte de Nassau (5 mars 1663), le duc de Mecklembourg (18 déc. 1663), l'électeur de Saxe (16 avril 1664) promirent de même leur alliance. Une tentative d'alliance entre Frédéric-Guillaume, margrave de Brandebourg, et la France ne put aboutir (sept. 1664); au contraire, ce prince, par le traité de Clèves (16 février 1666) s'unit étroitement avec les Provinces-Unies. La victoire de Villaviciosa (1664), gagnée sur les Espagnols grâce à l'appui des troupes françaises, assura l'indépendance du Portugal. Le Portugal restait pour la France un « moyen diplomatique » qui pouvait toujours servir contre l'Espagne. Il signa avec Louis XIV un traité d'alliance offensive (31 mars 1667). De toutes ces négociations, la plus délicate fut engagée à la cour de Vienne par le résident français, le chevalier de Grémonville, avec Auersperg, ministre de l'empereur Léopold. Il s'agissait de faire reconnaître du principal cohéritier de Louis XIV dans la succession éventuelle de Charles II, roi d'Espagne, la validité des droits de la reine Marie-Thérèse. Cette négociation aboutit à un pacte secret, le traité de partage du 28 janvier 1668, qui assurait à Louis XIV, dans le cas où Charles II mourrait sans enfants, tout ce que les Espagnols possédaient encore dans les Pays-Bas et, en outre, la Franche-Comté, la Navarre avec ses dépendances, Naples, la Sicile et les Philippines. L'empereur Léopold obtiendrait l'Espagne, le Milanais et les autres colonies espagnoles. Ce traité avait le grand avantage de faire reconnaître les droits de la maison de France sur la monarchie espagnole par le prince qui avait le plus d'intérêt à les lui contester[1].

1. Voir tous ces traités dans Dumont, sauf le traité Grémonville qui, bien que tenu secret, a été révélé par Torcy dans ses *Mémoires* (t. I, p. 36) et auquel Voltaire fait allusion dans le siècle de Louis XIV. Mignet en a donné

Les troupes françaises entrèrent dans les Pays-Bas espagnols sans déclaration de guerre (24 mai 1667). Louis XIV prétendait, en effet, se mettre simplement en possession des provinces qui revenaient à sa femme, comme héritière de son père Philippe IV. Pour soutenir cette prétention, l'archevêque d'Embrun fut chargé d'adresser à la reine régente d'Espagne, à l'inquisiteur général et au duc de Medina, des exemplaires, en espagnol, du traité des droits de la reine. La cour d'Espagne chercha d'abord à gagner du temps en proposant un accommodement et en réclamant l'appui de l'Europe. Mais les troupes françaises continuaient leur marche. L'archevêque d'Embrun reçut, le 6 août, ses lettres de rappel [1]. Nous avons vu comment Grémonville réussit à faire accepter de l'empereur les revendications à main armée du roi de France [2]. En vain, le marquis de Castel Rodrigo, gouverneur des Pays-Bas espagnols, avait écrit aux électeurs et princes de l'Empire pour protester contre la violation du cercle de Bourgogne par les armes du roi de France [3]. Les princes allemands gardèrent une expectative prudente; l'abbé Gravel, représentant de la France près la diète de Ratisbonne, leur fit remettre le traité des droits de la reine avec des commentaires appropriés pour prouver que les princes d'Empire ne peuvent prendre sous leur protection le cercle de Bourgogne sans porter atteinte aux traités de Westphalie. Les princes allemands proposèrent leur médiation (5 oct. 1667) [4]. Une lettre explicative fut envoyée au roi de Suède [5]. Le marquis de Ruvigny partit pour l'Angleterre avec des offres d'argent pour Charles II et de coopération de la flotte française pour favoriser le commerce anglais dans les Indes. Mais le parlement anglais était hostile au roi de France, et même dans le ministère, le duc d'Arlington se montrait grand partisan de l'alliance espagnole. Louis XIV réussit donc seulement à engourdir momentanément la mauvaise volonté britannique sans pouvoir renouveler le pacte secret d'avril 1667. Le nœud de la difficulté était en Hollande. Sitôt que le comte d'Estrades eut communiqué

---

le premier la traduction. — Voir ce traité dans la *Corresp. politique*, Vienne, t. XXIX, f° 110 à 127. — Consulter aussi pour toutes ces négociations, LEGRELLE, la *Diplomatie française*, etc., t. I, ch. II à V; LEFÈVRE-PONTALIS, *Jean de Witt*, t. I, ch. V à VII, et MIGNET, t. II.

1. *Mémoires et documents*, Espagne, t. LXXIV, f° 29.
2. *Id.*, f° 39, 99-100.
3. *Id.*, f° 43.
4. *Id.*, f° 49 et 92.
5. *Id.*, f° 50.

au grand pensionnaire le traité des droits de la reine et la nouvelle de l'entrée des troupes françaises dans les Pays-Bas espagnols[1], Jean de Witt ne dissimula pas sa surprise ni ses inquiétudes. Tout en admettant que le roi pouvait obtenir quelque agrandissement au delà de sa frontière du Nord, les États Généraux se montraient nettement opposés à une annexion de toute la Belgique par la France. L'ambassadeur van Beuningen pressa le roi de s'expliquer sur l'étendue des territoires qu'il prétendait garder. Le roi fit déclarer confidentiellement à de Witt qu'il se contenterait de la Franche-Comté, du Luxembourg, du Cambrésis avec Aire, Saint-Omer, Bergues, Charleroy, Tournai, Douai et à condition que de Witt s'emploierait auprès des États Généraux pour obtenir ces places à la France (4 juillet 1667)[2]. L'irritation croissait en Hollande ; l'inquiétude gagnait le parlement anglais; le comte de Dohna, Hollandais de naissance, passé au service du roi de Suède, faisait entrevoir que son maître pourrait bien intervenir pour imposer sa médiation au roi de France, de concert avec l'Angleterre et les États Généraux, et suggérait ainsi la première idée de la triple alliance[3]. Les instances pressantes de ce diplomate très remuant réussirent à terminer le différend pendant entre la Hollande et l'Angleterre par le traité de Bréda (31 juillet 1667). Déjà toutes ces puissances s'agitaient pour trouver un moyen d'arrêter le roi. Après la prise d'Alost (11 sept.), le roi suspendit volontairement la promenade triomphale de ses armées pour faciliter une entente.

D'Estrades engagea avec de Witt et les États Généraux une négociation destinée à fixer, d'accord avec le roi de France, les satisfactions qu'il voulait s'assurer en Belgique. Le *memorandum* du 18 nov. 1667 lui fit savoir que le roi exigerait ou bien l'annexion des places qu'il avait déjà conquises ou bien ce qui restait à l'Espagne, dans le Luxembourg ou dans la Franche-Comté avec Cambrai et le Cambrésis, Douai, Aire, Saint-Omer, Bergues, Furnes et Linck[4]. La paix devait être signée avant la fin de mars 1668 : ce délai passé, le roi ne se considérerait plus comme engagé et continuerait ses conquêtes vers le Nord[5].

1. *Mémoires et documents*, Espagne, t. LXXIV, f° 82-92.
2. *Id.*, f° 52-56.
3. *Id.*, f° 56 Louis XIV écrivit, en réponse à la dépêche du comte d'Estrades qui le mettait au courant des menées du comte de Dohna, que cette médiation « ne lui serait pas fort agréable ».
4. Linck (Nord), commune de Looberghe, arrondissement de Dunkerque.
5. *Id.*, f° 56-70 et Dumont, VII, p. 69.

Informés de ces propositions, les États Généraux comprirent qu'il fallait en imposer l'acceptation à l'Espagne, au besoin par la force, pour éviter ce qu'ils redoutaient le plus, c'est-à-dire de nouveaux progrès des armées françaises en Belgique. Ils avaient besoin d'alliés pour appuyer cette tentative de médiation. L'arrivée en Hollande du chevalier Temple, représentant de l'Angleterre, permit de conclure un accord anglo-hollandais. Une commission de sept membres présidée par Jean de Witt y travailla de concert avec Temple. Ils se hâtèrent d'accepter les propositions de Louis XIV, de peur qu'il n'en élevât de plus dangereuses pour l'indépendance des Provinces-Unies. L'alliance de la Haye fut signée, le 23 janvier 1668, entre l'Angleterre et la Hollande afin d'imposer à l'Espagne les conditions offertes par Louis XIV. L'accession de la Suède à ce traité fut réservée sur les instances du comte de Dohna. C'est ainsi que cette *double alliance* peut être appelée dès le début la *triple alliance* qu'elle ne devint réellement que trois mois plus tard [1].

Ainsi les confédérés passaient de la neutralité à la médiation et se préparaient à s'armer, pour imposer au besoin cette médiation aux belligérants. Louis XIV fut informé par son ambassadeur en Angleterre, le marquis de Ruvigny, de la teneur du traité dont d'Estrades n'avait pas réussi à surprendre le secret (15 février 1668). Il fut plus irrité que surpris de cette menace d'intervention prévue dès le mois de juillet précédent. Déjà il s'était nanti de nouveaux gages qui lui permettraient d'offrir l'échange prévu par les deux alternatives qu'il avait proposées. La Franche-Comté envahie avait été conquise en deux semaines (5-19 février 1668). Durant quelques semaines « il y eut péché mortel à parler de paix à la cour de France », écrivait l'ambassadeur anglais Trévor. Mais déjà les Hollandais levaient des hommes. Les princes de Brunswick Lünebourg et le duc de Lorraine offraient de s'enrôler dans la *Triplice*. Louis XIV ne voulut pas engager la lutte contre une coalition européenne. Les ministres Le Tellier, Lionne et Colbert signèrent avec Van Beuningen et Trévor, délégués respectifs des Etats Généraux et de l'Angleterre, le traité de Saint-Germain-en-Laye (15 avril 1668). Ils préparèrent en même temps un projet de traité en neuf articles entre l'Espagne et la France, traité qui devait être envoyé à Aix-la-

1. Dumont, VII, p. 66, le *Traité d'alliance*; p. 67, les *Articles secrets*; p. 68, la *Triple alliance avec l'accession du roi de Suède*.

Chapelle et signé sans modification; sinon *l'alternative* offerte par Louis XIV devrait être imposée par les armes à l'Espagne [1].

L'Espagne n'avait plus qu'à se laisser sauver malgré elle. La régente avait refusé d'accepter Cologne pour la réunion d'un congrès; mais le marquis de Castel Rodrigo avait désigné Aix-la Chapelle et le président Colbert de Croissy, frère du contrôleur général, était parti dès le 24 mars pour y représenter le roi [2]. Arrivé le 7 avril, il reçut le 19 le projet de traité de Saint-Germain-en-Laye avec l'ordre de le signer sans délai et sans modifications [3]. Dès lors la paix pouvait être faite en quelques heures. En vain Castel Rodrigo chercha-t-il à gagner du temps en déléguant à sa place pour traiter le baron Von Brœkhoven de Bergeyck sans lui donner les pouvoirs nécessaires. En vain, le négociateur hollandais Beveningk chercha-t-il à obtenir l'échange de quelques-unes des places cédées à Louis XIV par le traité contre d'autres situées plus au sud [4]. En vain l'évêque de Strasbourg demanda que le roi de France fût obligé de tenir les territoires acquis dans la même dépendance à l'égard de l'Empire où ils étaient tenus au temps de la domination espagnole. En vain Bergeyck refusa de signer avant d'en avoir obtenu l'autorisation par un exprès de Castel Rodrigo [5]. L'Espagne dut en passer par les fourches que lui avait dressées Louis XIV. Le traité d'Aix-la-Chapelle fut signé le 2 mai 1668.

---

1. Dumont, VII, p. 88, donne le traité de Saint-Germain-en-Laye. Dans *l'alternative* nouvelle proposée par le roi, il n'est plus question d'aucune réclamation sur le Luxembourg. V. ce traité tout au long dans *Mémoires et Documents*, Hollande, t. XXII, f°s 217 à 223.

2. Charles Colbert, né le 5 août 1629, avait été d'abord intendant de l'armée conduite par le duc de *Guise à la conquête* du royaume de Naples, puis intendant de la Méditerranée ports et passages d'icelle en résidence à Toulon; le 20 nov. 1655 il fut nommé intendant de police et des finances en Alsace et cumula ces fonctions avec celles de premier président du conseil souverain d'Ensisheim. C'est lui qui a véritablement introduit le système français en Alsace. Il fut chargé de nombreuses missions diplomatiques : en 1657 à Francfort, en 1659 à Ulm, Augsbourg, Munich, Nurenberg, Stuttgard, en 1660 à Vienne, à Dantzig et à Rome. Il ajouta à l'intendance d'Alsace celle de Metz avec le titre de président au parlement de Metz (1661). Rappelé à la cour et pourvu d'une charge de maître des requêtes au parlement de Paris (1663), il fut chargé successivement de diverses missions en Bretagne, Poitou, Touraine, Anjou, Maine, en Angleterre, en Hollande, à Munich. Il négocia les traités d'Aix-la-Chapelle, de Douvres, de Nimègue et lors de la disgrâce d'Arnaud de Pomponne, en 1679 lui succéda dans le poste de secrétaire d'État des affaires étrangères qu'il garda jusqu'à sa mort (28 juillet 1696) et qu'il transmit en survivance à son fils, le marquis de Torcy) (v. Pfister, *Un mémoire de l'intendant Colbert sur l'Alsace*, Belfort, 1895).

3. *Mémoires et Documents*, Hollande, t. XXII, f°s 224-231.

4. *Id.*, f° 235.

5. *Id.*, f° 230.

II

BIBLIOGRAPHIE [1]

Le texte du traité d'Aix-la-Chapelle a été publié dans les ouvrages suivants :

Frédéric Léonard, t. IV.

Dumont, t. VII, p. 89.

Theatrum pacis, t. II, en latin, en français et en allemand.

Theatrum europœum, t. X, p. 762, en allemand.

Gastelius, *de statu publico Europæ novissimo*, en allemand.

Abreu y Bertodano. — *Colleccion de los tratados* etc., Carlos II, part. I, p. 365, en français et en espagnol.

En voir des résumés dans :

Flassan, *Histoire de la diplomatie*, t. III, p. 352-355.

Koch, *Abrégé de l'histoire des traités*, t. I, p. 187-191.

1° MANUSCRITS

1° *Correspondance politique*. — Espagne, t. 42, 43. — Hollande, t. 87 et 88.

2° *Mémoires et Documents*. — France, t. 93 et 94, 206 et 207, 415 et 416. — Allemagne, t. 38. — Hollande, t. 21, 22. — Espagne, t. de 65 à 68, de 72 à 75 et 81.

2° IMPRIMÉS

Mignet, *Négociations relatives à la succession d'Espagne*, t. II.

Legrelle, *La diplomatie française et la succession d'Espagne*, t. I.

Lonchay, *La rivalité de la France et de l'Espagne aux Pays-Bas* (1635-1670), Bruxelles, 1896, in-8°.

Ant. Lefèvre-Pontalis, *Jean de Witt*. Paris, 1884, 2 vol. in-8°.

---

1. Nous ne répétons pas ici les indications relatives au lieu et à la date de la publication, ni au nombre des volumes, pour les ouvrages dont la bibliographie a été donnée au complet dans notre premier fascicule. Nous n'indiquons jamais la *Correspondance politique* que par le nom du pays suivi du numéro d'ordre du volume. Au contraire l'indication *Mémoires et Documents* figure pour chaque pays sauf pour la France. Il n'y a pas en effet et il ne peut pas y avoir de *Correspondance politique France*; ici donc, la confusion n'est pas possible entre les deux collections.

DE SAINT-PREST, *Histoire des traités de paix du XVIIe siècle* depuis la paix de Vervins jusqu'à la paix de Nimègue (servant de préface à Dumont). — Amsterdam, 1725, 2 vol. in-f° (v. l'introduction de notre 1er fascicule, p. XII).
COMTE D'ESTRADES, *Lettres et Mémoires*.

III

INSTRUMENT ORIGINAL

Les archives des Affaires étrangères possèdent deux instruments originaux du traité d'Aix-la-Chapelle : tous deux en français et signés le 2 mai 1668 sous la médiation du pape, du roi d'Angleterre, des États Généraux des électeurs de Mayence, de Cologne et de l'évêque de Munster. Le premier instrument porte cette mention : « signé par le s^r Charles Colbert, ambassadeur extraordinaire du roi Louis XIV, ensuite duquel est l'intervention des ambassadeurs extraordinaires et plénipotentiaires d'Angleterre et des États Généraux comme médiateurs. » Ce premier instrument porte deux fois la signature de Charles Colbert et deux fois son cachet; à la suite est insérée la mention de la médiation du roi d'Angleterre et des États Généraux avec la signature de Temple et de Beverningk et leurs cachets.

Le second original se distingue du premier en ce que le roi d'Espagne y est toujours nommé avant le roi de France. Il est signé seulement de Van Brœkhoven, baron de Bergeyck avec son cachet. A la suite on lit l'intervention des plénipotentiaires du pape, des électeurs de Mayence et de Cologne et de l'évêque de Munster avec leurs cachets; puis le plein pouvoir du roi d'Espagne Charles II au marquis Castel Rodrigo, puis enfin le texte du pouvoir du sieur le baron de Bergeyck, et à la suite une nouvelle signature d'Agostino Franciotti qui semble avoir collationné ces pièces.

Le texte des deux traités est identique, sauf les interversions résultant de l'ordre différent où sont nommés les deux rois.

Le premier instrument est le véritable original. Il est seul signé par Colbert. Bergeyck ayant refusé au dernier moment de signer sans un ordre exprès de Castel Rodrigo, Colbert quitta Aix-la-Chapelle en lui laissant le loisir de signer quand et comme il voudrait. Sans la présence des médiateurs et sans la collation due à Agostino Franciotti et attestée par sa seconde signature, ce second original n'aurait que la valeur d'une bonne copie. Les médiateurs y ont nommé le roi d'Espagne avant le roi de France, ce qui prouve que ce second texte est un exemplaire destiné au roi d'Espagne.

Aux deux instruments originaux est jointe une troisième pièce : c'est la ratification en langue espagnole donnée par le « roy d'Espagne Charles 2e à Madrid le 16 may 1668 sur le traité de paix signé de la part de ce prince à Aix-la-Chapelle, le 2 may précédent avec la France. » En dix feuillets signé *yo la Reyna* et plus bas d. Pedro Fernandez del Campo y Angulo avec le cachet du roi d'Espagne Charles II.

TRAITÉ D'AIX-LA-CHAPELLE

(2 MAI 1668)

AU NOM DE DIEU LE CRÉATEUR : A tous presens et à venir soit notoire, Comme par l'authorité et les soins paternels de nostre Tres-St Pere le Pape Clement neufiesme du nom [1], seant heureusement dans le St Siege pour le bon regime de nostre Mere Ste Eglise, et par les continuelles exhortations et tres-vives instances de sa Beatitude, tant par plusieurs et diverses Lettres escrites de sa main, qu'envoys et Negociations de son propre Neveu, aujourd'huy Card^al Rospigliosi, et de ses Nonces extraord^res, tres-haut, tres-excellent, et tres-puissant Prince Louïs [2] par la grâce de Dieu, Roy Tres-Chrestien de France et de Navarre : Et tres-haut, tres-excellent, et tres-puissant Prince CHARLES second, par la grace de Dieu Roy Catholique des Espagnes : et tres-haute, tres-excellente, et tres-puissante Princesse Marie Anne d'Austriche [3], Reyne Catholique des Espagnes, sa Mere, comme Tutrice, Curatrice, et Gouvernante de ses Royaumes et Estats, seroient convenus et tombez d'accord de choisir la Ville Imperialle d'Aix-la-Chapelle, pour y traitter de Paix, par l'entremise du Plenipotentiaire de sa Sainteté;

---

1. Clément IX (Giulo Rospigliosi) fut élu le 20 juin 1667. Dès la fin de ce mois il écrivit au roi pour demander la suspension des hostilités (*Mémoires et Documents*, Espagne, t. LXXIV, f° 50 et 51). C'est en récompense de ses bons offices pour faciliter la conclusion du traité d'Aix-la-Chapelle que Louis XIV l'autorisa à détruire la pyramide érigée sous Alexandre VII, en réparation de l'attentat commis le 20 août 1662 contre l'ambassadeur de France.

2. Le texte du second original intervertit l'ordre des deux princes : il porte donc en premier : « très puissant prince Charles second, par la grâce de Dieu roy catholique des Espagnes, *etc.* (ajouté) et très haute, très excellente et très puissante princesse Marie Anne d'Autriche »... suivent tous les titres, puis le texte reprend « et très haut, très excellent et très puissant prince Louïs par la grâce de Dieu, roy très chrestien de France et de Navarre seroient convenus..., etc. ».

3. Marie-Anne d'Autriche, née en 1635, fille de l'empereur Ferdinand III et de Marie-Anne d'Autriche, sœur cadette d'Anne d'Autriche, épousa, en 1649, Philippe IV, son cousin germain. Elle en eut plusieurs enfants, dont un seul, Charles II, survécut à son père. Enfermée dans un couvent de Tolède (1677), elle mourut en 1696.

comme aussy des Ministres d'autres plusieurs Roys, Potentats, Electeurs, et Princes du Saint Empire [1], qui ont si loüablement employé leurs soins et leurs offices pour acheminer cette grande affaire; Et comme pour y parvenir led. Seig[r] Roy Tres-Chrestien [2] auroit donné son plein pouvoir au Sr Colbert, Cons[er] en tous ses Conseils, M[e] des Req[tes] ord[re] de son Hostel, et son Ambassadeur Extraord[re], et ledit Seig[r] Roy Catholique auroit donné son plein pouvoir au Sieur Marquis de Castelrodrigo [3], Cap. et Gouverneur General des Pays-Bas, lequel en vertu de sondit pouvoir auroit subdelegué le Sieur Baron de Bergeyck [4], Chevalier de l'Ordre de St Jacques, Conser. au Conseil Suprême de Flandres, et de ses Conseils d'Estat et Finances, lesquels Sieurs Colbert et Bergeyck [5], en vertu de leursdits pouvoirs et subdelegation [6], reconnus de part et d'autre pour suffisans, ont accordé, estabIi et arresté les Articles qui ensuivent :

I. Il est convenu et accordé, qu'à l'avenir, il y aura bonne, ferme et durable Paix, Confederation, et perpetuelle

---

1. Les seuls princes dont les représentants signèrent à titre de médiateurs furent le pape, le roi d'Angleterre, les électeurs de Mayence et de Cologne et l'évêque de Munster. L'expression de *potentats* s'applique aux représentants des États Généraux. La Suède, les cinq autres électeurs, les ducs de Brunswick et la landgravine de Hesse-Cassel offrirent aussi leurs bons offices pour la médiation. Mais leurs représentants n'apposèrent pas leur signature au traité (*Mém. et Docum.*, Hollande, t. XXII, f° 207).

2. Interversion : « le dit seigneur roy catholique... »

3. D. Francisco de Moura Cortéreal, comte de Lumiares et troisième marquis de Castel Rodrigo, fut successivement conseiller d'État (1641), gouverneur des Pays-Bas (1664-1668), grand écuyer de la reine régente (1669) et président du conseil de Flandre (1670). Il mourut au commencement de l'année 1675.

4. Ferdinand van Brækhoven, baron de Bergeyck, est qualifié, dans le second original, de « conseiller de courte robe au Conseil suprême de Flandre. » *Il fut plus tard ministre des guerres et surintendant général des finances pour la Flandre.* M. Baudrillart a lu sa corresp. en mss. à Alcala (v. *Philippe V et la cour de France*, p. 349).

5. Dans le second original : « lesquels sieurs de Bergeyck et Colbert. »

6. Les difficultés relatives aux pouvoirs faillirent amener la rupture des négociations. Colbert de Croissy emporta avec lui deux pouvoirs de styles différents : l'un rédigé sur un ton aigre à cause du ton employé par la reine régente pour le pouvoir adressé à Castel Rodrigo. L'autre, très différent, dans le cas où Castel Rodrigo aurait reçu un nouveau pouvoir conçu en termes plus courtois. Colbert avait reçu l'ordre de ne pas contester la subdélégation conférée par Castel Rodrigo au baron de Bergeyck (*Mém. et docum.*, Hollande, t. XXII, f°s 208-213).

Alliance et amitié entre les Roys Tres-Chrestien et Catholique [1], leurs Enfants nais et à naistre, leurs hoirs, successeurs et héritiers, leurs Royaumes, Estats, Pays et Sujets; qu'ils s'entreaymeront comme bons Freres, procurant de tout leur pouvoir le bien, l'honneur et reputation l'un de l'autre, et évitant de bonne foy tant qu'il leur sera possible le dommage l'un de l'autre.

II. Ensuite de cette bonne reünion, aussitost que les Ratifications du present Traitté auront esté eschangées [2], la Paix entre lesdits Seig^rs Roys sera publiée, et dez l'instant de ladite publication il y aura Cessation de toutes entreprises de guerre, et de tous actes d'hostilité [3], tant par mer et autres eaux que par terre, et generallement en tous lieux que la guerre se fait par les armes de leurs Majestez tant entre leurs trouppes et armées, qu'entre les Garnisons de leurs places : et que s'il étoit contrevenu à ladite Cessation par prise de place, ou places, soit par attaque, ou par surprise, ou par intelligence secrette, et mesme s'il se faisoit des prisonniers, ou autres actes d'hostilité par quelque accident impreveu, ou de ceux qui ne se peuvent prevenir, contraires à ladite cessation d'armes, la contravention sera reparée de part et d'autre de bonne foy, sans longueur ny difficulté, restituant sans aucune diminution ce qui auroit esté occupé, et delivrant les prisonniers sans rançon, ni payement de depense.

III. En contemplation de la Paix, le Roy Tres-Chrestien

---

1. Interversion dans le second original.

2. A la suite de la signature, le baron de Bergeyck voulut s'attribuer la qualité d'ambassadeur dans l'acte de ratification tandis qu'il n'était, en réalité, que le subdélégué du marquis de Castel Rodrigo. Lionne exigea que les formalités de la ratification fussent accomplies dans la forme la plus régulière pour éviter toute contestation de la cour d'Espagne à propos du traité. Charles II signa, le 16 mai, l'acte de ratification. Les ratifications furent échangées le 25 mai 1668 et le traité fut publié en même temps à Paris et à Bruxelles le 29 mai 1668.

3. Pendant que les négociations suivaient leur cours, Louis XIV avait exigé, à titre de réquisitions, des villes occupées du Pays-Bas qui devaient être rendues à l'Espagne, des sommes qui dépassaient 500.000 livres (v. Temple à Castel Rodrigo, 30 avril 1668). D'autre part, il faisait démanteler toutes les places fortes de la Franche-Comté, « afin de rendre cette province à l'Espagne dans un tel état, qu'il en serait maître à toute heure » (Louis XIV, *Mémoires*, t. II, p. 370).

retiendra, demeurera saisi, et jouïra effectivement de toutes les places, forts et postes, que ses armes ont occupées ou fortiffiées pendant la Campagne de l'année passée : A sçavoir, de la Forteresse de Charleroy, des Villes de Binch, et d'Athe, des places de Doüay, le Fort de Scarpe compris, Tournay, Oudenarde, Lille, Armentieres, Courtray, Bergue [1], et Furnes, et toute l'étendue de leurs Bailliages, Chastellenies, Territoires, Gouvernances, Prevostez, appartenances, dépendances et annexes, de quelque nom qu'elles puissent être appellées.

IV. Lesdits lieux, villes et places de Charleroy, Binch, Athe, Doüay, Fort de Scarpe, Tournay, Oudenarde, Lille, Armentieres, Courtray, Bergue et Furnes, leurs Bailliages, Châtellenies, Gouvernances, Prevôtez, Territoires, Domaines, Seigneuries, appartenances, dépendances et annexes, de quelque nom qu'elles puissent estre appellées, demeureront par le present Traitté de Paix audit Seig^r Roy Tres-Chrestien, et à ses Successeurs et ayant cause, irrevocablement et à tousjours; avec les mesmes Droits de Souveraineté, proprieté, Droits de Regale, Patronnage, Gardienneté, Jurisdiction, Nomination, Prerogatives et Préeminences sur les Eveschez, Eglises Cathedrales, et autres, Abbayes, Prieurez, Dignitez, Cures, et autres quelconques Benefices estans dans l'étendue desdits Païs, Places, et Bailliages cedez, de quelques Abbayes que lesdits Prieurez soient mouvans et deppendans, et tous autres Droits qui ont cy-devant appartenu au Roy Catholique, encore qu'ils ne soient icy particulierement énoncez; sans que sa Ma^té Tres-Chrestienne puisse estre à l'avenir troublée ny inquiettée par quelque voye que ce soit, de Droict ni de fait, par ledit Seig^r Roy Catholique, ses Successeurs, ou aucun Prince de sa Maison ou par qui que ce soit, ou

1. Dans le second original, l'orthographe des noms de plusieurs villes est différente. On y lit Charles Roy, Armentiers, Bergh. On remarquera que Louis XIV, dans ses premières propositions aux États Généraux, réclamait beaucoup plus. *L'énergique opposition de Witt et la conclusion de la triple alliance* le firent renoncer à la Franche-Comté qui était envahie, au Luxembourg, à Aire et Saint-Omer, et au Cambrésis. Les autres places avaient été occupées militairement par les Français.

sous quelque prétexte et occasion qui puisse arriver en ladite Souveraineté, Propriété, Juridiction, Ressort, possession et jouïssance de tous lesdits païs, villes, places, chasteaux, terres, Seigneuries, Prevostez, Domaines, Chastellenies et Bailliages; Ensemble de tous les lieux et autres choses qui en deppendent. Et pour cet effet ledit Seig[r] Roy Catholique, tant pour luy que pour ses Hoirs et Successeurs et ayans cause, renonce, quitte, cedde et transporte, comme son Plenipotentiaire en son nom par le present Traitté de Paix irrevocable, a renoncé, quitté, ceddé et transporté perpetuellement et à tousjours, en faveur et au proffit dudit Seig[r] Roy Tres-Chrestien, ses Hoirs, Successeurs et ayans cause, tous les droits, actions, pretentions, Droits de Regale, Patronnage Gardienneté, Jurisdiction, Nomination, Prerogatives, et Prééminences sur les Evêchez, Eglises Cathedrales et autres, Abbayes, Prieurez, Dignitez, Cures, et autres quelconques benefices estants dans l'étendue desdits païs, places, et bailliages ceddez, de quelques Abbayes que lesdits Prieurez soient mouvans et deppendans, et generallement sans rien retenir ny reserver, tous autres Droits que ledit Seig[r] Roy Catholique, ou ses Hoirs et Successeurs ont et pretendent, ou pourroient avoir et pretendre, pour quelque cause et occasion que ce soit, sur lesdits pays, places, Chasteaux, Forts, terres, Seigneuries, Domaines, Chastellenies et Bailliages, et sur tous les lieux en deppendans, comme dit est, non obstant toutes loix, coustumes, Statuts, et constitutions faites au contraire, mesme qui auroient esté confirmées par Serment, auxquelles et aux clauses dérogatoires des dérogatoires, il est expressément dérogé par le present Traitté, pour l'effet desdites Renonciations et Cessions, lesquelles vaudront et auront lieu sans que l'expression ou speciffication particuliere déroge à la generalle, ni la generale à la particuliere, et excluant à perpetuité toutes exceptions, sous quelque droit, titre, cause, ou pretexte qu'elles puissent être fondées. Declare, consent, veut et entend ledit Seig[r] Roy Catholique que les Hommes, Vassaux, et sujets desdits païs, villes et terres cédées à la Couronne de France, comme il est dit cy-dessus, soient et demeurent quittes et absous dez à present et pour tousjours, des Foy, hommage, service, et serment de fidelité qu'ils pourroient tous et chascun d'eux luy avoir fait, et à ses Predecesseurs Roys Catholiques, ensemble de toute l'obeïssance, Sujettion et Vassalage, que pour raison de ce ils pourroient luy devoir; Voulant ledit Seig[r] Roy Catholique que lesdits Foy, hommage, et serment de fidelité demeurent nuls et de nulle valeur, comme si jamais ils n'avoient esté faits ni prestez.

V. Ledit Seig[r] Roy Tres-Chrestien aussy-tost aprés la publication de la *Paix*, retirera ses troupes des Garnisons de toutes les Places, Villes, Chasteaux et Forts du Comté de Bourgogne vulgairement appellé la Franche Comté, et restituera réellement, effectivement et de bonne foy à sa Ma[té] Cath[que], toute ladite Comté de Bourgogne, sans y rien reserver ni retenir.

VI. Ledit Seig[r] Roy Tres-Chrestien fera aussy restituer audit Seig[r] Roy Catholique, toutes les Places, Forts, Châteaux, et Postes que ses Armes ont ou pourroient [1] avoir occupé jusqu'au jour de la Publication de la Paix, en quelque lieu qu'elles soient situées, à la reserve des places et forts qui doivent demeurer par le present Traitté à Sa Ma[té] Tres-Chrestienne, ainsy qu'il a esté cy-dessus dit. Comme pareillement Sa Ma[té] Catholique fera restituer à Sa Ma[té] Tres-Chrestienne, toutes les places, forts, châteaux, et postes que ses Armes pourroient avoir occupez jusqu'au jour de la publication de la Paix, en quelque lieu qu'elles soient situées.

VII. Leurs Ma[tés] consentent que tous les Rois, Potentats, et Princes qui voudront bien entrer dans un pareil engagement, puissent donner à leurs Ma[tés] leurs promesses et obligations de garentie, de l'execution de tout le contenu au présent Traitté [2].

---

1. Le deuxième original porte « *pourront* avoir occupé ». Il n'est pas dit dans cet article que les places, forts, châteaux et postes seront restitués dans leur ancien état. C'est ce qui explique le démantèlement des places fortes de la Franche-Comté.

2. De Witt fit signer, par l'Angleterre et la Suède la garantie du traité d'Aix-la-Chapelle (7 mai 1669). V. Dumont, t. *VII*, 1re partie, p. 114).

VIII. Il a esté convenu, accordé et déclaré, qu'on n'entend rien revoquer du Traitté des Pyrenées, (à l'exception de ce qui regarde le Portugal, avec lequel ledit Seig^r Roy Catholique a depuis fait la Paix) qu'entant qu'il en aura esté autrement disposé en celluy-cy par la cession des places susdites, sans que les parties y ayent acquis aucun nouveau droit, ou puissent recevoir aucun préjudice sur leurs prétentions respectives, en toutes les choses dont il n'est point fait mention expresse par le present Traitté [1].

IX. Et pour plus grande seureté de ce Traitté de Paix, et de tous les Points et Articles y contenus, sera ledit présent Traitté publié, vérifié, et enregistré en la Cour de Parlement de Paris, et en tous autres Parlemens du Royaume de France, et Chambre des Comptes dudit Paris : Comme semblablement ledit Traitté sera verifié, publié et enregistré tant au Grand Con^el, et autres Con^els et Chambre des Comptes dudit Seig^r Roi Catholique aux Pays-Bas, qu'aux autres Con^els des Couronnes de Castille et d'Arragon ; le tout suivant et en la forme contenue au Traitté des Pyrénées de l'an 1659 dont seront baillées les expeditions de part et d'autres dans trois mois aprés la Publication du présent Traitté [2].

Lesquels Points et Articles cy-dessus énoncez, ensemble tout le contenu en chacun d'iceux, ont esté traittez, accordez, passez et stipulez entre les susdits Plenipotentiaires desdits Seig^rs Roys Tres-Chrestien et Catholique, au nom de leurs Ma^tez : Lesquels Plenipotentiaires en vertu de leurs

1. Louis XIV refusa d'insérer, dans le traité d'Aix-la-Chapelle, une confirmation expresse du traité des Pyrénées parce que la renonciation de la reine y était établie. Chacune des parties devait demeurer en ses prétentions à l'égard du mariage de la reine très chrétienne, (*Mém. et Docum.* Hollande, t. 92, f° 208.) Sur ce point, les négociateurs de la triple alliance ne purent obtenir gain de cause. Les signataires, dans un des articles, s'étaient engagés à contraindre Louis XIV de renoncer à toute revendication ultérieure sur la succession d'Espagne. Les réserves de Louis XIV annonçaient clairement ses desseins ultérieurs et prouvaient que le traité d'Aix-la-Chapelle était une simple trêve destinée à désarmer la coalition naissante.

2. Voir au Dépôt de la Guerre, n° 230, le procès-verbal des limites en exécution du traité d'Aix-la-Chapelle par MM. Courtin, Barillon et Lepelletier, commissaires députés par S. M. Très Chrétienne et MM. de Hergeyck, Houynes et de Papes, commissaires députés par S. M. Catholique (1672). — Le n° 634 contient les limites et abornements en exécution des traités de Munster, des Pyrénées, d'Aix-la-Chapelle et de Nimègue, de 1650 à 1679.

Pouvoirs dont coppies seront insérées au bas du present traitté [1], ont promis et promettent sous l'obligation de tous et chascun les biens et Estats presens et à venir des Roys leurs Maistres, qu'ils seront par leurs Maj[tés] inviolablement observez et accomplis, et de leur faire ratiffier purement et simplement sans y rien adjouster, et d'en fournir les Ratiffications par lettres authentiques et scellées, où tout le present Traité sera inséré de mot à autre dans le dernier jour du mois de May prochain inclusivement : A sçavoir sa Ma[té] Tres-Chrestienne à Bruxelles, entre les mains du Gouverneur de Flandre ; et sa Ma[té] Catholique à S. Germain en Laye, entre les mains dudit Seig[r] Roy Tres-Chrestien, et plutost si faire se peut. En outre ont promis et promettent lesdits Plenipotentiaires ausdits noms, que lesdites lettres de Ratiffication ayant esté fournies, ledit Seigneur Roy Tres-Chrestien le plutost qu'il se pourra, et en presence de telle personne ou personnes qu'il plaira audit Seig[r] Roy Catholique deputer, jurera solonnellement sur la Croix, Saints Evangiles, Canons de la Messe, et sur son honneur, d'observer et accomplir pleinement, réellement et de bonne foy, tout le contenu aux Articles du present Traitté. Et le semblable sera fait aussy le plustost qu'il sera possible par ledit Seig[r] Roy Catholique, et la Reyne Regente sa Mere, en presence de telle personne ou personnes qu'il plaira audit Seig[r] Roy Tres-Chrestien deputer. En tesmoin desquelles choses, lesd. Plenipotentiaires ont souscrit le present Traitté de leurs noms, et fait apposer le cachet de leurs armes. Fait dans la Ville Imperiale d'Aix-la-Chapelle, le deux[e] jour du mois de May de l'année 1668. *Signé*, Charles Colbert.

Et comme le Sérénissime Roy de la Grande Bretagne et Hauts et Puissants Seigneurs les Estats Généraux des Provinces Unies des Païs Bas ont tesmoigné le grand desir qu'ils ont eu de restablir la Paix entre les deux Couronnes

1. Le 1er original ne porte à la suite des signatures la copie d'aucun pouvoir. Le 2e original, au contraire, contient le pouvoir de Castel Rodrigo et la subdélégation du baron de Bergeyck.

et pour cette fin ont Commis et Députés le sieur Chevalier Temple Baronet et le Sieur Hierosme de Beverningk, jadis bourgmaistre de la ville de tor Goude, conseiller d'Estat et Thrésorier général des susdites provinces et à présent député dans l'Assemblée de leurs hautes puissances de par la province d'Hollande en qualité de leurs Ambassadeurs extraordinaires et plenipotentiaires, avec plein pouvoir pour de leur part et en leur nom se transférer à ce lieu d'Aix la Chapelle et y travailler avec application et diligence, par toutes sortes de moyens, afin que ladite Paix se peut faire au plustost, et que par la grâce de Dieu elle est conclüe et signée ce jourd'huy, ils ont bien voulu en estant requis par les Deux Hautes Parties en qualité de Médiateurs signer aussy cet instrument de leurs noms et le corroborer par le cachet de leurs armes. Fait à Aix la Chapelle le second jour de May de l'année 1668. *Signé*. W. TEMPLE BEVERNINGK [1].

Et au nom de sa Sainteté [2] et desdits Electeurs et Princes du S. Empire, ont pareillement souscrit le present Traitté de leurs noms, et faict apposer le cachet de leurs armes : *Signé*, AGOST. FRANCIOTTI, Archev. de Trebisunda, Plenipotentiario. LE BARON DE SCHÖNBORN, au nom de s. A. E. de Mayence. FRANÇOIS EGON DE FURSTENBERG, au nom de s. A. E. de Cologne. LE CHEVALIER SCHMISINGK, au nom de s. A. de Munster [3].

---

1. Jérôme Beverningk, né à Tergou (Hollande) le 25 avril 1614, conclut, en 1654, le traité de paix des États Généraux avec Cromwell ; en 1666, la paix avec l'évêque de Munster ; puis il fut ambassadeur en Espagne de février à juillet 1671 et plénipotentiaire au congrès de Cologne. Il mourut à Tellingen près Leyde le 30 oct. 1690. (V. *diction*. de Bayle). « Il joignait à un génie subtil et pénétrant une grande expérience... Je n'ai pas trouvé d'homme plus habile que lui. » (W. Temple.)

2. Le pape Clément IX avait joué le rôle de médiateur officieux. En considération de ses bons offices, le roi consentit à laisser démolir la pyramide élevée à Rome lors de l'affaire de la garde corse.

3. Les signatures contenues dans ce dernier paragraphe n'existent que dans le second original. A l'occasion de la paix d'Aix-la-Chapelle, le roi commanda à l'Académie des Inscriptions et médailles une médaille commémorative. On y voit le roi de France armé à qui la Paix présente un rameau d'olivier avec la légende :

Pax triumphis prælata,

et en exergue :

Fœdus Aquisgranense 2 maii 1668.

II — TRAITÉS DE NIMÈGUE

ET TRÈVE DE RATISBONNE

I

NOTICE PRÉLIMINAIRE

Les trois traités de Nimègue suivis à peu d'intervalle des traités de Saint-Germain et de Fontainebleau (10 août 1678, 2 sept. 1679) ont terminé la guerre de Hollande. Cette guerre avait eu pour but de « mortifier l'orgueil des Hollandais ». Louis XIV leur reprochait d'avoir osé l'arrêter par la triple alliance de la Haye dans ses projets de conquête sur la Belgique; d'accueillir tous les ennemis de son gouvernement et de laisser publier dans leurs gazettes les libelles et pamphlets dirigés contre lui[1]; de faire cause commune avec les puissances protestantes dont la défiance augmentait à l'égard d'un roi catholique disposé à soutenir partout les catholiques; d'avoir tenté d'entraver le commerce français par l'élévation des droits sur les vins et eaux-de-vie de France, en réponse aux tarifs de 1667[2]. Guerre de principes et guerre d'intérêts, telle était à la fois la guerre de Hollande.

---

1. V. Archives nation. K. 1307, une petite brochure de 1672 (petit in-4° sans lieu de publication) ayant pour titre : « Suite de médailles, inscriptions, emblèmes et peintures injurieuses des Provinces-Unies, avec la réponse de la France. » L'auteur, le chevalier de Jant, donne la réplique à un certain nombre de petites pièces satiriques qui ne sont pas fort méchantes. On y voit par exemple, une gravure représentant un chevalier armé avec l'écu fleurdelisé. Le cheval n'a pas de bride, on lit en exergue : « Il ne sçait où aller. » Jant dessine en réponse une médaille représentant le cheval en liberté foulant le lion de Hollande avec l'inscription : « indomitus dominatur. » Il y est question du soleil pris comme emblème des Hollandais; mais on n'y voit pas la représentation de la célèbre médaille où Josué arrête le soleil.
2. Hollande, t. 89, Pomponne au roi, 3 oct. 1669.

Par ses imprudences, de Witt contribua à exciter la colère du roi. Il voulait faire de la triple alliance comme un tribunal d'arbitrage destiné à régler toutes les grandes contestations européennes et en particulier le partage éventuel de la succession d'Espagne en cas de mort de Charles II. A deux reprises, il renouvela avec l'Angleterre, la Suède et l'Espagne la garantie du traité d'Aix-la-Chapelle [1] (7 mai 1669 et 1670). Il était poussé à ce rôle par l'ambassadeur autrichien Lisola [2]. Il proposa à Louis XIV de constituer les Pays-Bas espagnols en une république indépendante servant d'*État tampon* entre la France et les Provinces-Unies, qui aurait compris Ath, Binch et Charleroy, que le roi aurait dû céder en échange de Cambrai, Aire et Saint-Omer [3]. De Witt chercha vainement à nouer des alliances contre la France. Louis XIV fit le vide autour des Hollandais. Charles II d'Angleterre aurait voulu préparer à son peuple quelque extension comme Minorque, Ostende, des conquêtes dans les Indes occidentales, en cas d'ouverture de la succession d'Espagne [4]. Son grand besoin d'argent le força à accepter des conditions beaucoup plus favorables pour la France. Le traité de Douvres préparé par Colbert de Croissy, ambassadeur français à Londres, complété et signé par Mme Henriette, duchesse d'Orléans, lors de son voyage à Douvres (1er juin 1670) et confirmé par le traité de Whitehall (10 déc. 1670) stipula l'alliance de la France et de l'Angleterre aux conditions suivantes : moyennant un subside annuel de 3 millions, l'Angleterre s'engageait à coopérer dans une guerre contre les Hollandais avec une troupe de 6.000 hommes qui serait sous les ordres du roi de France et une flotte de 50 vaisseaux commandée par le duc d'York qui aurait aussi sous ses ordres les vaisseaux français formant l'escadre d'attaque. La part du roi d'Angleterre dans la conquête devait se composer de l'Écluse, de Cadsand, des îles de Walcheren, de Gorée et de Vorne. Le roi d'Angleterre aiderait aussi le cas échéant le roi de France à se mettre en possession de ce qui pourrait lui revenir de la succession espagnole, mais les deux princes s'engageaient

1. De Saint-Prest, *Hist. des traités de paix*, t. I, p. 25 et 26, et Dumont, t. VII, 1re partie, p. 114 et 130.
2. J. Grossmann, *Franz von Lisola* dans l'*Archiv für œsterreichische Geschichte*. Vienne, 1882.
3. Hollande, t. 89, *passim*. Corresp. de Pomponne avec Lionne.
4. Angleterre, t. 95, fol. 73 et 235.

à ne faire à propos de cette succession aucun traité de partage ou autre que du consentement mutuel de l'un et de l'autre [1].

L'Allemagne entra de même dans la sphère des intérêts français. L'empereur Léopold était lié à la France par le traité Grémonville du 20 janvier 1668. Ayant grand besoin d'argent, il affecta de refuser les avances de Witt pour la garantie du traité d'Aix-la-Chapelle; il fit demander par Grémonville des subsides considérables pour suppléer à ceux que l'Espagne, trop pauvre, ne pouvait plus lui fournir. Louis XIV répondit à ces avances qu'il ne voulait pas avoir « le dégoût de croire que l'empereur lui voulût faire acheter pour de l'argent les effets de l'amitié [2] ». Déjà les agents français recommençaient l'agitation en Hongrie. Léopold donna son appui au célèbre condottiere anti-français, Charles IV de Lorraine. Le 23 août 1670, Louis, pour se venger, fit réoccuper la Lorraine. Cependant les Provinces-Unies réclamèrent encore sans succès, à Vienne, la protection de l'empereur et de l'Empire. Grémonville obtint encore une promesse de neutralité de Léopold en cas de guerre entre la France et la Hollande (nov. 1671) [3]. C'est le dernier acte de rapprochement. Léopold était un adversaire latent qui n'attendait qu'une occasion pour se déclarer.

Il en était de même de l'électeur de Brandebourg. Celui-ci avait conclu le 25 nov. 1666, à la Haye, une quadruple alliance avec le roi de Danemark, les États Généraux et la maison de Brunswick pour la protection mutuelle de leurs États. Mais il était nécessaire de le gagner à la cause du roi. Lionne, dans un rapport fort étudié, soutenait que cette alliance était indispensable; dans une attaque contre la Hollande, la coopération du

---

1. Anglet., t. 97. Colbert de Croissy au roi. Les traités de Douvres et de Whitehall étant des traités secrets, ne sont pas publiés par Dumont. V. le traité de Douvres dans Mignet, t. III, p. 187, et le traité de Whitehall dans Saint-Prest, t. I, p. 284. Par un nouveau traité du 12 février 1672, signé à Whitehall, les Anglais se firent affranchir de la nécessité de fournir le secours de 6000 hommes (v. Mignet, III, 700).

2. Autriche, t. 37. Voir en particulier la lettre de Grémonville du 16 mai 1670 et la réponse du roi du 20 juin.

3. *France*, t. 417. *Relation du ministère du marquis de Pomponne.* Cette convention était *secrète.* L'empereur s'obligeait seulement à ne point assister les Hollandais « cette guerre devant se faire hors des cercles et des fiefs de l'Empire ». Louis XIV s'engageait, de son côté, à respecter les traités de Westphalie et d'Aix-la-Chapelle. Lorsque l'empereur proposa à la diète de déclarer la guerre à Louis XIV, l'envoyé français communiqua cette convention secrète. L'empereur se tira d'affaire en déclarant qu'il ne pouvait rester indifférent à ce qui se faisait à l'intérieur même de l'Empire.

corps germanique serait plus utile que celle de l'Angleterre; la neutralité des Anglais suffirait pour assurer la victoire[1]. Pomponne considérait de même l'électeur de Brandebourg comme le plus puissant prince d'Allemagne, puisqu'étant à la fois duc souverain de Prusse et duc de Clèves, il étendait son influence « et presque ses États » depuis le Rhin jusqu'à la Pologne[2]. A la suite d'une mission de Vaubrun, l'électeur Frédéric-Guillaume s'engagea à ne pas entrer dans la triple alliance de 1668 et même à aider Louis XIV à se mettre en possession de la Belgique à la mort de Charles II. Il obtiendrait pour sa part la Gueldre espagnole avec Venloo et Ruremonde et recevrait un subside annuel de 40.000 écus d'or. C'est l'objet du traité de Cologne sur Sprée du 31 déc. 1669 qui n'eut d'ailleurs aucun effet[3].

Le roi de France songeait alors encore plus sérieusement qu'en 1658 à s'ouvrir les voies à l'Empire. Il se préparait à l'avance l'appui du collège des électeurs. Ceux de Mayence et de Trèves lui étaient hostiles, mais n'osèrent pas rompre avec lui. Dangeau obtint de l'électeur de Trèves la promesse de ne pas livrer aux ennemis du roi le passage du pont de Coblentz et l'électeur de Mayence envoya son neveu, le baron de Schœnborn,

---

1. France, t. 416, f° 158. Mémoire de Lionne au roi du 1er octobre 1669. En voici le passage le plus intéressant : « Votre Maj. n'a pas aujourd'hui d'affaire plus importante que de gagner, à quelque prix que ce puisse être, Mgr l'électeur de Brandebourg ; je dis presque autant que le roi d'Angleterre ; par ce que quand V. M. aurait mis le dit roi dans tous ses intérêts et dans le même dessein d'attaquer les Hollandais conjointement avec V. M., je ne sais si Elle jugerait à propos d'en venir à l'exécution si les dits Hollandais pouvaient attendre la protection de tout le corps germanique, comme il arriverait infailliblement, si Mgr de Mayence pouvait porter à sa conclusion le projet qu'il médite. Au lieu que si V. M. pouvait engager Mgr l'électeur de Brandebourg, l'évêque de Munster et d'autres électeurs et princes de l'Empire dans le dessein d'attaquer avec Elle les Hollandais, il suffirait ce me semble à V. M. que l'Angleterre lui eût promis d'être neutre pendant toute cette guerre. » L'auteur propose d'engager l'électeur de Brandebourg dans une alliance positive ou de l'exhorter à s'entendre avec les électeurs de Cologne et de Bavière pour contrecarrer les projets de l'électeur de Mayence, contraires aux projets du roi, parce qu'il vend aux Hollandais les vins du Rhin afin d'exclure les vins de France du marché hollandais. Il faut savoir quels subsides demanderait l'électeur de Brandebourg et faire tout le possible pour s'assurer la pluralité des voix dans le collège des électeurs que l'archevêque de Mayence cherche à tourner du côté de l'Autriche et à entraîner dans la triple alliance. En marge des divers paragraphes de ce Mémoire figure la mention « bon » indiquant que le roi approuve.

2. France, t. 417, f° 53. Pomponne, dans ce Mémoire qui est un compte rendu de ses négociations auprès des différentes cours, constate que l'électeur a beaucoup d'ambition, qu'il donne beaucoup de soins à ses troupes, mais qu'il manque de sûreté dans ses engagements.

3. Voir le résumé de ces traités dans Saint-Prest, t. 1, p. 120 et 491.

à Versailles, pour proposer au roi sa médiation. Le roi accepta cette médiation pour les affaires qui pouvaient concerner l'Empire, mais non pour le règlement de la question hollandaise. L'électeur de Cologne était, au contraire, son allié dévoué[1].

Louis conclut avec l'électeur de Bavière une union intime. Le traité secret de Munich du 17 février 1670 stipula que la fille de l'électeur épouserait le dauphin de France quand tous deux auraient l'âge, et que l'électeur recevrait de la France un subside annuel; qu'en retour il donnerait sa voix à Louis XIV pour l'élire empereur à la mort de Léopold, à condition que lui-même deviendrait roi des Romains et qu'il recevrait une compensation le jour où les maisons de France et d'Autriche se partageraient la succession d'Espagne. Ce traité fut complété plus tard par une entente entre la Bavière et le Wurtemberg pour s'opposer au passage des troupes ennemies de la France sur leur territoire[2]. L'électeur de Cologne, Maximilien-Henri, évêque de Liége et d'Hildesheim, appartenait à la maison de Bavière; il se mit aussi dans la clientèle du roi. Par les traités d'Hildesheim (11 juillet 1671) et de Bruhl (2 janvier 1672), l'électeur, moyennant un subside et la remise de Rheinberg sur les conquêtes à faire, promit à Louis XIV son alliance, le secours d'une troupe d'hommes d'armes et l'autorisation de laisser passer les troupes françaises à travers ses États et de construire un pont sur le Rhin à [illegible] place que le roi voudrait choisir[3]. Des traités portant des [illegible]ditions analogues furent conclus avec Jean-Frédéric, duc de Hanovre à Hildesheim (10 juillet 1671) et à Hanovre

---

1. Voir France, t. 417, f°s 6 à 22.

2. France, t. 416, p. 159-161, et *Recueil des Instructions*. André Lebon, Bavière, p. 33. Le subside fut fixé à 100.000 livres par an (t. 416, f° 161). L'électeur de Bavière, Ferdinand-Marie, avait épousé Adélaïde de Savoie, sœur cadette de la princesse qui avait dû, en 1659, épouser Louis XIV. Cette très belle personne prit sur son mari une influence croissante et le détacha de l'Autriche. Elle négocia avec Gravel *le futur mariage* de sa fille avec le dauphin. Le traité du 14 janvier 1673 portait engagement de la part de l'électeur de maintenir les traités de Westphalie et de s'opposer à toute mesure de l'empereur ou des princes qui voudraient prendre de force des passages ou des quartiers chez les princes de l'Empire. L'électeur augmenta ses troupes de 9.000 hommes et reçut un subside de 200.000 livres, qui fut augmenté de 12.000 écus par mois en vertu du traité de juillet 1673. L'électeur a toujours eu sur pied 17.000 hommes de belles troupes et a exécuté fidèlement les engagements pris. (V. *France*, t. 417, f°s 23-33.)

3. De Saint-Prest, *Hist. des traités de paix*, t. I, p. 470-472. L'électeur de Cologne, occupé seulement de chimie, laissait le soin d'administrer ses états aux deux frères de Furstemberg, clients fidèles de la France. (V. France, t. 417, f°s 15-18.)

(10 décembre 1672); avec Ernest-Auguste, évêque d'Osnabrück, à Cologne (23 oct. 1671); avec Christophe de Galen, évêque de Munster, à Bilefeld (1671) et à Offendorf par l'entremise de Louvois lui-même (2 janv. 1672); avec François Egon de Furstemberg, évêque de Strasbourg, à Hildesheim (11 juillet 1671); avec Philippe-Guillaume de Neubourg à Zeist (7 juillet 1672). L'électeur palatin venait de marier sa fille à Monsieur, frère du roi, et restait dans l'alliance française. Tous ces princes avaient à se plaindre des Hollandais, tous s'engagèrent moyennant subsides et participation aux profits de la victoire à favoriser l'entreprise de Louis XIV contre les Hollandais. Les traités avec la Bavière furent signés par l'abbé Gravel : tous les autres par le sieur de Verjus chargé spécialement des négociations avec les diverses cours d'Allemagne. L'ensemble de ces traités particuliers était l'équivalent du renouvellement de la ligue du Rhin. En traitant séparément avec les princes, Louis XIV les trouvait plus maniables, plus disposés à préférer la satisfaction de leurs intérêts à ceux du corps germanique [1].

L'alliance suédoise était à l'encan. Tant que l'Espagne, poussée par les États Généraux, acquitta les subsides promis pour la solde des troupes suédoises qui devaient servir à sa défense, le roi Charles XI se montra décidé à maintenir strictement le traité d'Aix-la-Chapelle. Mais l'Espagne ayant cessé ses paiements, le chancelier Magnus de la Gardie avoua ses désillusions au secrétaire Rousseau qui remplaçait Pomponne à Stockholm. Pomponne, renvoyé en Suède, prépara le traité que signa son successeur, l'habile Courtin. Moyennant un subside annuel de 600.000 écus, la Suède promit de ne pas intervenir en Hollande et de prendre les armes contre les princes allemands qui seraient tentés de se porter au secours des Hollandais [2] (14 avril 1672). Par la possession de Brême, la Suède pouvait gêner la marche des armées allemandes vers les Pays-Bas; par sa situation prépondérante dans la Baltique, elle pouvait fermer cette mer au commerce hollandais. Les Suisses, malgré leur sympathie natu-

1. Voir le résumé de tous ces traités dans Saint-Prest, *Hist. des traités de paix*, t. I, liv. IV, chap. 12 et 13. Voir aussi *Mémoires de Pomponne*, publiés par M. Mavidal en 1868, t. II, *passim*.

2. Voir *Recueil des Instructions*, Suède, par M. Geffroy. Instructions de Rousseau, d'Arnaud de Pomponne et de Courtin; et dans Mignet, t. II, p. 365-374, le texte du traité. Rousseau signala les difficultés suscitées par les Espagnols pour éviter de payer au roi de Suède les subsides promis. Lionne proposa d'envoyer de l'argent sans retard. (V. France, t. 416, f° 169.)

relle pour une république calviniste, ne s'opposèrent pas aux levées du roi. La république de Gênes et le duc de Savoie contribuèrent au recrutement du « royal italien ». L'Espagne, bien qu'inquiète, restait neutre. Le Portugal signa avec la France un traité d'alliance. La Hollande était rigoureusement isolée. Tout était préparé pour la guerre.

La marche triomphale de l'armée française jusqu'au cœur même de la Hollande força le grand pensionnaire, Jean de Witt, à faire au roi des propositions de paix fort avantageuses. La république des Provinces-Unies offrait de céder Maëstricht, toutes les places de la Meuse, Grave, Bois-le-Duc, Bréda, Berg op Zoom, avec tout le Brabant hollandais, Axel et Hulst avec tout le territoire de la rive gauche de l'Escaut. C'étaient tous les pays de « *Généralité* », c'est-à-dire cette « *barrière* » que les Hollandais avaient arrachée aux Espagnols par le traité de Munster pour se garantir contre leurs entreprises [1]. Au lieu d'accepter, selon le conseil de Pomponne, Louis, écoutant les funestes suggestions de Louvois, exigea pour faire la paix Nimègue, le fort de Schenck, une partie de la Gueldre et tout le Betuw, avec Rheinberg pour l'électeur de Cologne, et quelques districts de l'Over-Yssel pour l'évêque de Munster : 25 millions de livres au lieu de 10 millions d'indemnité de guerre. La Hollande refusa des conditions qui eussent été l'équivalent d'un suicide.

La guerre, jusque-là localisée, ne tarda pas à s'étendre. Le comte de Monterey, gouverneur des Pays-Bas espagnols, envoya, sans attendre les ordres de son maître, des secours au prince d'Orange pour l'aider à couper les communications de l'armée de Turenne avec la France (déc. 1672). Louis XIV vit dans cet acte une violation de la paix des Pyrénées et sans se contenter des explications embarrassées de la cour d'Espagne, il jeta une armée en Belgique (25 mai 1673).

L'invasion de la Belgique en 1667 avait inquiété la Hollande; l'occupation de la Hollande en 1672 tourna le corps germanique contre la France. L'électeur de Brandebourg, malgré son traité avec le roi du 31 décembre 1669, n'avait pas attendu la défaite des Hollandais pour se rapprocher d'eux. Dès le 6 mai 1672, il leur promit un secours de 12.000 fantassins et 8.000 cavaliers moyennant un subside de 15.000 écus par mois et il attaqua

1. Abraham de Wicquefort, *Histoire des Provinces-Unies*, t. IV, p. 433, et Mignet, t. IV, p. 32.

l'évêque de Munster. Turenne, détaché contre lui, rejeta ses armées jusqu'au delà de l'Elbe; à la suite des négociations du vice-chancelier Stratmann avec Pomponne à Saint-Germain et à Paris (avril 1673), Frédéric-Guillaume dut signer le traité de Vossem (6 juin 1673) par lequel il s'engagea à renoncer à toute alliance avec les États Généraux et à ne plus faire avancer ses troupes au delà du Weser; il obtint en retour la restitution immédiate de toutes les places occupées par les garnisons françaises dans les pays de Clèves, de la Marck et de Ravensberg, sauf Wesel, qui ne lui serait rendu qu'après la paix générale [1]. L'empereur, dès le 25 juillet 1672, avait promis son appui aux États Généraux : le 22 septembre 1672, il reçut d'eux une promesse de subsides pour les 12.000 hommes qu'il s'engageait à joindre à l'armée de l'électeur de Brandebourg. Le 1er juillet 1673, le duc de Lorraine s'unit à la coalition, puis bientôt le roi d'Espagne (30 août).

Mais déjà des négociations avaient été entamées en vue de la paix [2]. Le roi de Suède offrit sa médiation. Cologne fut choisi pour y tenir un congrès. Le duc de Chaulnes, Courtin et Barrillon y arrivaient dès la fin de mai 1673 et s'y rencontrèrent avec les envoyés du roi d'Angleterre, de l'électeur de Cologne et de l'évêque de Munster, alliés du roi; et aussi avec ceux des États Généraux, de l'électeur de Brandebourg, de l'empereur et du roi d'Espagne, ses ennemis. De part et d'autre les coalisés réclamaient une pacification générale où les intérêts de chacun fussent réglés. Les Hollandais offrirent au roi Maëstricht, le pays d'Outre-Meuse, Grave et Ravenstein; au roi d'Angleterre la restitution du fort Saint-Georges dans les îles Orientales, de Tabago, et l'île de Sainte-Hélène; comme ces propositions étaient jugées inacceptables, ils ajoutèrent Hulst en Flandre pour le roi de France; Surinam pour le roi d'Angleterre; le comté de Zutphen, sauf la ville de ce nom pour l'électeur de Cologne et l'évêque de Munster. Les négociateurs français et anglais se récrièrent sur l'insuffisance de ces propositions et refusèrent de comprendre dans le traité l'empereur, le duc de Lorraine, ni le roi d'Espagne qui n'avaient pas encore déclaré la guerre. Comme

---

1. Saint-Prest, *Hist. des traités de paix*, t. I, p. 492, et II, p. 37.
2. Pour la formation de la grande alliance de La Haye, consulter, outre les ouvrages déjà cités : Krämer, *De Nederlansch-Spaansche Diplomatie*, Utrecht, 1892; Gachard, *Lettres écrites par les souverains des Pays-Bas aux États de ces provinces*; La Fuente, *Hist. general de España*, t. XVI.

d'autre part les Hollandais avaient toute raison de considérer déjà ces souverains comme des alliés déclarés, ils menacèrent de se retirer. Les médiateurs suédois offrirent alors les échanges suivants : pour le roi de France, Cambrai avec le Cambrésis, Aire et Saint-Omer, Ypres, Cassel et Bailleul avec leurs territoires; pour indemniser le roi d'Espagne, Louis XIV lui remettrait les places de Bois-le-Duc, Bréda, Grave, Hulst, Dalem et Fauquemont qu'il occupait sur le territoire des Provinces-Unies; l'évêque de Munster aurait Groll, Berkeloo, Lichenwoord et Brefort; l'électeur de Cologne, Rheinberg, le comté de Meurs et la ville de Maëstricht; Ravenstein serait rendu au duc de Neubourg et Wesel à l'électeur de Brandebourg. Louis XIV semblait disposé à accepter ces conditions; mais les Hollandais les repoussèrent. Pour rendre la rupture définitive, l'empereur, par un grave attentat au droit des gens, fit enlever de Cologne, le 14 février 1674, le prince Guillaume de Furstemberg qui y était accrédité comme plénipotentiaire de l'électeur : il fit saisir un chariot contenant une somme considérable d'argent destinée au paiement des troupes françaises. Dès lors la guerre continua avec plus d'acharnement. Le roi d'Espagne avait déclaré la guerre à la France dès le mois d'octobre 1673 : le 28 mai 1674, la diète de Ratisbonne envoya sa déclaration au nom de l'Empire [1]. Les ducs Georges-Guillaume et Rodolphe-Auguste de Brunswick-Lunebourg signèrent avec les États généraux un traité particulier (Traité de Zell, 29 juin 1674), et le roi de Danemark leur promit, moyennant subsides, un secours de 16.000 hommes (10 juillet 1674). Ainsi se compléta *la grande alliance de la Haye*, c'est-à-dire la seconde coalition contre le roi de France [2].

La médiation suédoise avait échoué et le marquis de Feuquières avait réussi à entraîner le roi Charles XI à une coopération active. Le 19 décembre 1674, l'armée suédoise, commandée par Wrangel, fit invasion dans la Poméranie brandebourgeoise. Au contraire, le roi d'Angleterre avait été obligé par son Parlement de passer à l'égard des Provinces-Unies de l'offensive à la neutralité. Par l'entremise de l'ambassadeur d'Espagne, marquis del Fresno, la paix de Londres fut signée le 9 février 1674 entre Charles II d'Angleterre et les Hollandais [3]. Mais presque

1. *Mémoires et Documents*, Allemagne, t. 38, f° 65.
2. Mignet, t. IV, p. 279 et suiv. Saint-Prest, *Hist. des traités de paix*, t. I, p. 121, 371, et t. II, p. 17, 336 et suiv.
3. Dumont, t. VII, part. I, p. 253, et Saint-Prest, t. I, p. 51.

aussitôt ce prince offrit, par une lettre aux États Généraux du 3 juin 1674, sa médiation aux belligérants. Le roi de France l'accepta et proposa d'ouvrir le congrès à Bréda. Il adjura en même temps le médiateur d'obtenir avant tout l'élargissement de Guillaume de Furstemberg dont l'emprisonnement avait amené la rupture du congrès de Cologne. Nimègue fut adopté comme lieu de réunion. Le pape Clément X et la république de Venise offrirent aussi leurs bons offices comme médiateurs. Le duc de Vitry fut désigné avec Colbert de Croissy et le comte d'Avaux comme plénipotentiaires au futur congrès et comme le comte de Vitry tomba malade, il fut remplacé par le maréchal d'Estrades [1]. Les trois délégués français, partis à la fin de décembre 1675, durent s'arrêter à Charleville pour attendre les passeports des États Généraux, puis passèrent par Charlemont, Namur et Liège; bien accueillis partout par les habitants et les autorités, ils furent à Nimègue le 14 juin 1676. Le médiateur anglais Jenkins et les deux ambassadeurs hollandais, Beverningk et Haren étaient seuls arrivés. La ville de Nimègue fut neutralisée avec une enceinte circulaire d'une demi-lieue prise dans sa banlieue. Après de longues discussions relatives au cérémonial et aux sécurités à donner aux courriers, les pleins pouvoirs des négociateurs furent échangés le 17 novembre. Louis XIV proclamait son vif désir de la paix et la justice de sa cause, assertion qui détermina bientôt une protestation de la part des Hollandais.

Arrivent successivement le comte Kinski, représentant de l'empereur, don Antonio Ronquillo, représentant de l'Espagne et le nonce Bevilaqua (novembre 1676, juin 1677). Des discus-

1. Le roi demande à ce que le duc de Lorraine ne soit pas représenté par ce qu'il prétend tenir ses États de plein droit. — La diète prétend traiter au nom de tout le corps germanique et cependant des passeports sont adressés aux représentants de Hambourg. — Le roi refuse d'autoriser les courriers espagnols à traverser la France pour se rendre en Espagne, et de même le roi de Danemark interdit aux courriers suédois le passage à travers ses États. — Le roi de Danemark prétend remettre son plein pouvoir en danois et en recevoir un en latin du roi de France de façon à obtenir l'entière égalité avec la France, « idée ridicule » et bientôt abandonnée. — Le roi de Suède prétend donner en suédois ses pleins pouvoirs, si ceux que lui remettent les Espagnols sont rédigés en espagnol, ce qui est admis. Ce qui prouve que la langue française n'est encore la langue diplomatique que pour les discussions, et non pour les actes écrits. — Voilà quelques-unes des questions préliminaires discutées longuement et qui étaient destinées à gagner du temps. V. *Mémoires et Documents*, Hollande, t. 40, f° 16 et suiv. Ce mémoire, rédigé par Ledran, comprend, en 97 folios doubles, l'historique complet des négociations de 1674 à 1679.

sions prolongées s'engagent à propos des titres que, selon des traditions surannées, s'arrogent les divers souverains : l'empereur revendique le titre de duc de Bourgogne; le roi d'Angleterre, celui du roi de France; le duc de Lorraine, celui de comte de Provence : les protestations des plénipotentiaires français éclatent avec vivacité : le congrès finit par déclarer que « les titres pris ou omis de part et d'autre, ne pourront ni nuire, ni préjudicier à qui que ce soit ». Mais il s'oppose à toutes les prétentions nouvelles : ainsi l'électeur de Brandebourg cherche en vain à se faire qualifier de sérénissime et de duc de Prusse. Les ministres des électeurs sont admis comme ambassadeurs, selon l'usage, mais il est convenu que les plénipotentiaires français ne donneront la main qu'au premier ambassadeur des électeurs [1]. Le comte de Neubourg, les ducs de Mecklembourg, de Brunswick et de Lorraine réclament en vain pour leurs représentants la qualification d'ambassadeur. Les envoyés français obtiennent le pas sur tous les représentants, sauf ceux de l'empereur et du roi d'Angleterre, à cause de sa qualité de médiateur; sauf aussi le légat du pape qui passe partout le premier. On convient que « chez les dames on ne gardera nul rang » excepté dans les visites de cérémonie, où le même cérémonial sera établi que pour les ambassadeurs. Ainsi les difficultés du protocole prennent plus de temps que les discussions d'affaires [2].

Les propositions écrites des diverses parties furent échangées par l'intermédiaire du médiateur anglais, à partir du 3 mai 1677. Temple avait été adjoint à Jenkins par Charles II d'Angleterre; le marquis de los Balbasez et le sieur Christini à don Antonio Ronquillo par Charles II d'Espagne; Dodick aux deux premiers

---

1. Somnits, premier ambassadeur de l'électeur de Brandebourg, vint seul faire visite au maréchal d'Estrades qui réclama aussi l'honneur de la visite pour ses deux collègues. Mais Somnits refusa parce que son collègue Blaspiel n'était pas associé aux mêmes honneurs. Le maréchal d'Estrades ne rendit pas la visite reçue. Tout cela manquait de cordialité. V. *Mémoires et Documents*, Hollande, t. 40, f° 59.

2. Voir, sur toutes ces questions de cérémonial, le très intéressant et très détaillé mémoire de Ledran déjà signalé dans la précédente note. — Les réclamations de l'électeur de Brandebourg furent très pressantes ; nous trouvons encore, au 31 juillet 1677, un « Mémoire pour servir de réponse au dénouement de la question touchant le cérémonial entre les ambassadeurs de France et ceux de Brandebourg pour le traité de Nimègue. Il est dit que les ambassadeurs de France n'ont fait qu'imiter ceux d'Angleterre et de Suède en refusant d'accorder au second ambassadeur de M. de Brandebourg ni le titre d'excellence, ni la main dans leur propre maison... Le Mémoire conclut qu'on ne doit rien accorder à M. de Brandebourg de plus qu'aux autres princes électeurs. (*Corresp. politique*, Hollande, supplément, t. VII.)

représentants hollandais. Les envoyés français se contentèrent de déclarer que le roi rendrait aux États Généraux sa première amitié et qu'il écouterait leurs propositions même touchant un traité de commerce. Les États Généraux réclamèrent la restitution de Maëstricht avec le comté de Vroonhof de ce qui leur appartenait dans les comtés de Fauquemont, d'Aalhem et de Rolleduc, des villages de Rédemption et des bancs de Saint-Servais avec une satisfaction complète pour le prince d'Orange; ils demandèrent la suppression de tous les impôts établis depuis 1632 sur les draps, toiles, tabacs, sucres raffinés et produits de la pêche, et surtout l'abolition du droit de cinquante sous par tonneau. Le roi céda sur tous ces points, sauf sur le dernier [1]. A l'égard de l'Espagne, Louis XIV fit déclarer qu'ayant été attaqué par le roi d'Espagne contre le traité d'Aix-la-Chapelle, il demandait à garder toutes les conquêtes faites sans préjudice d'aucun des droits que lui donnait son mariage [2]. Au contraire, le roi d'Espagne prétendait obtenir la restitution de tout ce qui avait été occupé aux dépens de sa monarchie depuis 1665, de sorte que, sans avoir égard au traité d'Aix-la-Chapelle, on remît les choses en l'état réglé par le traité des Pyrénées. Il exigeait de plus l'abandon complet des Siciliens. L'écart était considérable; il fallut négocier longuement. Les Espagnols soutenaient que c'était bien le roi de France qui avait violé la paix d'Aix-la-Chapelle, en faisant passer ses troupes sur plusieurs points du territoire espagnol des Pays-Bas pour attaquer les Hollandais. Les médiateurs anglais reconnurent qu'il était impossible de demander à Louis XIV la restitution de la Franche-Comté. Mais l'hostilité toujours croissante du parlement anglais contre la France força le roi Charles II à signer, avec les États Généraux, un traité d'alliance (31 déc. 1677) pour forcer le roi à restituer au roi d'Espagne toutes ses conquêtes aux Pays-Bas ainsi que les villes de Charleroy, Ath, Binch, Tournai, Oudenarde, Coutrai, déjà acquises en 1668; au duc de Lorraine, son duché, et à abandonner Messine et les Siciliens. Louis XIV se contenterait de la

---

1. V. Saint-Prest, t. I, p. 374.

2. Au début du congrès, le roi put avoir l'espérance de garder ses conquêtes dans le cercle de Bourgogne (Pays-Bas et Franche-Comté). — V. « Mémoyre où l'on examine quel party est le plus avantageux au Roy de tenir en souveraineté ou en dépendance de l'Empire, les conquêtes qu'il a faictes sur le cercle de Bourgogne », daté de Nimègue, déc. 1676, dans *Corresp. politique*, Hollande, *Suppléments*, t. VII.

Franche-Comté ; s'il refusait ces conditions, le roi d'Angleterre et les États Généraux devaient unir leurs forces pour le contraindre à les accepter. Ce traité, signé par Hyde de Clarendon au nom du roi d'Angleterre, ne semblait pas encore assez rigoureux au parlement anglais, qui demanda que le roi de France fût ramené à l'exécution pure et simple du traité des Pyrénées et que les ports français, soumis à un blocus absolu, fussent interdits aux navires de toutes les nations. La médiation anglaise s'était changée en hostilité [1].

Heureusement, les États Généraux épuisés par la guerre se décidèrent à accepter les propositions de paix que le roi leur fit le 15 avril 1678, de sorte que ce traité anglo-hollandais resta sans exécution. Le même jour, on connut les conditions auxquelles Louis XIV était prêt à signer la paix avec l'Espagne [2] ; il lui remettrait Charleroi, Limbourg, Ath, Binch et Gand, Courtrai et Saint-Ghislain, ces deux dernières places après en avoir rasé les fortifications ; il obtiendrait en échange la Franche-Comté entière, Valenciennes, Bouchain, Condé, Cambrai et le Cambrésis, Aire, Saint-Omer, Ypres, Warwick, Warneton, Poperinghe, Bailleul, Cassel et leurs dépendances et, en un mot, toutes les autres places dont il était en possession ; il réclamait, en outre, Charlemont ou Dinan de l'évêque de Liége ; il consentait à une suspension d'armes de six semaines, à partir du 1er juillet. Le duc de Villa-Hermosa, gouverneur des Pays-Bas espagnols, témoigna beaucoup de répugnance à accepter ces conditions, mais les députés des États Généraux le pressèrent avec tant d'insistance qu'il déclara enfin, le 3 juin 1678, qu'il était prêt à signer au nom du roi d'Espagne [3]. Tout semblait arrêté. Mais, à mesure que l'on s'approchait de la conclusion définitive, les représentants de la Hollande semblèrent se refroidir [4]. Malgré les ordres de Charles II, qui tenait à ne pas se pri-

---

1. Saint-Prest, *Hist. des traités*, t. I, p. 54, et Mémoires de Ledran, *Mém. et docum.*, Hollande, t. 40, f° 73-75.

2. V. dans Mignet, t. IV, p. 550, une lettre du roi datée de Saint-Germain, 9 avril 1678, à MM. d'Estrades, Davaux et Colbert.

3. Saint-Prest, *id.*, t. I, p. 617.

4. Dans une lettre du 18 mai, Louis XIV prodigue aux Hollandais les témoignages d'amitié et leur accorde les dernières concessions qu'ils réclamaient pour les détacher de l'Espagne. Il les appelle « très chers, grands amis, alliés et confédérés... » V. Mignet, IV, 563. Amsterdam et les grandes villes *avec tout le parti républicain désiraient ardemment la paix ; le stathouder* cherchait par tous les moyens à en entraver la conclusion.

ver des subsides que lui payait le roi de France [1], le chevalier Temple ne cessait de s'élever contre la paix. Charles II lui-même, pour obtenir de Louis XIV des conditions plus avantageuses, affecta de vouloir se joindre aux Hollandais pour imposer la paix. « On menace tous ceux qui n'entrent pas dans les sentiments du prince d'Orange. M. Temple agit de même de la part du roi d'Angleterre, et un envoyé du duc d'York aussi, ce qui intimide si fort les députés des villes qu'ils n'osent les contredire et craignent d'être assassinés. C'est le dernier effort de M. le Prince d'Orange qui s'est rendu bien puissant par l'appui du roi d'Angleterre [2]. » Le 2 août 1678, les gens de l'ambassade de France furent attaqués à coups de pistolets par ceux de l'ambassade d'Espagne; deux Français furent blessés [3]. Le dernier terme pour la signature de la paix était fixé au 10 août. Le matin de ce même jour, à 5 heures, les trois envoyés français envoient une dépêche à Pomponne : « Vous nous voyez, Monsieur, dans un grand embarras, n'ayant plus que ce soir pour signer la paix ou entrer dans une grande guerre. M. Temple est à Nimègue pour la rompre et partir tout aussy tôt pour la Haye et signer la ligue. Nous ferons, Monsieur, tout ce qui dépendra de nous pour esquiver ce coup [4]... » Ainsi le parlement anglais était décidé à jeter dans la balance toutes les forces de l'Angleterre; heureusement la paix fut signée le 10 août au soir [5]. Cependant les passions ne furent point calmées tout de suite. Le marquis d'Estrades, fils du maréchal, avait été envoyé à Versailles, dès le 10 août, pour porter l'annonce de la conclusion du traité. Le 12, les négociateurs français envoient un second courrier à Pomponne : « Quoique nous n'ayons pas, Monsieur, sujet d'appréhender qu'il puisse arriver aucun accident à M. le marquis

---

1. Charles II d'Angleterre faisait réclamer par Barillon un subside annuel de six millions pour trois ans. Il obtint six millions seulement par le traité du 27 mai 1678 (V. Mignet, IV, 573 et 581).
2. Hollande, t. 108, d'Estrades à Pomponne, 26 juillet 1678.
3. Hollande, t. 108, f° 173 et 174. La lettre qui mentionne cet attentat est signée d'Estrades, Colbert et Davaux et datée du « Samedy 2 heures après minuit ». Les plénipotentiaires français pouvaient craindre quelque attentat plus grave.
4. *Id., ibid.*, f° 226; une autre lettre (f° 320) signale le prince d'Orange, le chevalier Temple et les ambassadeurs espagnols comme faisant tous leurs efforts pour faire échouer toute tentative de paix avec l'Espagne.
5. V. la dépêche d'Estrades au Roi du 10 août, où il lui explique comment furent résolues par des prodiges d'habileté et de hâte les dernières difficultés soulevées par les adversaires de la paix (publiée dans Mignet, IV, 612).

d'Estrades, nous ne laissons pas de vous envoyer pour plus grande précaution les duplicata des dépêches qu'il porte [1]. » Il faut reconnaître que la précaution n'était pas tellement inutile. Le 13 août, le prince d'Orange avait été *informé* par une dépêche du 10 au matin que la paix allait être signée le soir. Avant d'en avoir la confirmation définitive, il attaqua Luxembourg, le 14 août, à Saint-Denis près Mons, dans l'espérance qu'une victoire lui permettrait d'obtenir la continuation de la guerre. Il fut battu. Le 15 août, il protesta de sa bonne foi dans une lettre au grand pensionnaire Fagel : « Je déclare devant Dieu, affirme-t-il, que je n'ai appris qu'aujourd'hui que la paix était faite. » On le voit, sa protestation n'est vraie qu'au pied de la lettre et n'est pas exempte de sophisme [2].

Le traité avec l'Espagne ne fut signé que le 17 sept. De graves difficultés se produisirent à propos de la châtellenie d'Ath que le roi d'Espagne réclamait telle qu'elle était *en* 1667; à propos de Condé et de quelques autres annexes; à propos de Beaumont, entre Sambre et Meuse, que Louis prétendait retenir; à propos du droit de lever des contributions dans les localités occupées par les troupes françaises, droit qui fut prorogé jusqu'au 16 octobre; à propos de l'engagement qui était exigé du roi d'Espagne de ne plus fournir de secours indirects à ceux de ses alliés qui n'avaient pas encore traité avec la France; à propos de l'amnistie spéciale qui devait être accordée aux Messinois. Le roi d'Espagne n'était pas pressé de traiter; les États Généraux n'avaient pas encore signé leur ratification; le prince d'Orange faisait tous ses efforts pour empêcher qu'elle ne fût signée et Hyde de Clarendon, au nom du roi d'Angleterre, semblait pousser au renouvellement de la guerre. Les négociateurs français avaient grand'peur de voir rompre brusquement la trame si laborieusement préparée. Ils échangèrent avec le roi une correspondance pleine d'alarmes. A la suite des longues et laborieuses conférences du 3 et du 4 sept., les difficultés furent

1. Hollande, t. 108, f° 270.

2. Voir, pour ces dernières journées des négociations, les tomes 108 et 109 de la *Corresp. politique*, Hollande. La nouvelle de la signature du traité fut connue à Saint-Germain, le 15 août. On ne peut pas admettre que Guillaume d'Orange n'en eût pas reçu la notification avant le 14. A cette date, Luxembourg était déjà informé. Villa-Hermosa, dans ses *Mémoires*, prétend que le prince d'Orange a engagé l'action malgré la paix qu'il savait conclue pour terminer la campagne par un coup d'éclat qui aurait relevé son prestige (V. *Documentos ineditos para la historia de España*, t. XCV, p. 42).

réduites à quatre points : 1° le démembrement d'Ath ; 2° l'acquisition du château de Beaumont ; 3° la clause en vertu de laquelle Louis XIV gardait tout ce dont il était en possession et qu'il ne cédait pas par une désignation expresse ; 4° l'amnistie des Messinois. Étroitement pressés par la nécessité de conclure à tout prix, les plénipotentiaires résolurent de se relâcher sur les trois derniers points, sauf à être désavoués. La dépêche par laquelle ils faisaient droit à toutes les dernières réclamations des Espagnols, sauf sur la question d'Ath, se croisa avec celle que Louis XIV leur adressait pour les autoriser à le faire. L'abandon des Messinois était déjà un fait accompli depuis le départ du duc de Vivonne des eaux siciliennes. Il en coûta beaucoup à l'orgueil du roi, qui essaya de l'excuser par des raisons de politique générale : « J'aurais désiré, disait-il, que ces exilés eussent profité de ma protection pour leur rétablissement dans leur patrie, mais comme l'intérêt général de toute l'Europe ne doit pas être assujetti à celui de quelques particuliers, je vous permets encore de réduire ce point aux termes les moins désavantageux ou de vous en désister tout à fait lorsque vous ne pourrez rien obtenir en leur faveur [1]. » Les plénipotentiaires français, par un compromis signé le 11 sept., à minuit, soumirent à l'arbitrage des États Généraux les dernières difficultés pendantes ; le comte d'Avaux alla à la Haye pour remonter le courage des partisans de la paix et déconcerter la faction du prince d'Orange. Il put leur annoncer que Louis XIV cédait sur tous les points litigieux. Les médiateurs hollandais dressèrent, en conséquence, le projet de traité en trente-deux articles. Le 17 sept., deux exemplaires de ce traité, l'un en français, l'autre en espagnol, furent déposés aux deux extrémités d'une table, où se tenaient Beverningk et Haren, les médiateurs hollandais. Les trois négociateurs français, d'Estrades, Colbert et d'Avaux, entrèrent par une porte en même temps que les marquis de los Balbases et de la Fuente et Christin entraient par la porte opposée. Ils s'assirent en même temps sur des fauteuils semblables et signèrent au même instant les deux exemplaires. Haren déclara alors : « Les rois vos maîtres vivront désormais en beaux-frères et cousins [2]. » Le comte d'Avaux partit le même jour pour la Haye afin de presser la

1. Hollande, t. 108, lettre du 9 sept. 1678.
2. *Actes et Mémoires de la paix de Nimègue*, II, p. 755-757, et *Mémoire de Ledran*, dans *Mémoires et documents*, Hollande, t. 40, f° 77.

signature des ratifications promises par les États Généraux. Elles furent, en effet, échangées le 19 sept. avec celles que Louis XIV avait signées déjà le 18 août. Hyde qui avait poussé avec tant d'instance les Hollandais à recommencer la guerre avec l'appui de l'Angleterre fut remercié de ses bons offices [1].

A Nimègue aussi furent réglés les intérêts de l'empereur et de l'Empire. Le roi avait perdu Philipsbourg et s'était emparé de Fribourg; il demandait le rétablissement pur et simple du traité de Munster. L'empereur réclamait la restitution de tout ce qui avait été pris aux princes de l'Empire et une satisfaction pour les dommages qu'ils avaient éprouvés. Sous prétexte que le roi avait occupé diverses places du duché de Clèves et de l'électorat de Trèves, que les arches du pont de Strasbourg avaient sauté, que le Palatinat et certaines parties du cercle de Bourgogne avaient été dévastés, l'empereur Léopold prétendait que le traité de Westphalie était violé et que la France devait, en conséquence, restituer l'Alsace, Brisach, Philipsbourg et le droit de suzeraineté sur les domaines que les vassaux des trois Évêchés possédaient en dehors des districts de ces évêchés dans l'étendue de l'Empire. Les ministres du roi, sans tenir compte d'aucune de ces prétentions, proposèrent, le 15 avril 1678, un projet de traité conforme au traité de Munster, avec cette seule modification que Philipsbourg serait échangé contre Fribourg et le Brisgau. Ces conditions furent acceptées seulement le 21 oct. par les plénipotentiaires de l'empereur. Cependant chacun des projets de traités contenait quelques réclamations subsidiaires : celui des Français demandait satisfaction pour la princesse, mère du prince régent de Bade; pour le prince de Salm, à qui le duc de Lorraine négligeait de payer les revenus qui lui étaient dus sur le duché de Lorraine; pour le maréchal de Schomberg, à qui l'électeur palatin retenait quelques bailliages et à qui la ville de Francfort refusait de payer une dette de 30.000 écus; celui des impériaux réclamait la restitution du duché de Bouillon à l'évêque de Liége; le jugement par le moyen d'arbitres au choix des deux parties, de toutes les contestations relatives aux dix villes

1. Saint-Prest, *Hist. des traités de paix*, t. I, p. 620 et suiv. — Mignet, t. IV, p. 643. — Voir au t. 108 de la *Corresp. de Hollande* toutes les dépêches échangées, pendant le mois de septembre, entre Nimègue et Versailles. — Le duc de la Trémoille, pour le royaume de Naples, et la duchesse de Luxembourg, pour le Luxembourg, élevèrent des protestations contre le roi d'Espagne, maître de ces deux pays (V. *Mémoire de Ledran* dans *Mémoires et documents*, Hollande, t. 40, f° 80).

d'Alsace et aux trois Évêchés; la concession aux villes de Brême, Lubeck et Hambourg, des privilèges de la nation la plus favorisée dans leur commerce avec les ports français, en échange de la réciprocité pour le commerce français; la restitution des biens confisqués au prince de Schwarzenberg, enfin la réduction de la garnison de Fribourg. Ces articles ne furent pas insérés dans le traité de paix, soit parce qu'ils étaient relatifs à des intérêts particuliers, soit parce qu'ils étaient contraires aux droits conférés au roi par le traité de Munster. Mais ils retardèrent la signature du traité jusqu'au 5 février 1679 [1].

Les princes qui restaient encore en armes contre le roi et ses alliés les Suédois ne pouvaient plus continuer la résistance. Les princes de la maison de Brunswick (ducs de Zell et de Wolfembuttel et évêque d'Osnabrück) signèrent, le même jour que l'empereur, le traité de Zell (5 févr. 1679), par lequel ils restituaient au roi de Suède tout ce qu'ils lui avaient enlevé du duché de Brême. A partir de 1681, ces princes, moyennant subsides, conclurent même une alliance très étroite avec le roi. Ferdinand de Furstemberg, évêque de Paderborn, et successeur de Bernard de Galen, évêque de Munster, conclut avec le roi de Suède un dernier traité à Nimègue le 29 mars 1679, par lequel il restitua de même ce qu'il avait pris aux Suédois, moyennant paiement de 100.000 écus, pour l'indemniser des frais qu'il avait faits dans les places qu'il était obligé de rendre [2]. L'électeur de Brandebourg [3] et le roi de Danemark cherchaient à gagner du temps pour garder les territoires qu'ils avaient enlevés aux Suédois. Ils conclurent à Nimègue, le 31 mars 1679, une suspension d'armes d'un mois destinée à donner le temps de régler les dernières difficultés pour la conclusion de la paix. Mais comme les négociateurs de ces deux princes refusaient de signer, le maréchal de Créqui s'avança par le comté de la Marck jusqu'à Minden sur le Weser. L'électeur effrayé offrit enfin, par l'entremise de son

1. Saint-Prest, *Hist. des traités de paix*, t. I, p. 455 et suiv.
2. *Id.*, *ibid.*, t. I, p. 206 et suiv.
3. V. France, t. 415, f° 158 et suiv., et t. 417, f° 53 et suiv. Le roi, avant même d'envahir la Hollande, avait occupé militairement les places du duché de Clèves qui appartenaient à Frédéric-Guillaume de Brandebourg. L'électeur, dès ce moment, devint hostile. Le comte de Saint-Géran ne put l'empêcher de signer avec l'empereur le traité d'alliance de Berlin du 25 juin 1672. La Vauguyon, envoyé à l'électeur pour le sommer de s'expliquer sur sa politique, ne put le ramener. L'expédition de Turenne força Frédéric-Guillaume à signer le traité de Vossem (près Bruxelles), le 6 juin 1673, qui fut presque aussitôt violé.

ambassadeur, Minders, toutes les satisfactions exigées. Minders négocia longuement avec Pomponne. Deux traités furent signés à Saint-Germain : l'un public le 29 juin 1679; l'autre secret [1] du 25 oct. 1679. En vertu du traité secret, Louis XIV obtenait de l'électeur de Brandebourg, moyennant la promesse d'un subside annuel de 100.000 livres pendant dix ans, que celui-ci s'engageât à lui donner sa voix pour le faire élire empereur; ou, à défaut de Louis XIV, pour faire nommer soit le dauphin, soit le prince que Louis XIV désignerait au choix des électeurs. Le 15 nov. de la même année, un traité secret analogue, et dont beaucoup d'articles sont la reproduction exacte du précédent, fut signé par Wolframsdorf au nom de l'électeur de Saxe Jean-Georges II [2]. Ce fut le dernier acte diplomatique du ministère de Pomponne qui fut disgracié le 23 nov. 1679 pour faire place à Colbert de Croissy. La Suède était comprise dans le traité de Saint-Germain.

Le roi de Danemark était en guerre avec la Suède depuis sept. 1675. Il lui avait enlevé Landscrona et Helsingborg en Scanie, Marstrand dans le Bohus, les îles de Rugen et de Gotland dans la Baltique, Wismar dans le Mecklembourg et Karlsbourg dans le duché de Brême : le roi de Danemark voulait non pas seulement conserver les conquêtes faites, mais recouvrer tout ce que lui avaient enlevé les traités de Bromsebro, de Roskild et de Copenhague. Les ambassadeurs de Suède réclamaient, au contraire, la restitution de tout ce qu'avaient adjugé à leur roi les

1. Ce traité secret, que nous publions à la suite des traités de Nimègue, n'a été connu ni de Mignet, ni de Rousset, pas plus, du reste, que le traité secret conclu dans des termes souvent presque identiques avec l'électeur de Saxe, Jean-Georges II. M. Auerbach, dans sa thèse sur la diplomatie française et la cour de Saxe, de 1641 à 1680, parle des négociations engagées par Louis XIV à l'effet d'obtenir l'Empire et il analyse d'après la *Corresp. politique* (Saxe, t. 7) le *Traité secret* (v. p. 476). Mais il n'en a pas connu l'original et il ne fait aucune mention du traité secret signé avec le Brandebourg. En somme, il n'est pas douteux que Louis XIV n'ait voulu, après la paix de Nimègue, se ménager les voies à l'Empire, en cas de mort de Léopold. Les instruments de ces traités secrets sont aux archives des affaires étrangères, avec les traités publiés et dans l'ordre chronologique. Voir notre étude sur *les tentatives de Louis XIV pour arriver à l'Empire* dans la *Revue historique*. Sept. 1897.

2. Jean-Georges II fut l'allié de l'empereur pendant la guerre de Hollande; malgré le traité d'alliance qu'il avait conclu à Ratisbonne, en 1664, avec le roi, Jean-Georges II entra dans la ligue conclue à Vienne, le 14 avril 1672, avec l'Espagne, le Danemark, l'électeur de Brandebourg et le duc de Holstein pour venir au secours des États Généraux (V. Saint-Prest, t. II, p. 211). Il n'intervint par les armes qu'en 1674. Un subside de 80.000 écus suffit à le ramener dans l'alliance française (Voir France, t. 417, f° 44 et suiv.).

traités de 1648 et de 1660. Bien que ces propositions eussent été mutuellement déposées dès le mois de mars 1677 entre les mains des médiateurs, elles restèrent longtemps en suspens, parce que le roi de Danemark *refusait de laisser traverser* ses États aux courriers suédois. Mais Louis XIV mettait comme condition préalable à tout rapprochement avec le Danemark l'entière satisfaction de la Suède. Le roi de Danemark ne se décida à accepter l'ultimatum français que lorsqu'il eut vu tous ses alliés traiter successivement. Les négociations furent transférées à Lund sous la conduite du marquis de Feuquières, ambassadeur français en Suède, et sous la médiation de l'électeur de Saxe. Elles donnèrent lieu au traité signé à Fontainebleau le 2 sept. 1679 qui rétablit dans leur teneur complète les traités d'Osnabrück, de Roskild et de Copenhague [1].

La réglementation de tous les détails d'une *négociation* n'est jamais complètement arrêtée dans un traité. Des questions litigieuses subsistent, surtout lorsque des articles sont laissés à dessein obscurs, par chacun des contractants, dans l'espoir de pouvoir interpréter à son profit les contestations futures. De plus, les traités une fois signés devaient être enregistrés ès cours des parlement et chambres des comptes en France, comme aussi dans les conseils des souverains étrangers. Cet enregistrement pouvait donner lieu à des enquêtes et remontrances. C'est l'origine des réunions opérées par arrêts des parlements et conseils français. Sans doute, Louis XIV dicta ses volontés aux membres de ses cours souveraines. Il constitua même une chambre de réunion au parlement de Metz; dans toutes les autres cours, de Douai, de Brisach, de Besançon, les magistrats ordinaires furent chargés de l'examen des traités. Il faut bien reconnaître que leurs décisions n'étaient en contradiction avec aucun principe du droit public en vigueur au XVIIe siècle. Dans l'espèce, elles n'eurent trop souvent d'autre sanction que la *force*.

Les difficultés commencèrent aux conférences de Courtrai (déc. 1679). Le conseiller d'État Pelletier et le baron de Worden, représentants de la France, refusèrent d'accepter comme valables les pleins pouvoirs du baron de Christin sous prétexte que son maître, le roi d'Espagne, y prenait le titre de duc de Bourgogne. Dans sa réponse de mai 1680, le roi d'Espagne refusa de rien

1. Voir, pour la préparation et l'analyse de ces différents traités, Saint-Prest, *Hist. des traités de paix*, t. I, p. 206, 493, 208, 101 et suivantes. Mais il n'est nullement question des traités secrets.

modifier à la teneur de ses pleins pouvoirs. Louis XIV lui assigna, pour se désister de ses prétentions, un premier délai qui devait expirer le 15 juillet 1680 et qui fut prorogé jusqu'au 15 sept. date à laquelle le roi « se mettrait en possession de tout ce qu'il croirait lui devoir appartenir en vertu du traité de Nimègue ». La soumission du roi d'Espagne, qui renonça à son titre de duc de Bourgogne [1], n'empêcha pas les exécutions militaires. Louis XIV voulait rester maître de tout le duché de Luxembourg. Il y occupa successivement Rodemacher, Hespérange, Chièvre, Agimont, Givet, Fumay, Revoing et dix-sept villages. Le roi d'Espagne déclara ne plus s'opposer à l'exécution du traité de Nimègue à l'égard de Charlemont. Deux arrêts de la chambre royale de Metz portés contre le roi d'Espagne réunirent Virton et Chiny, comme anciens fiefs de l'évêché de Verdun : pour appuyer ses prétentions, le roi de France invoquait des chartes de propriété datant de 1257 et de 1204. Virton fut remis au roi par son gouverneur; Chiny fut pris de force (1681) [2]. Du côté du Hainaut et de la Flandre, Louis s'empara d'Antoing, imposa des contributions à Courtrai et à Oudenarde, et réclama Vieux-Bourg, Gand, Alost, Grammont, Lessines avec leurs dépendances. Louis offrit de remettre la décision à l'arbitrage du roi d'Angleterre. Le roi d'Espagne s'y refusa [3]. Il protesta contre la violence dans toutes les cours de l'Europe. Le marquis de Grana, gouverneur des Pays-Bas espagnols, déclara que désormais il repousserait la force par la force (12 oct. 1683) et le 11 déc., le roi Charles II déclara la guerre à Louis XIV. Malgré son extrême dénuement et l'abandon de ses alliés, l'Espagne ne voulait pas se laisser humilier [4]. Une guerre atroce commença : les villes étaient bombardées par les chefs français sans épargner ni les maisons, ni la population pacifique. Le maréchal d'Humières s'empara de Beaumont, de Chimay, de Bouvines. Après trois années de blocus et deux mois de tranchée ouverte, Luxembourg fut enlevé par Créqui et par Vauban (4 juin 1684) [5].

1. France, t. 423, p. 761-768.
2. *Id.*, p. 768-772.
3. *Id.*, p. 778-803.
4. Voir Lonchay, *Rivalité de la France et de l'Espagne aux Pays-Bas*, p. 297 et suiv.
5. Piot, *Les guerres en Belgique pendant le dernier quart du XVIIe siècle* (commission royale d'histoire de Belgique, 4e série, t. VIII), et Arthur Knaff, *Die Belagerung des Festung Luxemburg* (Société historique de l'Institut grand-ducal, année 1881); Jules van Nerus, *Récit d'un témoin oculaire* (même recueil, année 1896).

Un congrès venait de s'ouvrir à la Haye; l'ambassadeur espagnol, marquis de Moncayo, pour exciter les défiances des Hollandais, fit part d'un projet d'abandon de la Belgique à la France par le roi d'Espagne. Louis XIV offrit d'accepter Luxembourg ou Dixmude et Courtrai, comme équivalents de Gand et d'Alost. Le roi d'Espagne donna à l'empereur carte blanche pour conclure la paix en son nom avec la France [1].

Aux dépens de l'Empire, d'autres arrêts des parlements de Metz et de Besançon attribuèrent au roi Sarrebourg et Sarrelouis, Pont-à-Mousson, Germersheim, Falkemberg, Deux-Ponts, Montbéliard [2]. L'Allemagne était en émoi. Verjus, représentant de la France à la diète de Ratisbonne, faisait part du bruit répandu parmi les Allemands que le roi voulait « renouveler l'ancien royaume d'Austrasie » par ses agrandissements sur le Rhin et sur la Sarre : Le 17 janvier, la diète reçut communication de quatre rescrits de l'empereur contre le roi, relatifs : 1° aux dix villes d'Alsace; 2° au serment exigé de la noblesse d'Alsace; 3° aux vassaux des trois évêchés; 4° aux autres États d'Alsace qui se disent immédiats. Le 1er mars 1680 l'empereur proposa l'armement de l'Empire contre la France; et Verjus, malgré des efforts réitérés, ne put obtenir la *dissolution de la diète* [3]. Le 22 mars, un arrêt du conseil souverain de Brisach proclama le principe de la souveraineté absolue du roi aussi bien dans la Basse que dans la Haute Alsace. Strasbourg, capitale de la Basse Alsace, se trouvait donc annexé à la couronne de France. Le 9 août, un second arrêt du même conseil décréta la souveraineté exclusive du roi en Alsace et prescrivit à tous ses féaux de lui rendre l'hommage qui était la conséquence de cette souveraineté. Telle était la réponse du roi aux rescrits de l'empereur. Depuis 1648, la France exerçait son suprême domaine sur les dix villes et sur toute la rive gauche du Rhin, de Bâle à Landau. Les ministres de l'empereur avaient cherché à troubler la France dans cette possession et à soumettre le litige à la décision d'un arbitre. Louis XIV avait refusé de laisser mettre la question en discussion et les représentants de l'empereur avaient dû se contenter de déposer à ce sujet une protestation platonique entre les mains

1. France, t. 423, p. 803-825.
2. France, t. 422, nombreux arrêts de réunions cités dans la seconde partie.
3. *Corresp. polit.* Allemagne 1679-1681 (Dépêches du 31 oct. 1679, f° 52; du 17 janvier 1680, f° 193; du 1er et du 24 mars, f° 282 et 300).

des médiateurs. Louis XIV, pour en finir avec ces prétentions insoutenables, voulut détruire toute équivoque et exercer ses droits dans toute leur plénitude [1]. Il nomma le baron de Montclar grand bailly d'Alsace. Son premier soin fut d'exiger le serment de fidélité dans toute l'étendue de l'Alsace entre le Rhin et les Vosges, depuis Huningue jusqu'à la Queich, Landau compris. C'est Montclar aussi qui, sur l'ordre du roi, occupa militairement Strasbourg (30 sept. 1681). Le silence forcé des négociateurs

---

1. Voici comment l'intendant la Houssaye, dans un Mémoire sur l'Alsace, écrit en 1701, explique *les différents droits relatifs* aux anciens domaines autrichiens en Alsace qui donnèrent lieu à de si longs conflits : Avant le traité de Westphalie, *on reconnaissait* en Alsace trois sortes de puissances : 1° Celle qui émanait de la simple *seigneurie* ; « ce droit était exercé par les seigneurs des fiefs qui relevaient d'autres princes à peu près tel que l'ont en France les seigneurs des paroisses. » — 2° la *supériorité territoriale* qui appartenait « à tous les seigneurs dont les terres relevaient immédiatement de l'Empire; et hors le droit de battre monnoie, dont même quelques-uns étaient en possession, ils jouissaient de tous les droits régaliens avec la même indépendance que les princes d'Allemagne les plus puissants. » La ville de Strasbourg et les dix villes impériales jouissaient de la supériorité territoriale. — 3° « *Le suprême domaine* qui est la véritable souveraineté, appartenant à tout l'Empire dont chaque membre participe et qui ne réside en la personne de l'empereur qu'autant qu'il en est le chef; mais sans qu'il s'en puisse servir que du consentement, et pour ainsi dire conjointement avec les princes et Etats de l'Empire dans les affaires de conséquence; de sorte que ceux qui ont la *supériorité territoriale* étant appelés aux diètes..., ils ont l'avantage, outre la *supériorité territoriale* qu'ils exercent chez eux, de partager jusqu'à un certain point l'autorité du *suprême domaine* dans tout l'Empire. » — Il a toujours été admis que le souverain autrichien ayant cédé ses droits au roi « avec toute *supériorité territoriale et toute souveraineté* par l'intervention de l'Empire, le roi en devait jouir sans nulle difficulté. » Mais les contestations s'étaient élevées à propos de la préfecture de Haguenau et des dix villes qui en dépendent : 1° du côté de la France, on prétendait que la préfecture de Haguenau ayant été cédée *en toute souveraineté*, les dix villes qui en dépendent avaient dû être cédées de même ; 2° du côté de l'Empire « que le droit de cette préfecture n'était qu'un droit d'*avocatie et de protection honorable* et utile jusqu'à un certain point, en vertu duquel les habitants des dix villes impériales prêtaient à la vérité le serment au grand bailli ; mais que ce serment était *réciproque* et que le *grand bailli leur jurait* pareillement de les maintenir dans leurs privilèges parmi lesquels celui de jouir de la *supériorité territoriale* et des droits régaliens sous la souveraineté immédiate de l'empereur était le plus considérable. » V. le mémoire de la Houssaye : Archives nation. KK. 1239.

Pour les autres fiefs qui n'étaient point du domaine autrichien, les difficultés étaient tout à fait inextricables. Nous rappelons qu'elles avaient été insérées à dessein dans les articles 76 et 89 du *traité* de Munster. Grâce à ces contradictions, les Autrichiens espéraient contester dans l'avenir au roi de France la possession de l'Alsace et le roi de France espérait s'emparer de Strasbourg qui lui manquait encore. En résumé, le roi de France a reçu l'Alsace en 1648 à l'état inorganique et mou. Grâce à une habile administration, il en a fait, en peu d'années, un corps organisé et vivant. Il a cueilli comme un fruit mûr, Strasbourg, qui s'est donné à lui sans protestation sérieuse. Les avocats d'Outre-Rhin se sont contentés d'élever de vaines chicanes sur des textes qu'ils avaient laissés à dessein obscurs et contestables. V. pour cette question la belle étude de M. Rodolphe Reuss dans son *Alsace au XVIIe siècle*, livre II, chapitre 3 à 5.

impériaux au congrès de Nimègue avait été une reconnaissance implicite des droits du roi sur toute l'Alsace. Leur protestation à l'égard des médiateurs était un acte unilatéral qui ne pouvait rien contre le traité de Nimègue. En vain, la diète de Ratisbonne voulut-elle remettre sur le tapis les anciennes prétentions. Le roi avait de nombreux alliés dans le corps germanique, entre autres l'électeur de Brandebourg dont le représentant à Ratisbonne prodiguait à Verjus les assurances de dévouement, dévouement intéressé d'ailleurs et payé sans cesse par de nouveaux accroissements de subsides [1]. La diète fut forcée de céder; elle signa, le 15 août 1684, une trêve de vingt ans qui reconnut à la France la libre et paisible possession et le plein exercice de la souveraineté dans la ville de Strasbourg et dans tous les lieux et seigneuries adjugés au roi de France en vertu des arrêts de ses parlements et conseils [2]. Ce fut l'époque de la plus grande puissance de Louis XIV. Mais ce fut aussi le point de départ des coalitions et des guerres de la seconde partie du règne.

II

BIBLIOGRAPHIE

1° PUBLICATION DES TEXTES DES TRAITÉS

Le texte des quatre traités de Nimègue, du traité de Saint-Germain et de la trêve de Ratisbonne a été publié dans les ouvrages suivants :

Actes et Mémoires de la paix de Nimègue (publiés par Adrien Mœtjens, Amsterdam, 1679-1680, 4 vol. in-18). V. t. II, p. 514, 524, 625; t. III, p. 418; t. IV, p. 483.

---

1. V. *Corresp. politique*, Allemagne, 1679-1680 (f° 54, 114, 132, 170, 282). — V. aussi les quatre traités de Cologne sur Sprée du 11 janv. 1681, du 22 janv. 1682, du 28 avril 1683, du 25 oct. 1683 dans un résumé de M. de Saint-Prest, France, t. 422, p. 510 à 568.

2. Lire aussi sur l'affaire de Strasbourg : C. Rousset, *Histoire de Louvois*, t. III, ch. I. — Legrelle, Louis XIV et Strasbourg, chap. V. — Nous avons consulté aussi avec fruit le mémoire mss. de M. Marc Dufraisse sur les princes possessionnés d'Alsace au temps de la Révolution qui nous a été communiqué obligeamment par sa famille. — Les instructions données par Colbert de Croissy à nos ambassadeurs à Vienne, Sebeville, en 1680 et Cheverny, en 1684, leur enjoignent de pas tenir compte des difficultés soulevées par la diète de Ratisbonne à propos de l'Alsace, puisque les délégués de l'empereur se sont désistés pendant les négociations de Nimègue de tous les droits et prétentions contraires à la souveraineté du roi sur cette province. — V. Sorel, *Recueil des Instructions*, Autriche, p. 79, 91 et 94.

DUMONT, t. VII, part. I, p. 350, 357, 365, 376 et 408 avec un assez grand nombre de pièces annexes. Le quatrième traité conclu avec l'empereur et l'Empire est seul en latin; les quatre autres sont en français.

FRÉDÉRIC LÉONARD, t. III, traités avec l'empereur (en français) et avec l'électeur de Brandebourg; t. IV, traité avec le roi d'Espagne; t. V, les deux traités avec les Provinces-Unies.

LONDORPIUS, *acta publica*, t. X, p. 677-704 en allemand.

THEATRUM PACIS, t. II, p. 600 et suiv. en latin, en allemand et en français.

THEATRUM EUROPÆUM, t. XI, ne donne pas le traité conclu avec le roi d'Espagne; — t. XII, p. 630 donne la trêve de Ratisbonne.

LUNIG, *Teutches Reichs Archiv*, publie le traité avec l'empereur en allemand et en latin (part. génér. p. 1020) et le traité de Saint-Germain (part. spéciale, p. 259) en allemand et en latin.

PUFFENDORF, *de reb. gestis Frid. Wilhel. electoris Brandeburgensis* publie ces deux mêmes traités en latin (lib. XVII, p. 1303 et 1359).

ABREU Y BERTODANO. Carlos II, part. II, p. 465, traité de Nimègue avec l'Espagne en français et en espagnol.

Enfin, le traité signé entre Louis XIV et l'empereur est encore publié dans :

J. BALT. KLAUTE, *Sac. Romani Imperii leges fundamentales*, p. 497.

FRANC. FRÉD. BARO AB ANDLERN, *Corpus constitutionum Imperialium in Appendice*, t. III.

Voir les résumés de ces traités dans :

KOCH. — *Abrégé de l'histoire des traités*, t. I.

FLASSAN. — *Histoire de la diplomatie*, t. III, p. 428-471 et t. IV, p. 68-69. Aucun de ces différents recueils ne publie les traités secrets ou n'en mentionne même l'existence.

2° MANUSCRITS

La *Correspondance politique* la plus utile à consulter pour les traités de Nimègue est celle de Hollande qui comprend, de 1675 à 1680, trente-quatre volumes, t. 93 à 124, et deux volumes de suppléments. A ce moment tout se fait si bien en Hollande que la correspondance politique, Espagne et Allemagne, est interrompue pour l'année 1678. On trouve seulement deux volumes de suppléments pour l'année 1678, l'un relatif à l'Espagne, l'autre à l'Allemagne.

Mémoires et documents. — Consulter France, t. 415, 416, 417; Allemagne, t. 30, 38, 43 et 44; Angleterre, t. 8 et 10; Espagne, t. 69 à 71 et 76 à 79; Hollande, t. 21 et 22, 40 et 41, 43 et 44.

3° IMPRIMÉS

Parmi les ouvrages déjà cités :

Les recueils des *Instructions* données à nos ambassadeurs dans les différentes cours.

MIGNET, t. III et IV.

SAINT-PREST, t. I et II.

LEGRELLE. — *La diplomatie française et la succession d'Espagne*, t. I et *Louis XIV et Strasbourg*.

LEFEBVRE-PONTALIS, t. I et II.

AUERBACH. — *La diplomatie française et la cour de Saxe de 1640 à 1680*. Paris, 1887, 8° (Excellente notice et table bibliographique).

LONCHAY. — *Rivalité de la France et de l'Espagne aux Pays-Bas, de 1635 à 1700*. Bruxelles, 1896, 8° (avec beaucoup d'indications bibliographiques en notes).

RODOLPHE REUSS. — *L'Alsace au XVIIe siècle*. Paris, 1897, 8°.

Les indications bibliographiques et les ouvrages cités dans ces six dernières publications dispensent de donner ici une liste plus longue d'ouvrages à consulter. Se reporter surtout pour les choses d'Espagne à Mignet et à M. Legrelle; pour celles des Pays Bas à MM. Lefebvre-Pontalis et Lonchay; pour celles d'Allemagne à M. Auerbach; pour celles d'Alsace à M. Rodolphe Reuss.

III

INSTRUMENTS ORIGINAUX

Les pièces originales des archives des Affaires étrangères relatives aux traités de Nimègue et de Saint-Germain et à la trêve de Ratisbonne comprennent cinq séries.

Série A. — États Généraux. — Neuf pièces

1° *Exemplaire original du traité du 10 août 1678 conclu entre Louis XIV et les États Généraux*, cahier de papier de 12 f[os] écrits sur les deux faces; le traité remplit les 7 premiers f[os] recto et verso : il est suivi de la teneur des pleins pouvoirs des plénipotentiaires. Au bas de la première page les trois cachets des plénipotentiaires hollandais en ordre horizontal arrêtent la double ganse de soie bleue qui relie le cahier. A la fin les signatures de chacun des plénipotentiaires figurent sur deux colonnes, la première pour ceux de Louis XIV, la seconde pour les commissaires des États Généraux. Le cachet de chacun des signataires est apposé à gauche de sa signature. A la suite, un article séparé concernant le prince d'Orange est accompagné des mêmes signatures et des cachets dans le même ordre. (Dumont, t. VII, part. I, p. 350-352).

2° *Déclaration sur la neutralité à observer de la part des deux puissances contractantes à l'égard de la Suède*. Une seule page sur parchemin avec signatures sans cachets.

3° *Traité de commerce et de navigation* entre les mêmes et du même jour. Suivi comme dans Dumont de divers formulaires, passe-ports et de la teneur des pouvoirs. (Dumont, p. 357-361).

4° *Traité entre les commissaires députés du roi de France, du roi d'Espagne et des États Généraux* concernant la manière suivant laquelle les troupes des armées et garnisons de part et d'autre auront à vivre jusqu'à la ratification; à la date du 10 août 4 feuilles sur papier. (Dumont, p. 364-365).

5° *Ratification de la paix par les États Généraux* (19 sept.) 12 grandes feuilles doubles de parchemin comprenant la répétition des 21 articles du traité.

6° *Ratification de l'article séparé concernant le prince d'Orange*. (10 sept.) en 4 feuilles sur parchemin.

7° *Ratification concernant le traité de commerce* du même jour, comprend 38 articles différents en 15 feuilles sur parchemin. Les pièces n°s 5, 6 et 7 sont reliées par de gros cordons de soie tressée grenat et or dont les extrémités sont retenues par d'énormes sceaux de 14 cent. de diamètre portant *Sigillum ordinum Belgiæ* avec les armes. Ces sceaux de très belle venue ont été moulés.

8° *Original pour l'amnistie des sujets respectifs des deux puis-*

sances (24 sept. 1678). 2 feuilles sur papier signature et cachets de d'Estrades et Colbert; de Beverningk et de Haren. (Dumont, p. 355).

9° *Ratification de l'acte d'amnistie* (30 sept.), 4 feuilles sur papier.

Le texte des ratifications publié par Dumont est absolument tronqué, non pas seulement pour les formules des préambules et des conclusions, mais pour le corps même de l'acte.

Série B. — Espagne. — Deux pièces

1° *Exemplaire original du traité du 17 sept. 1678 conclu entre Louis XIV et Charles II d'Espagne.* — Cahier de 26 folios sur papier. Le traité en 32 articles occupe 19 f^os; la teneur des pleins pouvoirs remplit 6 f^os. La France y est nommée la première : ses ambassadeurs ont signé à gauche les premiers. (Dumont, p. 365-369).

2° *Ratification du roi d'Espagne du 14 nov. 1678.* — Cahier de papier de 22 f^os où est reproduit entièrement le traité. Signé : yo el Rey; et au bas de la page M. Pedro Coloma. (Dumont, p. 373).

Série C. — Empereur et Empire. — Trois pièces

1° *Exemplaire original en latin du traité du 5 février 1679* entre l'empereur Léopold et le roi Louis XIV. — Cahier de papier de 18 f^os dont 13 remplis par le traité en 36 articles. Cinq signatures avec cinq cachets, les trois premières des plénipotentiaires impériaux; les deux dernières des Français; de Mesmes n'a pas signé. Suivent les pleins pouvoirs sur 4 f^os. (Dumont, p. 376-380).

2° *Décret du 23 mars 1679 de la diète de Ratisbonne*, « servant d'approbation et de ratification du traité de paix signé à Nimègue le 5 févr. précédent de la part de l'empereur et de l'Empire avec le roi Louis XIV. » Le document est en allemand, remplit cinq pages et demie. Il est signé « cancellaria Moguntina » et scellé d'un cachet de cire rouge recouvert de papier. La traduction française en trois pages sur papier de format plus grand est cousue avec l'original allemand. Elle ne porte ni signature, ni cachet.

3° *Ratification par l'empereur Léopold du traité de Nimègue du 19 avril 1679.* — Cahier de 21 f^os de parchemin relié en velours carmin gansé d'or. Document latin qui répète les 36 articles du traité. (Dumont, p. 381).

SÉRIE D. — ÉLECTEUR DE BRANDEBOURG. — ONZE PIÈCES

1° *Préliminaires de paix signés à Zante (Xanthen) le 3 mai 1679.* — Cahier de papier de 4 f^os^. Traité en français en huit articles signé d'Estrades, Colbert et Blaspiel suivi de la promesse du général de Spaen d'exécuter le présent traité qui remet Wesel et Lipstadt à Louis XIV et proroge l'armistice de quinze jours (publié par Dumont, t. VII, part. I, p. 406).

2° *Plein pouvoir de l'électeur de Brandebourg du 11 mai 1679* pour autoriser Minders, ambassadeur extraordinaire en France, à signer la paix avec le roi (en français, sur papier, 2 f^os^; dans Dumont, id., p. 411).

3° *Traité de paix de Saint-Germain-en-Laye du 29 juin 1679*, entre le roi et l'électeur, Sa Majesté agissant aussi pour son allié Charles XI (en français, 18 articles, cahier de papier de 8 f^os^ signé Arnauld et Meinders avec leurs deux cachets, publié par Dumont, id., p. 408).

4° *Article séparé* relatif aux 900,000 livres que le roi accorde à l'électeur. (Une page en français, mêmes signatures).

5° *Autre article séparé* relatif à la garantie souscrite par le roi aux princes de Brunswick contre lesquels l'Église a des prétentions (2 pages sur papier en français, publié par Dumont, id., p. 411).

6° *Ratification par l'électeur de Brandebourg* du 11 juillet 1679 du traité de Saint-Germain. — Cahier de parchemin de 10 f^os^ avec grand sceau dans une boîte de bois, publié par Dumont, (id., p. 408).

7° et 8° *Deux autres ratifications* relatives aux deux articles secrets, chacun 4 f^os^ sur parchemin avec grand sceau (la seconde seulement publiée dans Dumont, id., p. 412).

9° *Plein pouvoir du 8 août 1679*, à Minders, pour contracter un nouveau traité d'alliance (sur papier, 1 feuille).

10° *Traité secret d'alliance de Saint-Germain du 25 oct. 1679* « dont une des principales stipulations porte que cet électeur fera tous ses efforts pour faire tomber la couronne impériale sur la tête de Sa Majesté ou sur celle de Mgr le Dauphin en cas de mort de l'Empereur » (sur papier, 6 f^os^, 10 articles en français).

11° *Ratification du 1er déc. 1679 du précédent traité* (sur parchemin, 6 f^os^ en français avec le cachet de l'électeur).

SÉRIE E. — TRÊVE DE RATISBONNE. — CINQ PIÈCES

I. Trêve avec l'empereur.

1° *Du 2 juillet 1684. Plein pouvoir* en latin, donné par l'empereur Léopold à Linz pour conclure une trêve avec le roi de France (sur parchemin, une feuille avec sceau dans une boîte).

2° *Du 15 août 1684. Exemplaire original* en latin du traité de trêve pour vingt ans (vingt articles sur 8 f^os^ de papier).

3° *Du 28 août 1684. Ratification* en latin, donnée à Vienne par l'empereur Léopold sur le traité de trêve signé de la part de ce prince et de l'Empire avec la France, avec les pleins pouvoirs en latin des négociateurs impériaux (cahier de grand format contenant 14 f^os^ de parchemin dont 11 remplis).

II. Trêve avec le roi d'Espagne.

4° *Du 15 août 1684.* Traité de trêve, 11 articles en latin sur 5 f^os^ doubles de papier.

5° *Ratification en espagnol.* Répétition des articles en trois pages, avec préambule et conclusion en espagnol, signature « yo el Rey ».

V. les deux trêves et les pleins pouvoirs dans Dumont, t. VII, part. II, p. 80-85.

TRAITÉ DE PAIX DE NIMÈGUE

ENTRE LOUIS XIV ET LES ÉTATS-GÉNÉRAUX DU 10 AOUT 1678

Au nom de Dieu le Createur; A tous presens et à venir, soit notoire, Comme pendant le cours de la Guerre qui s'est menẽe depuis quelques années entre le tres-haut, tres-excellent, et tres-puissant Prince Louïs quatorze par la grace de Dieu Roy tres-Chrestien de France et de Navarre; et les Seigneurs Estats Generaux des Provinces-unies, Sa Majesté auroit toûsiours conservé un sincere desir de rendre ausdits Seigneurs Etats sa premiere amitié, Et eux tous les sentimens de respect pour Sa Majesté, et de reconnoissance pour les obligations et les avantages considerables qu'ils ont reçeus d'Elle et des Roys ses predecesseurs, il est enfin arrivé que ces bonnes dispositions secondées des puissans offices de tres-haut, tres-excellent, et tres-puissant Prince le Roi de la Grande Bretagne, qui durant ces temps fascheux, quand presque toute la crestienté s'est trouvée en armes, n'a cessé de contribuer par ses conseils et bons advertissemens au salut et au repos public, auroient porté Sa Majesté tres-Chrestienne et lesdits Seigneurs Estats Generaux, comm' aussi tous les autres Princes et Potentats qui se sont interessez dans cette Guerre, à consentir que la Ville de Nimegue fut choisie pour y traiter de Paix; pour y parvenir Sa Majesté tres-Chrestienne auroit nommé pour ses Ambassadeurs Extraordinaires et Plenipotentiaires le Sieur Comte d'Estrades Mareschal de France, et Chevalier de ses Ordres[1]; le Sieur Colbert Chevalier Marquis de

1. Le comte d'Estrades, né à *Paris* en 1607, mort le 26 février 1686, servit d'abord en Hollande; nommé conseiller d'État en 1639, il fut chargé de négociations diverses en Hollande, en Allemagne, en Piémont. Pendant son ambassade en Angleterre (1661-62) eut lieu la fameuse affaire de préséance. Il fut chargé de recevoir Dunkerque des commissaires anglais en 1662. Lors de la guerre de Hollande, il garda les places de la Meuse, reçut le bâton de maréchal de France (1675), négocia et signa, comme premier plénipotentiaire, la paix de Nimègue. A sa mort, il était depuis quelques mois gouverneur du jeune duc de Chartres devenu plus tard le régent. Ses négociations, qui ont été publiées à différentes reprises, montrent un esprit plus brillant que solide. (V. Pinard, *Chronologie historique militaire*, t. III, p. 1.)

Croissy, Conseiller ordinaire en son Conseil d'Estat ; et le Sieur de Mesmes Chevalier Comte d'Avaux, aussi conseiller en ses Conseils[1] ; Et lesdits Seigneurs Estats Generaux, le Sieur Hierosme de Beverningk, seigneur de Teylingen, curateur de l'Université à Leyden, cy-devant conseiller et tresorier general des Provinces-Unies ; le Sieur Guillaume de Nassau, Seigneur d'Odyk, Cortgene, et premier noble et representant la Noblesse dans les Estats et au Conseil de Zelande, et le Sieur Guillaume d'Haren[2] grietman du Bildt, deputez en leurs assemblées de la part des Etats d'Hollande, Zelande, etc. Lesquels Ambassadeurs Extraordinaires et Plenipotentiaires deüement instruits des bonnes intentions de leurs Maistres, se seroient rendus en laditte ville de Nimegue, ou après une reciproque communication des pleins-pouvoirs dont à la fin de ce traitté les copies sont insérées de mot à mot, seroient convenus des conditions de Paix et d'amitié en la teneur qui s'ensuit :

I. Il y aura à l'avenir entre Sa Majesté tres-Chrestienne et ses Successeurs Roys de France et de Navarre et ses Royaumes, d'une part ; et les seigneurs Etats Generaux des Provinces-Unies des Païs-Bas, d'autre, une paix, bonne, ferme, fidelle et inviolable, et cesseront ensuitte, et seront delaissez tous actes d'hostilité de quelque façon qu'ils soient entre ledit Seigneur Roi, et lesdits Seigneurs Etats Generaux, tant par mer, et autres eaux que par terre, en tous leurs Royaumes, pays, Terres, Provinces, et Seigneuries, et pour tous leurs Sujets, et Habitans de quelle qualité ou condition qu'ils soient sans exception des lieux ou des personnes.

---

1. Jean-Antoine de Mesmes, comte d'Avaux, était le petit-neveu du comte d'Avaux, négociateur du traité de Munster. Né à Paris en 1640, mort en 1709, il fut plénipotentiaire à Nimègue, puis ambassadeur en Hollande (1678-1688). Il fut attaché à Jacques II lors de son expédition d'Irlande, ambassadeur en Suède (1693-1700), où il travailla activement à la paix, puis en Hollande (1701).

2. Wilhelm van Haren, petit-fils d'un des signataires du compromis de Bréda, naquit à Leeuwarden en 1626 et y mourut en 1708. Il est surtout connu comme diplomate. Il fut successivement arbitre entre la Suède et le Danemark (1659), puis ambassadeur à Stockholm et à Londres et prit part aux conférences de Nimègue et de Ryswick. Ses mémoires mss. ont péri dans l'incendie du château de Haren en 1732.

II. Et si quelques prises se font de part, ou d'autre dans la mer Baltique, ou celle du Nord, depuis Terneuse jusqu'au bout de la Manche dans l'espace de quatre semaines, ou du bout de ladite Manche jusqu'au Cap de St Vincent dans l'espace de six semaines, et delà dans la Mer Mediterranée et jusqu'à la Ligne dans l'espace de dix semaines, et au delà de la Ligne, et en tous les autres endroits du monde dans l'espace de huit mois à compter du jour que se fera la publication de la paix à Paris, et à la Haye, lesdites prises et les dommages qui se feront de part ou d'autre apres les termes prefix seront portez en compte, et tout ce qui aura esté pris sera rendu avec compensation de tous les dommages qui en seront provenus.

III. Il y aura deplus entre ledit seigneur Roy, et lesdits seigneurs Estats Generaux, et leurs sujets et habitans reciproquement une sincere, ferme, et perpetuelle amitié et bonne correspondance tant par mer que par terre en tout et partout, tant dedans, que dehors l'Europe, sans se ressentir des offenses ou dommages qu'ils ont receus, tant par le passé qu'à l'occasion desdites Guerres.

IV. Et en vertu de cette amitié et correspondance, tant Sa Majesté que les seigneurs Estats Generaux, procureront et avanceront fidelement le bien et la prosperité l'un de l'autre par tout support, ayde, conseil, et assistances réelles en toutes occasions et en tout temps, et ne consentiront à l'avenir à aucuns traitez ou negociations qui pourroient apporter du dommage à l'un ou à l'autre ; mais les rompront et en donneront les avis reciproquement avec soin et sincerité aussi tost qu'ils en auront connoissance.

V. Ceux sur lequels quelques biens ont esté saisis et confisquez à l'occasion de lad. Guerre, leurs heritiers ou ayans cause, de quelle condition ou religion qu'ils puissent estre, jouïront d'iceux biens, et en prendront la possession de leur authorité privée, et en vertu du present traitté, sans qu'il leur soit besoin d'avoir recours à la Justice, nonobstant toutes incorporations au fisc, engagement, dons en faits, sentences preparatoires ou deffinitives données par deffaut et contumace en l'absence des parties et Icelles non ouïes, traitez, accords et transactions, quelques renonciations qui ayent esté mises esdites transactions pour exclure de partie desd. biens ceux à qui ils doivent appartenir, et tous et chacuns biens et droits qui conformément au present traitté seront restituez, ou doivent estre restituez reciproquement aux premiers proprietaires, leurs hoirs et ayans cause, pourront estre vendus par lesdits proprietaires, sans qu'il soit besoin d'ympetrer pour ce consentement particulier; et ensuite les proprietaires de rentes qui de la part des fiscs seront constituez en lieu des biens vendus, comme aussi des rentes et actions estans à la charge des fiscs respectivement pourront disposer de la proprieté d'icelles par vente ou autrement, comme de leurs autres propres biens.

VI. Et comme le marquisat de Bergopzom avec tous les droits et revenus qui en dépendent, et generalement toutes les terres et biens appartenant au Sr Comte d'Auvergne Colonnel general de la Cavalerie Legere de France [1], et qui sont sous le Pouvoir desdits Seigneurs Etats Generaux des Provinces-unies, ont esté saisis et confisquez à l'occasion de la Guerre, à laquelle le present traitté doit mettre une heureuse fin, Il a esté accordé que ledit Sieur Comte d'Auvergne sera remis dans la possession dud. Marquisat de Bergopzom, ses appartenances et deppendances; comm' aussi dans ses droits, actions, privileges, usances et prerogatives dont il jouissoit lors de la declaration de la guerre.

VII. Chacun demeurera saisi, et jouïra effectivement des païs, villes et places, terres, isles et seigneuries, tant au dedans que dehors l'Europe, qu'il tient et possede à present, sans être troublé ny inquieté directement ny indirectement de quelque façon que ce soit.

VIII. Mais Sa Majesté Tres-chrestienne voulant rendre aux Seigneurs Estats Generaux sa premiere amitié, et leur en donner une preuve particuliere dans cette occasion, les

1. Le comte d'Auvergne fut colonel général de la cavalerie légère et étrangère de 1675 à 1715.

remettra immediatement apres l'eschange des ratifications [1], dans la possession de la ville de Mastrick, avec le Comté de Vroof, et les Comtez et pays de Fauquemont, Daalhem et Rolleduc d'Outre-Meuse, avec les villages de Redemption, Banc de S. Servais, et tout ce qui dépend de ladite Ville.

IX. Lesdits Seigneurs Etats Generaux promettent, que toutes choses qui concernent l'Exercice de la Religion Catholique Romaine, et la jouïssance des Biens de ceux qui en font profession, seront retablies et maintenuës sans aucune exception dans ladite Ville de Mastrick et ses déppendances, en l'estat et comm'elles étoient réglées par la Capitulation de 1632, et que ceux qui auront esté pourveuz de quelques biens eclesiastiques, Canonicats, personnasts, Prevostez et autres benefices, y demeureront establis, et en jouïront sans aucune contradiction [2].

X. Sa Majesté rendant ausdits Seigneurs Estats Generaux la Ville de Mastrick et pays en déppendants, en pourra faire retirer et emporter toute l'artillerie, poudres, boulets, vivres, et autres munitions de guerre qui s'y trouveront au temps de la remise en restitution d'icelle; et ceux qu'Elle aura commis à cet effect, se serviront, si bon leur semble, pendant deux mois, des charrois et batteaux du pays; auront le passage libre tant par eau que par terre, pour la retraiste desdites munitions; et leur sera donné par les

---

1. Pendant un mois, de la fin de juin à la fin de juillet 1678, la signature de la paix fut arrêtée par le refus de Louis XIV d'opérer la remise des places restituées aux Hollandais avant que le roi de Suède n'eût obtenu pleine satisfaction. Mais le Suédois Olivenkranz, revenant de Londres où il négociait le mariage de la seconde fille du duc d'York avec son souverain, déclara aux envoyés français « qu'il eût été à souhaiter qu'ils eussent signé le traité de paix, sans attendre la conclusion de celui de Suède, pour laquelle il aurait suffi de stipuler que MM. les Etats Généraux n'auraient pu donner aucun secours à ses ennemis ». Louis XIV s'empressa de profiter de cette ouverture qui permit d'aboutir au traité définitif. V. une lettre d'Estrades au roi du 26 juillet 1678, Hollande, t. 108.

2. V. les négociations relatives à cette capitulation dans Saint-Prest, *Hist. des traités de paix*, t. I, p. 344, et t. II, p. 63 et 64. Le renouvellement de la trêve de 1609, souhaité par l'infante Isabelle, gouvernante des Pays-Bas, fut empêché par les efforts de Richelieu et de son ambassadeur, le baron de Charnacé. Mais il y eut, pour régler la question des biens ecclésiastiques, une capitulation signée entre les Provinces-Unies et l'Espagne. L'irritation causée par ces négociations en France poussa Richelieu à imposer des droits sur les draps, toiles, tabacs et sucres provenant des Pays-Bas et de leurs colonies.

gouverneurs, commandants, officiers, ou magistrats de ladite ville, toutes les facilitez qui dépendent d'eux pour la voiture et conduite desdites artillerie et munitions. Pourront aussi les officiers, soldats, gens de guerre, et autres qui sortiront de ladite place, en tirer et emporter les biens meubles, à eux appartenans, sans qu'il leur soit loisible d'exiger aucune chose des habitans de ladite ville de Mastrick et des environs, ny endommager leurs maisons, ou emporter aucune chose appartenant ausdits Habitans.

XI. Tous prisonniers de guerre seront dellivrez d'une part et d'autre, sans distinction ou reserve, et sans payer aucune rançon.

XII. La levée des contributions demandées par l'intendant de la ville de Mastrick aux pays qui y sont soumis, sera continuée par tout ce qui restera à escheoir jusques à la ratification du present traitté ; et les arrerages qui resteront seront payez dans l'espace de trois mois apres le terme susdit, dans des termes convenables, et moyennant caution valable et resseante dans une des villes de la Domination de Sa Majesté.

XIII. Les Seigneurs Estats Generaux ont promis et promettent non seulement de demeurer dans une exacte neutralité, sans pouvoir assister directement ny indirectement les ennemis de la France et de ses alliez; mais aussi de garentir toutes les obligations dans lesquelles l'Espagne entrera par le traitté qui interviendra entre leurs Majestez Tres-Chrestienne et Catholique, et principalement celle par laquelle ledit Seigneur Roy Catholique sera tenu de garder cette même neutralité [1].

XIV. Si par inadvertance, ou autrement, il survenoit quelque inobservation ou inconvenient au present Traitté de la part de Sadite Majesté ou desdits Seigneurs Etats Generaux, et leurs Successeurs, Cette paix et alliance ne laissera pas de subsister en toute sa force, sans que pour cela on

1. Cette promesse de garantie ne pouvait engager trop loin les États Généraux puisque déjà, dans leur traité du 31 décembre 1677, ils s'étaient entendus avec les Anglais pour fixer la part que Louis XIV pourrait s'attribuer de la monarchie espagnole. V. Saint-Prest, t. I, p. 54.

en vienne à la rupture de l'Amitié et de la bonne correspondance : mais on reparera promptement lesdites contraventions ; et si elles procedent de la faute de quelques particuliers Sujets, ils en seront seuls punis, et châtiez.

XV. Et pour mieux asseurer à l'avenir le commerce et l'amitié entre les Sujets dudit Seigneur Roy, et ceux desdits Seigneurs Estats Generaux des Provinces-unies des Païs-Bas, Il a esté accordé et convenu, qu'arrivant cy-aprés quelque interruption d'Amitié, ou rupture entre la couronne de France, et lesdits Seigneurs Etats desdites Provinces-unies [ce qu'à Dieu ne plaise] il sera tousiours donné six mois de temps aprés ladite rupture aux sujets de part et d'autre, pour se retirer avec leurs effects, et les transporter où bon leur semblera, ce qu'il leur sera permis de faire. Comme aussi de vendre ou transporter leurs biens et meubles en toute liberté, sans qu'on leur puisse donner aucun empéchement, ny proceder pendant ledit temps de six mois à aucune saisie de leurs effects, moins encore à l'arrest de leur personne.

XVI. Touchant les prétentions et interest qui concernent Monsieur le Prince Dorange, dont il a esté traitté et convenu separément, par acte signé ce jourd'huy, ledit escrit et tout le contenu d'iceluy sortira, et sera confirmé, accompli, et exécuté selon sa forme et teneur, ny plus ny moins que si tous lesdits points en general, ou chacun d'eux en particulier, étoit de mot à mot inserez en ce present traitté.

XVII. Et Comme sa Majesté et les Seigneurs Etats generaux reconnoissent les puissans offices que le Roy de la Grande Bretagne a contribué incessamment par ses conseils et bons advertissements au salut et au repos Public, il a esté convenu de part et d'autre, que Sadite Majesté Britannique, avec ses Royaumes, soit comprise nommément dans le present traitté, de la meilleure forme que faire se peut [1].

XVIII. En ce present traitté de paix et d'alliance seront

---

1. Cet article est une conséquence de ce même traité du 31 décembre 1677.

compris de la part dudit Seigneur Roy Tres-Chrestien, le Roy de Suede [1], le duc d'Holstein, l'Evesque de Strasbourg, et le Prince Guillaume de Furstemberg; comme interessez dans la presente guerre En outre seront compris, si compris ils veulent estre, le Prince et la Couronne de Portugal, la République de Venise, le Duc de Savoye, les treize Cantons des Ligues Suisses et leurs Alliez, l'Electeur de Baviere, le Duc Jean Frederic de Brunswic Hanover [2], et tous Rois, Pottentats, Princes, et Estats, Villes, et personnes particulieres, à qui Sa Majesté Tres-Chrestienne, sur la requisition qu'ils luy en feront, accordera de sa part d'estre compris dans ce traitté.

XIX. Et de la part des Seigneurs Etats Generaux, le Roy d'Espagne, et tous leurs autres Alliez, qui dans le temps de six semaines, à compter depuis l'eschéance des ratifications, se declareront d'accepter la paix, comme aussi les treize loüables Cantons des Ligues Suisses, et leurs alliez et confederez, la Ville d'Embdem, et de plus tous Roys, Princes et Estats, Villes et personnes particulieres à qui les Seigneurs Etats Generaux, sur la requisition qui leur en sera faite, accorderont de leur part d'y estre compris.

XX. Ledit Seigneur Roy, et lesdits Seigneurs Etats Generaux consentent que le Roy de la Grand Bretagne, comme mediateur, et tous autres Potentats et Princes qui voudront bien entrer en un pareil engagement, puissent donner à Sa Majesté, et ausdits Seigneurs Etats Generaux leurs promesses et obligations de garentie de l'execution de tout le contenu au present traitté.

XXI. Le present traitté sera ratifié et approuvé par ledit Seigneur Roy, et lesdits Seigneurs Estats Generaux, et les Lettres de Ratiffications seront délivrées de l'un et l'autre

1. La nécessité de sauvegarder les intérêts du roi de Suède a fait manquer la signature du traité avec les Etats Généraux, qui avait été fixée primitivement au 28 juin, et l'a retardée jusqu'au 10 août. V. Mignet, IV, 590

2. Le duc Jean-Frédéric de Brunswick-Hanovre avait conclu avec Louis XIV deux traités : l'un pour la neutralité, à Hildesheim, le 10 juillet 1671, l'autre pour l'alliance du 10 septembre 1672. (V. Saint-Prest, t. I, 516 et 518).

en bonne et deuë forme dans le terme de six semaines, ou plustot si faire se peut, à compter du jour de la signature [1].

En foy dequoy, Nous Ambassadeurs susdits de Sa Majesté, et des Seigneurs Etats Generaux, en vertu de nos pouvoirs respectifs, Avons esdits noms signé ces presentes de nos seings ordinaires, et à icelles fait apposer les cachets de nos armes. A Nimègue le dixième jour du mois d'Aoust mil six cens soixante et dix-huit [2].

Le Mal d'Estrades.	H. Beverningk.
Colbert.	W. de Nassau.
De Mesmes.	W. Haren.

DÉCLARATION

SIGNÉE A NIMÈGUE (10 AOUT 1678) PAR LES AMBASSADEURS PLÉNIPOT. DE FRANCE ET DES ÉTATS GÉNÉRAUX SUR LA NEUTRALITÉ A OBSERVER DE LA PART DE CES DEUX PUISSANCES A L'ÉGARD DE LA SUÈDE, QUOIQUE LE TRAITÉ DE PAIX ENTRE CETTE DERNIÈRE COURONNE ET LA RÉPUBLIQUE N'AIT PU ÊTRE SIGNÉ EN MÊME TEMS QUE CELUI DE LA FRANCE AVEC CETTE RÉPUBLIQUE.

Comme le Traitté entre le roi de Suède et les Seigrs Estats generaux des Provinces unies n'a peu estre conclû et signé aujourd'huy, il a esté stipulé entre les ambassadeurs de France se faisans fort pour ceux de Suède et les ambassa-

1. La ratification du roi est datée de Saint-Germain-en-Laye, le 18 août 1678, et celle des Etats Généraux de La Haye, 19 septembre 1678.

2. La médaille frappée à l'occasion de la paix de Nimègue porte, au droit, un caducée planté au milieu d'un foudre avec la légende :

Pacè in suas leges confectâ,

et au revers :

Neomagi X Augusti 1678.

deurs des dits Seig^rs^ Estats Generaux qu'il sera incessamment travaillé à la conclusion et signature tant dudit traitté de paix entre la Suède et les Provinces Unies qu'à celuy de commerce, et que cependant il sera observé tant de la part du dit Seigneur Roy que de celle desdits Seigneurs Estats generaux une exacte neutralité En foy de quoy lesd. sieurs ambassadeurs ont signé le présent acte, fait double à Nimègue, ce 10e Aoust 1678.

M^al^ d'Estrades.	Beverningk.
Colbert.	De Nassau.
Demesmes.	W. Haren.

TRAITÉ DE COMMERCE ET DE NAVIGATION

DE NIMÈGUE

ENTRE LOUIS XIV ET LES ÉTATS GÉNÉRAUX DU 10 AOUT 1678

Le Traitté de Paix qui a esté conclu ce jourd'hui entre le Roy Tres-Chrestien, et les Seigneurs Estats Generaux des Provinces-Unies, faisant cesser touts les sujets de mescontentement; qui avoient alteré pendant quelque temps, l'affection que Sa Majesté a tousjours euë pour leur bien et leur prosperité, suivant l'exemple des Royx ses Predecesseurs : Et lesdits Seigneurs Estats Generaux rentrans aussy dans la mesme passion qu'ilz ont cy-devant témoignée pour la grandeur de la France, et dans les sentimens d'une sincere recognoissance pour les Obligations, et les Avantages considerables qu'ilz en ont cy-devant receus, il [illegible] lieu de croire que cette bonne Intelligence entre Sa Majesté et lesdits Seigneurs Estats, ne pourra jamais être troublée. Mais comme Sa Majesté ne veut rien obmettre de ce qui La peut affermir, et que lesdits Estats Generaux ne souhaittans pas moins de la perpetuer, ont estimé qu'il n'y en avoit point de meilleur et de plus asseuré moyen que d'establir une libre et parfaitte correspondance entre les Sujets de part et d'autre; et pour cet effect regler leurs interests particuliers au fait du Commerce, Navigation, et Marine, par des Loix et Conventions les plus propres à prevenir touts les inconveniens qui pourroient affoiblir la bonne correspondance; Sadite Majesté satisfaisant au desir desdits Estats auroit ordonné le Sieur Comte d'Estrades Mareschal de France et Chevalier de ses Ordres; le sieur Colbert Marquis de Croissi, Conseiller ordinaire en son Conseil d'Estat; et le Sieur de Mesmes Comte Davaux, aussy Conseiller en ses Conseils, ses Ambassadeurs Extraordinaires et Plenipotentiaires à l'Assemblée de Nimégue; et lesdits Seigneurs Estats Generaux, le Sieur Hierosme de

Beverningk Seigneur de Teylingen, Curateur de l'Université à Leyden, cy-devant Conseiller et Trésorier General des Provinces-Unies; le Sieur Guillaume de Nassau Seigneur d'Odyk, Cortgene, etc. premier Noble, et representant l'ordre de la Noblesse dans les Estats et au Conseil de Zelande; et le Sieur Guillaume de Haren Grietman du Bildt, Députez en leur Assemblée de la part des Estats de Hollande, Zelande et Frise, de conferer et convenir en vertu de leurs Pouvoirs respectivement produits, et dont Copie est cy-dessous transcrite, d'un Traité de Commerce et Navigation en la maniere qui s'ensuit :

I. Les Sujets de Sa Majesté et des Seigneurs Estats Generaux des Provinces-Unies du Pays-Bas, jouiront reciproquement de la mesme Liberté au fait du Commerce et de la Navigation dont ilz ont joui de tout temps devant ceste Guerre par tous les Royaumes, Estats, et Provinces de l'une et de l'autre part.

II. Et ainsi n'exerceront plus à l'avenir aucunes sortes d'hostilites ni de violences les uns contre les autres tant sur la mer, que sur la terre, ou dans les Rivieres, Rades, et Eaux douces, sous quelque nom et pretexte que ce soit; et aussi ne pourront les Sujets de Sa Majesté prendre aucunes Commissions pour des Armemens particuliers, ou Lettres de Represailles des Princes et Estats Ennemis desdits Seigneurs Estats Generaux, et moins les troubler ni endommager d'aucune sorte, en vertu de telles Commissions ou Lettres de Represailles, ny mesme aller en course avec Elles, sous peine d'estre poursuivis et châtiez comme Pirates. Ce qui sera reciproquement observé par les Sujets des Provinces-Unies à l'égard des Sujets de Sa Majesté; et seront à ceste fin toutes et quantes fois que cela sera requis de part et d'autre, dans les Terres de l'obeïssance de Sadite Majesté, et dans les Provinces-Unies, publiées et renouvellées, défences tres expresses et tres-précises de se servir en aucune maniere de telles Commissions ou Lettres de Represailles, sous la peine sus-mentionnée qui sera executée severement contre les Contrevenants, outre la restitution entiere à laquelle ils seront tenus envers Ceux auxquels ils auront causé aucun dommage.

III. Et pour obvier d'autant plus à tous inconveniens qui pourroient survenir par les prises faites par inadvertence ou autrement, et principalement dans les Lieux éloignez, il a été convenu et accordé si quelques prises se font de part ou d'autre dans la Mer Baltique, ou dans celle du Nord, depuis Terneuse en Norvegue jusques au bout de la Manche dans l'espace de quatre semaines ou du bout de ladite Manche jusques au Cap de S. Vincent dans l'espace de six semaines, et delà dans la Mer Méditerranée, et jusques à la Ligne dans l'espace de dix semaines; et au delà de la Ligne, et en tous les autres endroits du Monde dans l'espace de huit Mois, à conter depuis la publication de la Presente, lesdites prises et les dommages qui se feront de part ou d'autre, aprés les termes préfix, seront portez en conte, et tout ce qui aura été pris sera rendu avec compensation de tous les dommages qui en seront provenus [1].

IV. Toutes Lettres de marque et de Represailles qui pourroient avoir été cy-devant accordées pour quelque cause que ce soit, sont déclarées nulles, et n'en pourra estre cy-apres données par l'un desdits Alliez au préjudice des Sujets de l'autre, si ce n'est seulement en cas de manifeste desny de Justice, lequel ne pourra estre tenu pour verifié, si la Requeste de celui qui demande lesdittes Represailles, n'est communiquée au Ministre qui se trouvera sur les Lieux de la part de l'Estat, contre les Sujets duquel elles doivent être données, afin que dans le terme de quatre Mois, ou plutost s'il se peut, il puisse s'informer du contraire, ou procurer l'accomplissement de Justice qui sera deuë.

V. Ne pourront aussi les particuliers Sujets de Sa Majesté être mis en action ou arrest en leurs personnes et Biens, pour aucune chose que Sa Majesté peut devoir ny les particuliers Sujets desdits Seigneurs Estats Generaux pour les Debttes publiques desdits Estats.

1. Cet article III est la reproduction presque littérale de l'art. II du précédent traité.

VI. Les Sujets et Habitants des Pays de l'obeïssance de Sa Majesté et desdits Seigneurs Estats Generaux vivront, converseront, et frequenteront les uns avec les autres en toute bonne amitié et correspondence, et jouïront entre eux de la Liberté de Commerce et Navigation, dans l'Europe en touttes les Limites des Pays de l'un et de l'autre, de touttes sortes de Marchandises et Denrées dont le Commerce et le Transport n'est défendu generalement et universellement à tous, tant Sujets qu'Estrangers par les Loix et Ordonnances des Estats de l'un et de l'autre.

VII. Et pour cet effect les Sujets de Sa Majesté et ceux desdits Seigneurs Estats Generaux pourront franchement et librement frequenter avec leurs Marchandises et Navires les Pays, Terres, Villes, Ports, Places et Rivieres de l'un et de l'autre Estat, y porter et vendre à touttes personnes indistinctement, achepter, trafiquer et transporter toutes sortes de Marchandises[1] dont l'entrée ou sortie et transport ne sera deffendu à touts Sujets de Sa Majesté et desdits Seigneurs Estats Generaux, sans que cette Liberté reciproque puisse être defendue, limitée ou restrainte par aucun privilege, octroy, ou aucune Concession particuliere, et sans qu'il soit permis à l'un ou à l'autre de conceder ou de faire à leurs Sujets des Immunitez, Benefices, dons gratuits, ou autres avantages pardessus ceux de l'autre ou

1. Tous les Hollandais n'étaient pas également partisans de cette liberté absolue des échanges entre les deux pays. V. aux archives nationales (K. 1306) un curieux document avec ce titre : *Mémoire de Van Beuningen à l'Allemagne, l'Angleterre et Pays Bas concernant le commerce des pays étrangers avec la France, dressé avant la paix de Nimègue de 1678.* Il y est dit que la France distribue tous les ans pour 42 millions et demi de marchandises, surtout vin, sel, eau-de-vie, papier, rubans et étoffes à la mode « qui la plupart du temps ne valent rien ». La France tire tous les ans trois millions et demi de plus que ce que l'Angleterre tire de la France.... « C'est avec ces mêmes deniers qu'elle fait la guerre à ses voisins, attaque les uns, corrompt les autres et sème partout la discorde et confusion, de sorte que c'est nous-mêmes qui faisons le fer de notre esclavage et qui lui mettons les armes en main.... C'est chose pitoyable de voir que dans Londres, où le ruban et autres sortes de galanteries se font dans la dernière beauté et perfection, on vend plus de ceux de France que de ceux mêmes qui se font dans le pays quoique incomparablement plus beaux et plus durables. » Il propose que les princes allemands restreignent le nombre excessif de leurs droits et de leurs bureaux pour qu'on se réduise ici à boire des vins du Rhin et de la Moselle au lieu de ceux de France.

à leur préjudice, et sans que lesdits Sujets de part et d'autre, soient tenus de payer plus grands, ou autres Droits, Charges, Gabelles, ou Impositions quelconques sur leurs personnes, Biens, Denrées, Navires ou frets d'iceux, directement ou indirectement, sous quelque nom, Titre, ou pretexte que ce puisse être, que Ceux qui seront payez par les propres et naturels Sujets de l'un et de l'autre [1].

VIII. Les Navires de Guerre de l'un et de l'autre trouveront toûjours les Rades, Rivieres, Ports, et Havres libres et ouverts pour entrer, sortir, et demeurer à l'anchre tant qu'il leur sera necessaire, sans pouvoir estre visitées; à la charge neantmoins d'en user avec discretion, et de ne donner aucun sujet de jalousie par un trop long et affecté sejour, ny autrement, aux Gouverneurs desdittes Places et Ports, auxquels les Capitaines desdits Navires feront sçavoir la cause de leur arrivée, et de leur séjour.

IX. Les Navires de Guerre de Sa Majesté et desdits Seigneurs Estats Generaux, et ceux de leurs Sujets qui auront esté armez en Guerre, pourront en toute liberté conduire les prises qu'ils auront faites sur leurs Ennemis où bon leur semblera, sans être obligez à aucuns Droits, soit des Sieurs Amiraux où de l'Amirauté ou d'aucuns autres, sans qu'aussy lesdits Navires, ou lesdittes prises, entrans dans les Havres, ou Ports de Sa Majesté, ou desdits Seigneurs Estats Generaux, puissent être arestees ou saisies, ny que les Officiers des Lieux puissent prendre connoissance de la validité desdites prises, lesquelles pourront sortir et estre conduittes franchement et en toute liberté aux Lieux portez par les Commissions dont les Capitaines desdits Navires de Guerre seront obligez de faire apparoir. Et au contraire ne sera donné azile ni retraitte dans leurs Ports ou Havres à ceux qui auront fait des prises sur les Sujets de Sa Majesté, ou

1. Malgré la teneur de cet article, les navires hollandais furent tenus à acquitter dans les ports français le droit de 50 sous par tonneau et leurs marchandises furent soumises, à l'entrée du territoire français, au tarif de 1664; mais les droits portés dans le tarif de 1667 furent abolis. Cette nouvelle législation douanière fut mise en vigueur par un arrêt du Conseil du 30 août 1678 (v. Saint-Prest, *Histoire des traités de paix*, I, 379).

desdits Seigneurs Estats Generaux; mais y estant entrez par necessité de tempeste, ou peril de la Mer, on les fera sortir le plutost qu'il sera possible.

X. Les Sujets desdits Seigneurs Estats Generaux ne seront point reputez Aubains en France, et ainsy seront exempts de la Loy d'Aubaine, et pourront disposer de leurs Biens par Testament, Donation, ou autrement; et leurs Heritiers Sujets desdits Estats demeurans tant en France qu'ailleurs, recueillir leurs Successions, mesme *ab inteſtato*, encore qu'ils n'ayent obtenu aucunes Lettres de Naturalité, sans que l'effect de cette Concession leur puisse estre contesté ou empêché, sous pretexte de quelque Droit ou prerogative des Provinces, Villes, ou Personnes privées. Pourront pareillement, sans lesdittes Lettres de Naturalité, s'establir en toute liberté les Sujets desdits Seigneurs Estats en toutes les Villes du Royaume pour y faire leur Commerce et Traficq; sans pourtant y pouvoir acquerir aucuns Droits de Bourgeoisie, si ce n'est qu'ils eussent obtenu Lettres de Naturalité de Sa Majesté en bonne forme : Et seront generalement traittez ceux des Provinces-Unies en tout et par tout, autant favorablement que les Sujets propres et Naturels de Sa Majesté; et particulierement ne pourront estre compris aux Taxes qui pourront estre faites sur les Etrangers. Et sera tout ce contenu au present Article observé au regard des Sujets du Roy dans les Païs de l'obeïssance desdits Seigneurs Estats.

XI. Les Navires chargez de l'un des Alliez, passants devant les Costes de l'autre, et relâchant dans les Rades ou Ports, par tempeste ou autrement, ne seront contraints d'y décharger, ou débiter leurs Marchandises ou Parties d'icelles, ni tenus d'y payer aucuns Droits, si non lors qu'ils y déchargeront des Marchandises volontairement et de leur gré.

XII. Les Maistres des Navires, leurs Pilotes, Officiers, et Soldats, Matelots, et autres Gens de Mer, les Navires mesmes, ny les Denrées et Marchandises dont ils seront chargez, ne pourront être saisis, ni arrestez en vertu d'aucun ordre general, ou particulier, de qui que ce soit, ou pour quelque cause, ou occasion qu'il puisse estre, non pas mesme sous pretexte de la conservation et défense de l'Estat : Et generalement rien ne pourra estre pris aux Sujets de part et d'autre, que du consentement de Ceux à qui il appartiendra, et en payant les choses qu'on desirera d'eux. En quoy toutes fois n'est entendu de comprendre les saisies et arrestz faits par ordre et authorité de la Justice, et par les voyes ordinaires, et pour loyales Debtes, Contracts, ou autres causes legitimes, pour raison desquelles il sera procedé par voye de Droit selon la forme de la Justice.

XIII. Tous les Sujets et Habitants de France, et des Provinces-Unies pourront en toutte seureté et liberté naviger avec leurs Vaisseaux, et trafiquer avec leurs Marchandises, sans distinction de qui puissent estre les Proprietaires d'icelles, de leurs Ports, Roiaumes et Provinces, et aussy des Ports, et Roiaumes des autres Estats ou Princes, vers les Places de ceux qui sont desja Ennemis declarez tant de la France que des Provinces-Unies, ou de l'un des deux, ou qui pourroient les devenir. Comme aussy les mesmes Sujets et Habitans pourront avec la mesme seureté et liberté naviger avec leurs Vaisseaux, et trafiquer avec leurs Marchandises, sans distinction de qui puissent estre les Proprietaires d'icelles, des Lieux, Ports, et Rades de ceux qui sont Ennemis de l'une et de l'autre des dittes Parties, ou de l'une des deux en particulier, sans contradiction ou détourbier de qui que ce soit, non seulement à droitture desdittes Places ennemies vers un lieu neutre, mais aussy d'une Place ennemie à l'autre, soit qu'elles se trouvent situées soubs la Jurisdiction d'un même Souverain, soit qu'elles le soient soubs des divers.

XIV. Ce transport et ce Trafic s'estendra à toutes sortes de Marchandises, à l'exception de celles de Contrebande.

XV. En ce genre de Marchandises de Contrebande, s'entend seulement estre compris toutes sortes d'Armes à feu, et autres assortimens d'icelles, comme Canons, Mousquets, Mortiers, Petards, Bombes, Grenades, Saucices, Cercles poissez, Affuts, Fourchettes, Bandeliers, Poudre, Mesche, Salpetre, Balles, Piques, Espées, Morions, Casques, Cuirasses, Hallebardes, Javelines, Chevaux, Selles de Cheval, Fourreaux de Pistolets, Baudriers et autres assortimens servans à l'usage de la Guerre.

XVI. Ne seront compris dans ce genre de Marchandises de Contrebande les Froments, Bleds, et autres Grains, Legumes, Huiles, Vins, Sel, ny generalement tout ce qui appartient à la nourriture et sustentation de la vie, mais demeureront libres comme autres Marchandises et Denrées, non comprises en l'Article precedent, et en sera le transport permis mesme aux Lieux Ennemis desdits Seigneurs Estats, sauf aux Villes et Places assiegées, blocquées, ou investies.

XVII. Pour l'execution de ce que dessus, il a esté accordé qu'elle se fera en la maniere suivante : Que les Navires et Barques avec les Marchandises des Sujets de Sa Majesté estans entrez en quelque Havre desdits Seigneurs Estats, et voulants de là passer à ceux desdits Ennemis, seront obligez seulement de monstrer aux Officiers des Havres desdits Seigneurs Estats d'où ils partiront, leurs Passeports, contenans la specification de la charge de leurs Navires attestez, et marquez du Seel et seing ordinaire, et recognus des Officiers de l'Amirauté des Lieux d'où ils seront premierement partis, avec la declaration du lieu où ils seront destinez; le tout en forme ordinaire et accoûtumée. Aprés laquelle exhibition de leurs Passeports en la forme susditte, ils ne pourront être inquietez ni recherchez, detenus ni retardez en leurs Voyages, sous quelque pretexte que ce soit.

XVIII. Il en sera usé de même à l'égard des Navires et Barques Françoises qui iront dans quelques Rades des Terres de l'obeïssance desdits Seigneurs Estats, sans vouloir entrer dans les Havres, ou y entrans, sans touttesfois vouloir débarquer et rompre leurs Charges, lesquels ne pourront être obligez de rendre compte de leur Cargaison, qu'au cas qu'il y eust souspçon, qu'ils portassent aux Ennemis desdits Seigneurs Estats des Marchandises de Contrebande, comme il a été dit cy-dessus.

XIX. Et audit cas de soubçon apparent, lesdits Sujets seront obligez de monstrer dans les Ports leurs Passeports en la forme cy-dessus specifiée.

XX. Que s'ils étoient entrez dedans les Rades, ou étoient rencontrez en pleine Mer par quelques Navires desdits Seigneurs Estats, ou d'Armateurs particuliers leurs Sujets, lesdits Navires des Provinces-Unies, pour éviter tout desordre, n'aprocheront pas plus prez des François que de la portée du Canon ; et pourront envoyer leur petite Barque ou Chaloupe au bord des Navires ou Barques Françoises, et faire entrer dedans deux ou trois Hommes seulement, à qui seront montrez les Passeports et Lettres de Mer, par le Maistre ou Patron des Navires François, en la maniere cidessus specifiée, selon le Formulaire desdittes Lettres de Mer, qui sera inseré à la fin de ce Traitté; par lesquels Passeports et Lettres de Mer, il puisse apparoir non seulement de sa Charge, mais aussy du lieu de la demeure et residence, tant du Maître et Patron, que du Navire même, afin que par ces deux moyens on puisse cognoistre s'ils portent des Marchandises de Contrebande, et qu'il apparoisse suffisamment, tant de la qualité dudit Navire, que de son Maistre, et Patron, auxquels Passeports et Lettres de Mer se devra donner entiere foy et créance. Et afin que l'on connoisse mieux la validité, et qu'elles ne puissent en aucune maniere être falsifiées et contrefaites, seront données de certaines marques et contreseings de Saditte Majesté, et desdits Seigneurs Estats Generaux.

XXI. Et au cas que dans lesdits Vaisseaux et Barques Françoises destinées vers les Havres des Ennemis desdits Seigneurs Estats, se trouve par les moyens susdits quelques Marchandises et Denrées de celles qui sont cy-dessus déclarées de Contrebande et deffendues, elles seront déchargées, dénoncées, et confisquées pardevant les Juges de l'Admirauté és provinces-unies, ou autres competans, sans que pour cela le Navire et Barque, ou autres Biens, Marchandises et Denrées libres et permises retrouvées au même Navire, puissent être en aucune façon saisies ny confisquées.

XXII. Il a esté en outre accordé et convénu, que tout ce qui se trouvera chargé par les Sujets de Sa Majesté en un Navire des Ennemis desdits Seigneurs Estats, bien que ce ne fust Marchandises de Contrebande, sera confisqué, avec tout ce qui se trouvera audit Navire, sans exception ny reserve [1]; mais d'ailleurs aussy sera libre et affranchy tout ce qui sera et se trouvera dans les Navires appartenants aux Sujets du Roy tres-Chrestien, encore que la charge ou partie d'icelle fust aux Ennemis desdits Seigneurs Estats, sauf les Marchandises de Contrebande, au regard desquelles on se reglera, selon ce qui a été disposé aux Articles precedens. Et pour éclaircissement plus particulier de cet Article, il est accordé et convenu de plus, que les cas arrivans que touttes les deux Parties, ou bien l'une d'icelles, fussent engagées en Guerre, les Biens appartenans aux Sujets de l'autre Partie, et chargez dans les Navires de ceux qui sont devenus Ennemis de touttes les deux, ou de l'une des Parties, ne pourront estre confisquées aucunement, à raison ou sous pretexte de cet embarquement dans le Navire Ennemy, et cela s'observera non seulement quand lesdites Denrées y auront été chargées devant la Declaration de la Guerre; mais même quand cela sera fait aprèz ladite Declaration, pourveu que ç'ait été dans les temps et les termes qui s'ensuivent; à sçavoir, si elles ont esté chargées dans la Mer Baltique, ou dans celle du Nord, depuis Terneuse en Norvegue jusques au bout de la Manche dans l'espace de quatre semaines, ou du bout de ladite Manche jusques au Cap de S. Vincent dans l'espace de six semaines, et delà dans la Mer Mediterranée et jusques à la Ligne, dans l'espace de dix semaines; et au delà de la Ligne, et en touts les autres endroits du Monde, dans l'espace de huit Mois, à conter depuis la Publication de la Presente. Tellement

1. Cet article est la reproduction presque littérale de l'article 19 du traité des Pyrénées. Voir les articles IX à XXVIII de ce traité sur le commerce maritime : ils sont inspirés par les mêmes principes et souvent rédigés dans les mêmes termes. De nos jours la marchandise neutre est insaisissable même sous pavillon ennemi.

que les Marchandises et Biens des Sujets et Habitans chargez en ces Navires Ennemis, ne pourront être confisquez aucunement durant les termes et dans les estenduës susnommées, à raison du Navire qui est Ennemy, ains seront restituez aux Proprietaires sans aucun delay, si ce n'est qu'elles ayent été chargées aprés l'expiration desdits termes. Et pourtant il ne sera nullement permis de transporter vers les Ports Ennemis telles Marchandises de Contrebande, que l'on pourroit trouver chargées en un tel Navire Ennemy, quoiqu'elles fussent renduës par la susdite raison. Et comme il a été reglé cy-dessus qu'un Navire libre affranchira les Denrées y chargées [1], il a esté en outre accordé et convenu, que cette Liberté s'étendra aussy aux Personnes qui se trouveront en un Navire libre ; à tel effect que quoy qu'elles fussent Ennemis de l'un et de l'autre des Parties, ou de l'une d'icelles, pourtant se trouvans dans le Navire libre, n'en pourront estre tirées, si ce n'est qu'ilz fussent Gens de Guerre, et effectivement en service desdits Ennemis.

XXIII. Tous les Sujets et Habitans desdittes Provinces-Unies jouïront reciproquement des mêmes Droiz, Libertez, Exemptions, en leurs Trafiqs, et Commerce, dans les Ports, Rades, Mers, et Estats de Sadite Majesté, ce qui vient d'être dit que les Sujets de Sa Majesté jouïront en ceux desdits Seigneurs Estats et en haute Mer, se debvant entendre que l'égalité sera reciproque en toutte maniere de part et d'autre. Et mesme en cas que cy-aprés lesdits Seigneurs Estats fussent en Paix, Amitié et Neutralité, avec aucuns Royx, Princes et Estats, qui devinssent Ennemis, de Saditte Majesté, chacun des deux Parties devant user reciproquement des mesmes conditions et restrictions exprimées aux Articles du present Traitté, qui regarde le Traficq et le Commerce.

XXIV. Et pour asseurer davantage les Sujets desdits Seigneurs Estats, qu'il ne leur sera fait aucune violence par

---

1. C'est l'équivalent de la formule qui règle aujourd'hui le droit maritime : le navire neutre couvre la marchandise.

lesdits Vaisseaux de Guerre, sera fait défences à tous Capitaines des Vaisseaux du Roy, et autres Sujets de Sa Majesté, de ne les molester ni endommager en aucune chose que ce soit sur peine d'estre tenus en leurs personnes et Biens, des dommages et intérêts soufferts et à souffrir, jusques à la deuë restitution et reparation.

XXV. Et pour cette cause, seront doresnavant les Capitaines et Armateurs obligez chacun d'eux, avant leur partement, de bailler caution bonne et solvable pardevant les Juges competans, de la Somme de quinze mille Livres Tournois, pour répondre chacun d'eux solidairement, des malversations qu'ils pourroient commettre en leurs courses, et pour les contreventions de leurs Capitaines et Officiers, au present Traitté, et aux Ordonnances et Edicts de Sa Majesté, qui seront publiez en vertu et en conformité de la disposition d'icelui, à peine de deschéance et nullité desdites Commissions et Congez; ce qui sera pareillement pratiqué par les Sujets desdits Estats Generaux.

XXVI. S'il arrivoit qu'aucun desdits Capitaines François fist prise d'un Vaisseau chargé desdites Marchandises de Contrebande, comme dit est, ne pourront lesdits Capitaines faire ouvrir ny rompre les Coffres, Malles, Balles, Bougettes, Tonneaux, et autres Caisses, ou les transporter, vendre, ou eschanger, ou autrement aliener, qu'elles n'ayent été descenduës à Terre, en la presence des Juges de l'Amirauté; et aprés Inventaire par eux fait desdittes Marchandises trouvées dans lesdits Vaisseaux, si ce n'est que lesdittes Marchandises de Contrebande ne faisant qu'une partie de la Charge, le Maître ou Patron du Navire trouvast bon et agréast de livrer lesdittes Marchandises de Contrebande audit Capitaine, et de poursuivre son Voyage, auquel cas ledit Maître ou Patron ne pourra nullement estre emposché de poursuivre sa route et le dessein de son Voyage.

XXVII. Sa Majesté voulant que les Sujets desdits Seigneurs Estats Generaux soient traittez dans tout le Pays de son obeïssance aussy favorablement que ses propres Sujets, donnera tous les Ordres necessaires pour faire que les Jugemens et Arrests qui seront rendus sur les prises qui auront esté faites à la Mer, soient donnez avec toute Justice et équité par personnes non suspectes ny interessées au fait dont sera question; et donnera Sa Majesté des Ordres précis et efficaces, afin que tous les Arrests, Jugemens, et Ordres de Justice déja donnez et à donner, soient promptement et deuëment executez selon leurs formes.

XXVIII. Et lors que les Ambassadeurs desdits Seigneurs Estats Generaux, ou quelque autre de leurs Ministres publiqs qui seront à la Cour de Sa Majesté feront plainte desdits Jugemens qui auront esté rendus, Sa Majesté fera revoir lesdits Jugemens en son Conseil, pour examiner si les ordres et precautions contenus au present Traitté, auront été suivis et observés, et pour y faire pourvoir selon la raison; ce qui sera fait dans le temps de trois Mois au plus; et neantmoins avant le premier Jugement, ny aprés iceluy pendant la révision, les Biens et effects qui seront reclamez ne pourront estre vendus ni déchargez, si ce n'est du consentement des Parties interessées, pour éviter le déperissement desdittes Marchandises.

XXIX. Quand Proces sera meü en premiere et seconde instance contre ceux qui auront faict des prises en Mer, et les Interessez en icelles, et que lesdits Interessez viendront à obtenir un Jugement ou Arrest favorable, ledit Jugement ou Arrest aura son execution sous caution, nonobstant l'Appel d'iceluy qui aura fait la prise, mais non au contraire; et ce qui est dit au present Article, et aux precedents, pour faire rendre bonne et briefve Justice aux Sujets des Provinces-Unies, sur les prises faites à la Mer par les Sujets de Sa Majesté, sera entendu et practiqué par les Seigneurs Estats Generaux à l'égard des prises faites par leurs Sujets sur ceux de Sa Majesté.

XXX. Sa Majesté et les Seigneurs Estats Generaux pourront en tout temps faire construire ou fretter dans le Pays l'un de l'autre tel nombre de Navires, soit pour la Guerre ou pour le Commerce que bon leur semblera, comme aussy achetter telle quantité de Munitions de Guerre qu'ilz auront besoin; et employeront leur authorité à ce que lesdits marchez de Navires, et achapts de Munitions se fassent de bonne foy, et à prix raisonnables, sans que Sa Majesté ny les Seigneurs Estats Generaux puissent donner la même permission auxdits Ennemis l'un de l'autre, en cas que lesdits Ennemis fussent attaquans, ou agresseurs.

XXXI. Arrivant que des Navires de Guerre, ou de Marchandises eschoüent par tempeste ou autre accident, aux Costes de l'un ou de l'autre Allié, lesdits Navires, apparaux, Biens, et Marchandises, et ce qui sera sauvé, ou le provenant, si lesdittes choses étant perissables ont esté venduës, le tout estant reclamé par les Proprietaires, ou autres ayants charge et pouvoir d'eux dans l'an et jour, sera restitué sans forme de Procez, en payant seulement les fraiz raisonnables, et ce qui sera reglé entre lesdits Alliez pour le Droit de Sauvement; et en cas de contravention au present Article, Sa Majesté et lesdits Seigneurs Estats Generaux promettent employer efficacement leur authorité pour faire chastier avec toute la severité possible ceux de leurs Sujets qui se trouveront coupables des inhumanitez qui ont été quelquesfois commises à leur grand regret en de semblables rencontres.

XXXII. Sa Majesté et lesdits Seigneurs Estats Generaux ne recevront, et ne souffriront que leurs Sujets reçoivent dans nul des Pays de leur obeïssance aucuns Pirates et Forbans quels qu'ils puissent estre; mais ilz les feront poursuivre et punir, et chasser de leurs Ports, et les Navires depredez, comme les Biens pris par lesdits Pirates et Forbans, qui se trouveront en estre, seront incontinent et sans forme de Procez restituez franchement aux Proprietaires qui les reclameront.

XXXIII. Les Habitans et Sujets de costé et d'autre pourront par tout dans les Terres de l'obeïssance dudit Seigneur Roy et desdits Seigneurs Estats Generaux, se faire servir de tels Advocats, Procureurs, Notaires, et Solliciteurs que bon leur semblera; à quoy aussy ilz seront commis par les

Juges ordinaires quand il sera besoing, et que lesdits Juges en seront requis. Et sera permis ausdits Sujects et Habitants de part et d'autre, de tenir dans les Lieux où ils feront leur demeure, les Livres de leur Traficq et Correspondence en la Langue que bon leur semblera, sans que pour ce sujet ilz puissent estre inquietez ni recherchez.

XXXIV. Ledit Seigneur Roy, comme aussy lesdits Seigneurs Estats Generaux, pourront establir pour la commodité de leurs Sujets Trafiquans dans le Royaume et Estats l'un de l'autre, des Consuls de la Nation de leursdits Sujets, lesquels jouïront des Droitz, Libertez, et Franchises qui leur appartiennent par leur exercice et employ, et l'établissement en sera fait aux Lieux et endroitz, où de commun consentement il sera jugé necessaire.

XXXV. Sa Majesté et lesdits Seigneurs Estats Generaux, ne permettront point qu'aucun Vaisseau de Guerre, ny autre equipé pour la Commission, et pour le service d'aucun Prince, Republique, ou Ville que ce soit, vienne faire aucune prise dans les Ports, Havres, ou aucunes Rivieres qui leur appartiennent, sur les Sujets de l'un ou de l'autre; et en cas que cela arrive, Sadite Majesté et lesdits Seigneurs Estats Generaux employeront leur authorité et leur force pour en faire faire la restitution, ou reparation raisonnablement.

XXXVI. S'il survenoit par inadvertance ou autrement quelques inobservations ou contreventions au present Traité de la part de Saditte Majesté, ou desdits Seigneurs Estats Generaux, et leurs Successeurs, il ne laissera pas de subsister en toutte sa force, sans que pour cela on en vienne à la rupture de la Confederation, Amitié, et bonne correspondence : mais on en reparera promptement lesdittes Contraventions : et si elles procedent de la faute de quelques particuliers Sujets, ilz en seront seuls punis et chastiez.

XXXVII. Et pour mieux asseurer à l'advenir le Commerce et l'Amitié entre les Sujets dudit Seigneur Roy et ceux desdits Seigneurs Estats Generaux des Provinces-Unies du Païs-Bas, il a esté accordé et convenu, Qu'arrivant cy-aprés quelque interruption d'amitié ou rupture entre la Couronne de France et lesdits Seigneurs Estats Generaux desdittes Provinces-Unies (ce qu'à Dieu ne plaise) il sera tousjours donné neuf Mois de tems aprèz laditte rupture aux Sujets de part et d'autre pour se retirer avec leurs effects, et les transporter où bon leur semblera, ce qu'il leur sera permis de faire; comme aussy de vendre ou transporter leurs Biens et meubles en toute liberté, sans qu'on leur puisse donner aucun empeschement, ni proceder pendant ledit temps de neuf Mois à aucune saisie de leurs effects, moins encore l'arrest de leurs personnes.

XXXVIII. Le present Traitté de Commerce, Navigation et Marine durera, vingt-cincq ans, à commencer du jour de la Signature; et les Ratifications en seront données en bonne forme, et échangées de part et d'autre dans l'espace de six semaines, à compter du jour de la Signature [1].

---

1. Ce traité de commerce est le plus complet qui ait été encore signé au XVIIe siècle. Il marque un grand progrès dans le droit maritime. Il garde le silence sur la question du salut du pavillon, que les Anglais avaient exigé des Hollandais. Il stipule la liberté du commerce des contractants avec les ennemis déjà déclarés de l'une des deux puissances sauf le transport de la contrebande de guerre (art. XIII et XIV). Les articles relatifs aux lettres de marque, aux prises, aux passeports destinés à dispenser de la formalité de la visite, sont presque tous des nouveautés. On pourra se rendre compte du progrès en comparant ce traité avec ceux de Christiansborg (13 août 1645) et de Copenhague (mai 1657), conclus entre les Provinces-Unies et le roi de Danemark; celui de Stockholm (1er septembre 1640) entre les Provinces-Unies et la reine Christine de Suède, et surtout celui de Westminster (5 avril 1654) qui termina la guerre maritime entre les deux républiques des Provinces-Unies et d'Angleterre, et celui de Bréda (17 juillet 1667) entre les mêmes puissances et le roi de France. V. Saint-Prest, *Histoire des traités de paix*, t. I, p. 39, 46, 110, 115 et 157. — V. Dumont, *Corpus*, t. VI, part. I, p. 192 et 312, part. II, p. 74 et t. VII, part. I, p. 44. — Les États Généraux demandèrent que ce traité de commerce fût garanti par les puissances représentées au congrès. Cette *nouveauté* ne fut pas admise. (V. *Mém. et Docum.*, Hollande, t. 40, f° 76.)

TRAITÉ DE PAIX DE NIMÈGUE

ENTRE LOUIS XIV ET CHARLES II, ROI D'ESPAGNE
DU 17 SEPTEMBRE 1678

Au nom de Dieu le Createur, et de la Tres-Sainte Trinité, à tous presens et à venir, soit notoire, que comme pendant le cours de la Guerre qui s'est mué depuis quelques années entre le Tres-Haut, tres-excellent, et tres puissant prince Louïs quatorze, par la grace de Dieu Roy Tres Chrestien de France et de Navarre, et ses alliez, d'une part; Et tres-haut, tres-excellent, et tres-puissant prince Charles II, par la grace de Dieu roy Catholique des Espagnes et ses Alliez, d'autre; Leurs Majestez n'auroient rien souhaité plus ardemment que de la voir finir par une bonne paix, et que ce mesme desir d'arrester autant qu'il seroit en elles la desolation de tant de provinces, les larmes de tant de Peuples, et l'effusion de tant de Sang chrestien, les auroit portez à accorder aux puissans offices de tres-haut, tres-excellent, et tres puissant prince le Roy de la Grande Bretagne d'envoyer leurs ambassadeurs extraordinaires et plenipotentiaires en la Ville de Nimègue; il est arrivé par un effect de la bonté Divine qui s'est voulu servir de la confiance entiere que leurs Majestez ont continué de prendre en la mediation dudit seigneur Roy de la Grande Bretagne[1] qu'enfin lesdits ambassadeurs extraordinaires et plenipotentiaires, à sçavoir, de la part de Sa Majesté Tres Chrestienne le Sieur Comte d'Estrades Mareschal de France et Chevalier de ses Ordres; le Sieur Colbert Chevalier Marquis de Croissy, Conseiller ordinaire de son Conseil d'estat; et le

1. Malgré cette mention de la médiation du roi d'Angleterre, ce sont les négociateurs Hollandais Beverningk et Haren qui, au dernier moment, servirent en réalité de médiateurs. C'est dans leur hôtel que le traité fut signé et que les ratifications furent échangées le 15 décembre suivant. (v. Saint-Prest, *op. cit.*, I, 623, et *Actes et mém. de la paix de Nimègue*, t. II, p. 755-757).

sieur de Mesmes Chevalier Comte d'Avaux, aussi Conseiller en ses Conseils. Et de la part de Sa Majesté Catholique le Sieur Dom Paulo Spinola Doria Marquis de los Balbasses[1] Duc de Sesto, Seigneur de Ginosa, Casalnosetta, et Ponte-curone, Conseiller de son Conseil d'Estat, et son grand Protonotaire en son Conseil d'Italie; Dom Gaspard de Tebes et Cordova Tello, et Guzman, Comte de Venazuza, Marquis de la Fuente[2], Seigneur de Lerena de la Maison d'Arrucas, des Isles, de Guadalupa, et Matalione, Maître perpetuel de la Victoire, Majeur perpetuel et grand Escrivain de la Ville de Seville, gentilhomme de la chambre de Sa Majesté Imperiale, du souverain conseil de guerre, et son general d'Artillerie; Dom Pedro Ronquillo chevalier de l'ordre d'Alcantara, conseiller de ses conseils de Castille et des Indes; et Dom Jean Baptiste Cristin chevalier conseiller au conseil suprême de Flandre près de la personne de sadite Majesté Catholique, et de ses conseils d'estat et privé au Païs-Bas; En vertu des Lettres et Commissions qu'ils se sont reciproquement communiquées, et dont à la fin de ce Traité les Copies sont inserées de mot à mot, seroient convenus et

---

1. D. Pablo Spinola Doria, 3e marquis de Los Balbases, né le 24 février 1632, petit-fils du grand général Ambrosio Spinola en faveur duquel fut créé en 1621 le titre de marquis de los Balbases. Sa mère était une Doria. Il fut membre du Conseil d'Etat depuis 1674, gouverneur de Milan, ambassadeur à Vienne, puis en France en mission extraordinaire pour demander la main de Mademoiselle (1679). Il devint à son retour grand écuyer de la reine Marie-Louise d'Orléans et en 1692 grand maître de la seconde reine Marie-Anne de Neubourg. Il épousa une Italienne, fille de Marc-Antoine Colonna, connétable de Naples. Il mourut à Madrid le 24 décembre 1699. Son immense fortune le mettait en suspicion auprès des grands d'Espagne fort obérés. On lui reprocha d'avoir mollement défendu les intérêts de l'Espagne à Nimègue, d'être le principal banquier de la monarchie espagnole, de parler trop volontiers les langues étrangères et surtout le français. Aussi, malgré son habileté consommée, avait-il peu de crédit dans le conseil et vers la fin de sa vie il entra dans les ordres et chercha à obtenir le chapeau de cardinal pour se garantir contre une disgrâce (v. *Instructions Morel Fatio*, Espagne, t. I, p. 509 — *Hispania illustrata*, Londres 1703).

2. D. Gaspar de Teves 2e marquis de la Fuente, fils d'un confident et favori du duc d'Olivares servit d'abord dans le Milanais, puis fut ambassadeur à Venise. Après le congrès de Nimègue, il fut ambassadeur en France du 24 janvier 1680 au 30 décembre 1683, et fut échangé contre la Vauguyon sur la Bidassoa le 14 février 1684. Il mourut sans enfants à Madrid le 12 mai 1685 (v. *Instructions Morel Fatio*, Espagne, t. I, p. 516) — Les deux autres plénipotentiaires espagnols étaient des personnages de moindre importance, chargés de discuter les points de droit et d'enrichir les instruments diplomatiques des formules usitées dans tous les actes notariés.

tombez d'accord des conditions reciproques de Paix et d'amitié en la teneur qui ensuit.

I. Il est convenu et accordé qu'à l'avenir il y aura bonne, ferme, et durable paix, confederation, et perpetuelle Alliance et Amitié entre les Rois Tres Chrestien et Catholique, leurs Enfants nez et à naistre, leurs Hoirs, Successeurs et Heritiers; leurs Royaumes, Etats, Païs et Sujets; qu'ils s'entr'aimeront comme bons Freres, procurans de tout leur pouvoir le bien, l'honneur, et reputation l'un de l'autre, évitans de bonne foy tant qu'il leur sera possible le dommage l'un de l'autre.

II. Ensuite de cette bonne réunion la Cessation de toute sorte d'hostilites arrestée et signée le 19e jour d'Aoust de la presente année continuera selon sa teneur entre lesdits Seigneurs Rois, leurs Sujets et Vassaux tant par mer et autres eaux, que par terre; et generalement en tous lieux où la Guerre se fait par les armées de leurs Majestez tant entre leurs troupes et armées qu'entre les guarnisons de leurs places; et s'il estoit contrevenu en ladite cessation par prise de place, ou places, soit par attaque, ou par surprise, ou par intelligence secrette, et même s'il se faisoit des prisonniers ou autres actes d'hostilité par quelque accident impreuvu, ou par ceux qui ne se peuvent prevoir contraires à la dite cessation d'hostilitez, la contravention sera reparée de part et d'autre de bonne foy, sans longueurs ny difficultés, restituans sans aucune diminution ce qui auroit esté occupé, et délivrant les prisonniers sans rançon ny payement des dépenses, en sorte que toutes choses soient remises au mesme estat où elles estoient audit jour dix-neuvième aoust que ladite suspension d'armes fut arrestée et signée, la teneur de laquelle se devra observer jusques au jour de l'eschange des Ratifications du present traitté.

III. Tous sujets d'inimitiez ou mesintelligences demeureront éteints et abolis pour jamais, et tout ce qui s'est fait et passé à l'occasion de la presente guerre, ou pendant icelle sera mis en perpetuel oubli, sans qu'on puisse à l'avenir de part ny d'autre, directement ny indirectement en faire recherche par Justice ou autrement, sous quelque pretexte que ce soit, ni que leurs Majestez ou leurs Sujets, serviteurs et adherens d'un costé et d'autre puissent tesmoigner aucune sorte de ressentiment de toutes les offenses et dommages qu'ils pourroient avoir reçus pendant la presente guerre [1].

IV. En contemplation de la paix le Roy Tres-Chrestien, aussi-tost aprés l'eschange des ratifications du present traitté [2], remettra au pouvoir du Roy Catholique la place et forteresse de Charleroy, la ville de Binche, la ville et forteresse d'Ath, Oudenarde et Courtrai, avec leurs prevostez et chastellenies, appartenances et dépendances, ainsi qu'elles ont été possedées par Sa Majesté Catholique avant la guerre de l'année 1667. Toutes lesquelles villes et places avoient esté ceddées audit Seigneur Roy Tres-Chrestien par le Roy Catholique au traitté signé à Aix-la-Chapelle le deuxiéme May 1668 auquel il a esté par le present traitté expressement desrogé pour ce qui regarde lesdites villes et places, leurs appartenances et dependances, en consequence dequoy ledit Seigneur Roy Catholique rentrera en la possession d'icelles pour en jouir lui et ses Successeurs pleinement et paisiblement, à l'exception de la Verge de Menin et de la Ville de Condé, laquelle, quoy que cy devant pretendue par Sa Majesté tres-Chrestienne comme membre de la chastellenie d'Ath [3], demeurera neantmoins à la cou-

---

1. Cet article combiné avec l'article XXI sembloit donner toute garantie pour la vie et les biens des sujets du roi d'Espagne qui avaient suivi pendant la guerre la cause française. Cependant les Messinois révoltés ne furent pas compris nommément dans cette amnistie. Louis XIV les abandonna au dernier moment pour ne pas rompre les négociations à cause d'eux. Le roi d'Espagne réussit par son silence, au moins à ne pas consacrer un acte de révolte. (V. Hollande, t. 108, dépêche du 9 septembre).

2. La ratification du roi d'Espagne fut signée, non au 31 octobre, terme assigné par le traité, mais seulement le 14 novembre 1678 et échangée à la Haye avec celle du roi de France le 15 décembre suivant. Le traité fut exécuté de la part du roi, mais avec une certaine lenteur. Les troupes françaises ne sortirent de Leuwe, de Charleroi, d'Ath et d'Oudenarde qu'au mois de janvier 1680 et de Gand et de Courtrai deux mois plus tard. (V. Saint-Prest, *op. cit.*, I, 623).

3. En 1669, à la suite du traité d'Aix-la-Chapelle, Louis XIV avait détaché de la châtellenie d'Ath soixante-dix villages avec la ville de Leuze pour les attribuer à la ville de Tournai dont ils étaient plus rapprochés que de la ville d'Ath. V. Saint-Prest, *op. cit.*, t. I, p. 621. V. lettres de d'Estrades au Roy dans Hollande, t. 108, 4 septembre 1678.

ronne de France avec toutes ses dependances en vertu du present traitté, ainsi qu'il sera dit cy aprés.

V. Ledit Seigneur Roy Tres-Chrestien s'oblige et promet de remettre aussi entre les mains dudit Seigneur Roy Catholique, aussi-tost aprés ledit eschange des Ratiffications, la ville et duché de Limbourg avec toutes ses dependances, et le Pays d'Outre-meuse, la ville et citadelle de Gand [1], pareillement avec toutes ses dependances, le Fort de Rodenhus et le pays de Waes ; la ville et place de Leuve dans le Brabant, aussi avec ses dependances, la ville et place de St Ghilain [2] de laquelle neantmoins les fortifications seront rasées : et la Ville de Puicerda en Catalogue en l'estat où elle se trouve à present, avec leurs pays, places, chasteaux, forts, terres, seigneuries, domaines, bailliages, appartenances, et dependances et annexes, sans y rien reserver ny retenir pour estre possédées par Sa Majesté Catholique et ses Successeurs ainsy qu'Elle en a joui avant la presente Guerre.

VI. Lesdits lieux, villes, places de Charleroy, Binche, Ath, Oudenarde et Courtray, leurs bailliages, chastellenies, gouvernances, prevostez, territoires, domaines, seigneuries, appartenances, dependances et annexes de quelques noms qu'elles puissent être appelés, avec tous les hommes, vassaux, sujets, villes, bourgs, villages, hameaux, forests, rivieres, plat-pays et autres choses quelconques qui en dependent, demeureront par ledit present traitté de paix à Sa Majesté Catholique, et à ses hoirs, successeurs, et ayans cause irrevocablement et à tousjours, avec les mêmes droits de souveraineté, proprieté, droits de regale, patronage,

---

1. Le siège de Gand, résolu dès le mois de décembre 1676, eut lieu du 1er au 11 mars 1677. Vauban dirigeait les travaux d'approche sous les yeux du roi ; d'Humières commandait l'armée d'observation. La place qui n'avait qu'une garnison de 500 soldats se rendit le 9 mars après un bombardement de deux jours. Le gouverneur Pardo rendit la citadelle le 11 mars. — Limbourg, investi le 10 juin 1675, était tombé entre les mains du roi le 22 juin suivant ; le prince de Condé et le roi avaient présidé aux opérations du siège.

2. Saint-Ghislain dans la banlieue de Mons fut enlevé par d'Humières le 11 décembre 1676. Leawe, forte place entourée de marais qui défend l'entrée du Brabant du côté du Liégeois, fut enlevée par surprise par un détachement de la garnison de Maëstricht (4 mai 1678). La prise de Puycerda est de même postérieure à la lettre du roi du 9 avril qui avait fixé l'ultimatum des conditions de la paix.

gardienneté et jurisdiction, nomination, prérogatives et preeminences sur les evêchez, Eglises Cathedrales, et abbayes, prieurez, dignitez, cures et autres quelconques benefices estans dans l'estenduë desdits Pays, places et baillages cedes, de quelques abbayes que lesdits prieurez soient mouvans et dependans, et tous autres droits qui ont cy-devant appartenu au Roy Tres-Chrestien, encore qu'ils ne soient icy particulierement énoncez, sans que Sa Majesté Catholique puisse estre à l'avenir troublée ny inquietée par quelque voye que ce soit, de Droit ny de fait par ledit Seigneur Roy Tres-Chrestien, ses Successeurs, ou aucuns princes de sa Maison, ou par qui que ce soit, ou sous quelque pretexte ou occasion qui puisse arriver esdites Souveraineté, proprieté, jurisdiction, ressort, possession et jouïssance de tous lesdits Pays, villes, places, chasteaux, terres et seigneuries, prevostez, domaines, chastellenies et baillinges : ensemble de tous les lieux et autres choses qui en dependent. Et pour cet effect ledit Seigneur Roy Tres-Chrestien tant pour luy que pour ses hoirs, successeurs et ayans cause, renonce, quitte, cedde et transporte, comme lesdits plenipotentiaires en son nom, par le present traitté de Paix irrevocable ont renoncé, quitté, ceddé et transporté perpetuellement et à tousjours, en faveur et au proffit dudit Seigneur Roi Catholique, ses hoirs, successeurs et ayans cause, tous les droits, actions et pretentions, des droits de Regale, patronage, gardienneté, jurisdiction, nomination, prerogatives et preeminences sur les Eveschez, Eglises Cathedrales et autres quelconques benefices estans dans l'estenduë desdites Places et Pays et Bailliages cedez, de quelques abbayes que lesdits prieurez soient mouvans et dependans, et generalement sans rien retenir ny reserver tous autres droits que ledit Seigneur Roy Tres-Chrétien ou ses hoirs et successeurs ont et pretendent ou pourroient avoir et pretendre pour quelque cause et occasion que ce soit sur lesdits pays, places, châteaux, forts, terres, seigneuries, domaines, chastellenies, baillages et sur tous les lieux en dependans, comme dit est, nonobstant toutes loix, coûtumes, et constitutions faites au contraire, même qui auroient été confirmées par serment, auxquelles et aux clauses derogatoires des derogatoires il est expressement derogé par le present Traitté pour l'effet desdites renonciations et cessions, lesquelles vaudront et auront lieu sans que l'expression ou specification particuliere, desroge à la generale, ny la generale à la particuliere, et excluant à perpetuité toutes exceptions sous quelques droits, titres, causes ou pretextes qu'elles puissent être fondées; declare, consent, veut et entend ledit Seigneur Roy Tres-Chrétien, que les hommes, vassaux, et sujets desdits pays, villes et terres ceddées à la Couronne d'Espagne, comme il est dit cy-dessus, soyent et demeurent quittes et absous dés à present et pour tousjours des foy et hommages, service et serment de fidélité qu'ils pourroient tous et chacun d'eux luy avoir fait et à ses predecesseurs Roys Tres-Chrestiens, ensemble de toute l'obeïssance, sujetion et vassalage, que pour raison de ce ils pourroient luy devoir; voulant ledit Seigneur Roy Tres-Chrestien que lesdits foy, hommages et serment de fidélité demeurent nuls et de nulle valeur, comme s'ils n'avoient jamais été faits ni prestez.

VII. Ledit Seigneur Roy Tres-Chrestien fera aussy restituer audit Seigneur Roy Catholique toutes les villes, places, forts, chasteaux, et postes que ses armes ont, ou pourront avoir occuppé jusqu'au jour de la publication de la paix, en quelques lieux du monde qu'elles soyent situées [1]. Comme pareillement Sa Majesté Catholique fera restituer à Sa Majesté Tres-Chrestienne toutes les places, forts, chasteaux, et postes que ses armes pourroient avoir occupez durant cette guerre jusqu'au jour de la publication de la paix en quelque lieu qu'elles soyent situées.

---

1. Les plénipotentiaires de France, dans leur projet de traité, avaient inséré une clause, portant que le roi garderait toutes les places qui n'y étaient point exprimées. Cette clause fut abandonnée et on la remplaça par une autre portant que toutes les localités à restituer ou à céder seraient nommées. (V. Hollande, t. 108, dépêches du 4 et du 9 septembre 1678). Cet article qui porte une restitution réciproque ne peut être entendu à la lettre puisqu'il détruirait en partie les articles suivants par lesquels le roi d'Espagne cède au roi la Franche-Comté et certaines autres parties de ses conquêtes.

VIII. La restitution desdites places, ainsi que dit est, se fera par ledit Seigneur Roy Tres-Chrestien ou son ministre réellement et de bonne foy sans aucune longueur ni difficulté, pour quelque cause et occasion que ce soit à celuy ou à ceux qui seront deputez par ledit Seigneur Roi Catholique dans le temps et la manière qu'il a été cy-dessus dit, et en l'estat que lesdites Places se trouvent à present, sans y rien demolir, affoiblir, diminuer, ou endommager en aucune sorte : et sans que l'on puisse pretendre ny demander aucun remboursement pour les Fortifications faites auxdites places, ny pour le payement de ce qui pourroit être dû aux soldats et gens de guerre y estans.

IX. En outre a esté arresté que toutes les procedures, jugemens et arrests donnez par les Juges et autres officiers de Sa Majesté Tres-Chrestienne établis dans lesdites villes et places dont elle jouïssoit en vertu du traitté d'Aix-la-Chapelle, et cy-dessus ceddées à Sa Majesté Catholique, ou par le parlement de Tournay, pour raison des differens et procez poursuivis tant par les habitans desdites villes et de leurs dependances qu'autres, durant le temps qu'elles ont esté sous l'obeïssance dudit Seigneur Roy Tres-Chrestien, auront lieu et sortiront leur plein et entier effect, tout ainsy qu'ils feroient sy ledit Seigneur Roy demeuroit Seigneur et possesseur desdites villes, et pays, et ne pourront estre lesdits jugemens et arrests revoquez en doute, annullez, ny l'execution d'iceux autrement retardée ou empeschée ; bien sera loisible aux Parties de se pourvoir par revision de la cause et selon l'ordre et disposition des loix et ordonnances : demeurans cependant les jugemens en leur force et vertu sans prejudice de ce qui est stipulé à cet esgard par l'Article 21 du present Traitté.

X. Comme les ministres de Sa Majesté Tres-Chrestienne aprés la paix d'Aix-la-Chapelle ont sousteuu en la Conference de Lisle que les escluses de l'Occident et de l'Orient de la ville de Nieuport et le Fort in Vierbota étant au bout de l'Escluse d'Occident prés de l'embouchure du Havre de Nieuport, et une partie de celui de Nieuven Dame bastis sur l'Ecluse de l'Orient, avec les Testes dudit Havre, entretenues par ceux de Furnes, étoient du territoire et jurisdiction de la Chastellenie de Furnes, et partant devoient appartenir à Sa Majesté Tres-Chrestienne, et les Ministres de Sa Majesté Catholique au contraire, que cela n'estoit pas; et quoy que cela fut, que non, qu'il devroit suffire que Sa Majesté Catholique étant Prince Souverain, lors que lesdites fortifications ont esté faites tant au regard de la Chastellenie de Furnes que de la Ville de Nieuport, il a peû incorporer et approprier les susdites parties au Havre et Fortifications de Nieuport, et par ainsi les rendre inseparables d'icelle ville; il est arresté que les susdites escluses, et autres parties de la fortification de Nieuport, cy-dessus nommées, demeureront à Sa Majesté Catholique, ainsi que ladite Ville, sans que Sa Majesté Tres-Chrestienne, comme luy appartenant la Ville et Chastellenie de Furnes, ou autrement, y puisse jamais pretendre. Et quant à l'escoulement des Eaux de la chastellenie de Furnes, il sera continué, et elle en jouïra en la même forme et maniere qu'il a été pratiqué jusques à present.

XI. Ledit Seigneur Roy Tres-Chrestien retiendra, demeurera saisi, et jouïra effectivement de tout le Comté de Bourgongne, vulgairement appellé la Franche Comté, et des villes, places, et pays en dépendans, y compris la ville de Bezançon, et son Distrit, comme aussy des villes de Valenciennes et ses dépendances, Bouchain et ses dépendances, Condé et ses dépendances [1], quoy que cy-devant pretendu

1. Condé, investi par Créqui le 17 avril 1676, fut enlevé par Vauban et le roi le 26 avril. Bouchain se rendit au roi le 11 mai; Aire le 31 juillet après cinq jours de tranchée ouverte. Valenciennes, investi dès le 28 février 1677 par d'Humières, est enlevé en plein jour le 17 mars par Vauban. Cambrai se rend à Luxembourg et au roi le 5 avril après neuf jours de siège; la citadelle prolonge sa résistance jusqu'au 17 avril. Saint-Omer assiégé par le duc d'Orléans se rend le 20 avril après la bataille de Cassel; Ypres après un siège de treize jours (13-26 mars 1678). On remarquera: 1° que les conditions relatives aux cessions ou restitutions mutuelles de places sont exactement celles que Louis XIV avait posées lui-même dans sa lettre sous forme d'ultimatum adressée de Saint-Germain le 9 avril 1678 à ses plénipotentiaires en Hollande (v. Mignet, IV, 530); 2° que les places rendues par Louis XIV étaient les positions offensives qui pouvaient lui donner l'espoir de conquérir toute

membre de la chastellenie d'Ath, Cambray et le Cambresis, Aire, Saint Omer et leurs dépendances, Ypres et sa Chastellenie, Warvick, et Warneton sur la Lys, Poperinghen, Bailleul et Cassel, avec leurs dépendances, Bavay et Maubeuge avec leurs dépendances.

XII. Ledit Comté de Bourgogne, les villes, places, et pays en dépendans, y compris la ville de Bezançon et son Distrit, comme aussy lesdites Villes et Places de Valenciennes, Bouchain, Condé, Cambray, Aire, Saint Omer, Ypres, Warvick et Warneton, Poperingen, Bailleul, Cassel, Bavay, et Maubeuge, leurs baillages, chastellenies, gouvernances, prevostez, et territoires, domaines, seigneuries, appartenances, dépendances, et annexes, de quelques noms qu'elles puissent être appellées, avec tous les hommes, vassaux, sujets, villes, bourgs, villages, hameaux, forests, rivieres, plat-pays, salines et autres choses quelconques qui en dépendent, demeureront par ledit present traitté de paix à Sa Majesté Tres-Chrestienne, et à ses hoirs; successeurs, et ayans cause, irrevocablement et à toûjours, avec les mesmes droits de souveraineté, proprieté, droits de regale, patronage, gardienneté, et jurisdiction, nomination, prerogative, et preéminence, sur les Evêchez, Eglises Cathedrales, et autres Abbayes, prieurez, dignitez, cures, et autres quelconques benefices, estans dans l'étendue desdits pays, places, et bailliages cedez, de quelques Abbayes que lesdits prieurez soient mouvans et dépendans; et tous autres droits qui ont cy-devant appartenu au Roy Catholique, encore qu'ils ne soyent particulierement énoncez; sans que Sa Majesté Tres-Chrestienne puisse être à l'avenir troublée ny inquiettée par quelque voye que ce soit de droit ny de fait par ledit Seigneur Roy Catholique, ses Successeurs ou aucuns princes de sa maison, ou par qui que ce soit, ou sous quelque pretexte ou occasion qui puisse arriver esdites souveraineté, proprieté et jurisdiction, ressort, possession et

---

la Belgique; tandis que les places qu'il garde sont seulement des positions défensives enclavées au milieu du sol français et destinées à constituer une frontière définitive. C'est un recul au point de vue de la conquête.

jouïssance de tous lesdits pays, villes, places, chasteaux, terres et seigneuries, prevostez, domaines, chastellenies et bailliages; ensemble de tous les lieux et autres choses qui en dépendent : Et pour cet effect, ledit Seigneur Roy Catholique, tant pour luy que pour ses hoirs, Successeurs, et ayans cause, renonce, quitte, cedde, et transporte, comme lesdits plenipotentiaires en son nom, par le present traitté de Paix irrevocable, ont renoncé, ceddé, et transporté perpetuellement et à toûjours en faveur et au proffit dudit Seigneur Roy Tres-Chrestien, ses Hoirs, Successeurs, et ayans cause, tous les droits, actions, pretentions, droits de regale, patronage, gardiennetó, jurisdiction, nomination, prerogatives, et préeminence sur les evëchez, Eglises Cathedrales, et autres quelconques benefices estans dans l'étenduë desdites places et pays, et baillages ceddez, de quelques abbayes que lesdits prieurez soient mouvans et dépendans; et generalement sans rien retenir ny reserver, tous autres droits que ledit Seigneur Roy Catholique, ou ses hoirs et successeurs, ont et pretendent, ou pourroient avoir et pretendre, pour quelque cause et occasion que ce soit, sur lesdits pays, places, chasteaux, forts, terres, seigneuries, domaines, chastellenies, et baillages, et sur tous les lieux en dépendans, comme dit est, nonobstant toutes loix, coûstumes, et constitutions au contraire, mesmes qui auroient esté confirmées par Serment. Auxquelles et aux clauses desrogatoires des desrogatoires, il est expressément desrogé par le present traitté pour l'effect desdites renonciations et cessions, lesquelles vaudront et auront lieu, sans que l'expression ou specification particuliere desroge à la generale, ni la generale à la particuliere; et excluant à perpetuité toutes exceptions sous quelques droits, titres, cause ou pretexte qu'elles puissent être fondées; declare, consent, veut et entend ledit Seigneur Roy Catholique, que les hommes, vassaux, et sujets desdits pays, villes et terres cedées à la couronne de France, comme il est dit cy-dessus, soient et demeurent quittes et absous dés à present et pour tousjours, des foy et hommage, service et Serment de fidelité qu'ils pourroient tous et chacuns d'eux luy avoir faites, et à ses predecesseurs Roys Catholiques; ensemble de toute l'obeïssance, sujetions et vasselages, que pour raison de ce ils pourroient luy devoir; voulant ledit Seigneur Roy Catholique que lesd. foy et hommage et Serment de fidelité, demeurent nuls et de nulle valeur, comme si jamais ils n'avoient esté faits ni prestez.

XIII. Et comme Sa Majesté Tres-Chrestienne a declaré par les conditions qu'elle a offert pour la paix, de vouloir la ville de Charlemont, ou en eschange celle de Dinant au choix de Sa Majesté Catholique, à condition que sadite Majesté Catholique se chargeroit d'obtenir de l'Evêque de Liege la Cession de Dinant, et le consentement de l'Empereur et de l'empire, Sa Majesté Catholique a choisi de retenir la Ville de Charlemont comme auparavant, en consequence s'oblige et promet d'obtenir desdits Sieur Evesque et Chapitre de Liege la cession en forme authentique de ladite Ville de Dinant, avec le consentement de l'empereur et de l'empire dans un an, à compter du jour et datte de la ratification du traitté de Paix qui doit estre fait entre l'empereur et ledit Seigneur Roy Tres-Chrestien. Et en cas que Sadite Majesté Catholique ne puisse obtenir lesdites cessions desdits Sieur Evesque et chapitre de Liege, avec le consentement de l'empereur et de l'empire, Elle s'oblige et promet de faire remettre immediatement après le terme susdit au pouvoir de Sa Majesté Tres-Chrestienne ladite ville de Charlemont, pour en jouïr comme de toutes les autres Places et Pays cedez audit Seigneur Roy Tres-Chrestien, par les articles 11 et 12 du present traitté [1].

XIV. Et pour prevenir toutes les difficultez que les enclaves ont causé dans l'execution du traitté d'Aix-la-Chapelle, et rétablir pour tousjours la bonne intelligence entre les deux couronnes, il a esté accordé que les terres, bourgs

1. Le roi d'Espagne ne put obtenir de l'électeur de Cologne et du chapitre de Liége qu'ils cédassent Dinant au roi. Dès lors il dut se résigner à remettre Charlemont. Mais ce fut seulement vers la fin de février 1680 (v. Saint-Prest, *op. cit.*, I, 623).

et villages enclavez dans les prevostez qui sont ceddées ou qui apartenoient desja avant le present traitté à Sa Majesté Tres-Chrestienne au delà de la Sambre, seront eschangez contre d'autres qui se trouveront plus proches des places, et à la bienséance de Sa Majesté Catholique; comm' aussy que les villages de la verge de Menin qui se trouveront scituez trop prés de Courtray seront eschangez contre d'autres quy seront plus proches et à la bienséance de Sa Majesté Tres-Chrestienne : Et pareillement que les villages de la provosté de Mons qui se trouveroient si avancez dans le Pays ceddé à Sa Majesté Tres-Chrestienne en Haynaut, qu'ils en interrompissent la communication, seront eschangez contre d'autres dépendans des Pays ceddez audit Seigneur Roy Tres-Chrestien qui seront plus proches et à la bienséance de Sa Majesté Catholique, et generalement que toutes les Terres qui seront enclavées dans les Pays ceddez ou restituez à l'un desdits Seigneurs Roys, seront mutuellement eschangées contre d'autres de pareille valeur, bien entendu qu'on puisse convenir desdits eschanges [1].

XV. Il sera deputé des Commissaires de part et d'autre deux mois aprés la publication du present traitté, qui s'assembleront au lieu dont il sera respectivement convenu, tant pour proceder auxdites eschanges, que pour regler les limites entre les Estats et Seigneuries qui doivent demeurer à chacun desdits Seigneurs Roys par le present traitté dans les Pays Bas [2]; comm' aussy pour liquider les debtes réelles

---

1. Voir à propos des enclaves et dépendances la théorie que nous avons exposée dans une note à l'art. 35 du traité des Pyrénées dans notre premier fascicule, p. 110.

2. Les commissaires des deux rois se réunirent à Courtrai. Mais Louis XIV interdit aux siens d'engager aucun pourparler avant d'avoir obtenu du roi d'Espagne un plein pouvoir où il ne prît plus le titre de duc de Bourgogne ce qui n'eut lieu qu'au mois de septembre 1679. Ensuite de longues difficultés furent soulevées à propos des dépendances des places mutuellement cédées. En avril 1681, les commissaires espagnols se résignèrent à reconnaître au roi de France la ville de Virton dans le Luxembourg, fief mouvant de l'évêque de Verdun, et le comté de Chiny, fief du duché de Bar, qui relève de la couronne de France. Mais ils revendiquèrent les places suivantes occupées par les troupes françaises au moment de la signature de la paix de Nimègue et qui n'étaient ni du nombre de celles que le roi s'était obligé à rendre, ni de leurs dépendances : Oudembourg, le vieux bourg de Gand, la ville et la châtellenie d'Alost, Grammont, Renaix, Ninhove, Radershove, le pays de

legitimement hypothequées sur les terres et seigneuries cédées ou restituées à l'une ou à l'autre des deux couronnes, et convenir de la part et portion que chacune d'elles devra payer à l'avenir, et generalement terminer à l'amiable tous les differens qui pourroient se rencontrer en execution du present traitté.

XVI. Quand il surviendroit aux eschanges cy-dessusdits des difficultes qui en empescheroient l'effect, l'on ne pourra de part et d'autre establir des bureaux pour s'embarasser ny rendre plus difficile la communication des places qui seront d'une mesme domination, et les bureaux qui seront establis ne pourront faire payer les droits que sur les marchandises, qui sortans d'une domination entreront dans une autre pour y estre consommées, ou pour passer dans des Païs éloignez.

XVII. Lesdits Seigneurs Roys remettans, ou restituans respectivement les Places cy-dessusdites pourront en faire retirer et emporter toute l'Artillerie[1], poudres, boulets, armes, vivres, et autres munitions de guerre qui se trou-

---

Beveren, les bailliages d'Assenade et de Boucaut, Vert, Herthruge, Lootdorp, Moortiel, Saint-Amand. Toutes ces places étaient tombées entre les mains du *maréchal de Luxembourg après la prise de Gand. Le roi, voyant qu'il ne* pouvait retenir ces places sans ôter les communications de celles qui restaient au roi d'Espagne, offrit au mois d'août 1681 de les abandonner en échange d'un juste équivalent. Les commissaires du roi d'Espagne refusèrent ce parti, prétendant que ces places devaient être cédées comme dépendances de Gand, que d'ailleurs les officiers du roi avaient si bien reconnu cette vérité, qu'en évacuant Gand ils avaient en même temps évacué toutes les localités contestées. Les commissaires français répliquaient que les mêmes localités ne font pas partie de la juridiction de Gand ; qu'étant plat pays ou villes ouvertes elles ne rompent point la barrière ; que d'ailleurs le roi s'engageait à ne les point fortifier ; que le roi d'Espagne ayant fait insérer dans le traité la restitution du pays de Waes et d'Outre-Meuse, il aurait dû faire citer tout ce qu'il réclame aujourd'hui parmi ce qui devait lui être rendu. Louis XIV proposa de faire régler la contestation par la médiation du roi d'Angleterre. Le roi d'Espagne refusa cet expédient, en sorte que la question n'avait pas encore reçu de solution quand la guerre recommença avec l'Espagne. Le différend ne fut réglé qu'à la trêve de Ratisbonne (v. Saint-Prest, *op. cit.*, I, 623). Voir au dépôt de la *Guerre n° 649 un document ayant pour titre :* Limites et abornements en exécution du traité de paix de Nimègue (1680).

1. Dans leur projet de traité du 12 août, les Espagnols demandaient que les places restituées leur fussent laissées avec l'artillerie et les munitions dont Louis XIV les avait si abondamment pourvues. Ils ne renoncèrent à cette exigence que dans la séance du congrès du 3 septembre (v. Hollande, t. 108, dépêches du 27 août et du 4 septembre et *Actes de la paix de Nimègue*, t. II, p. 684 et 720).

veront dans lesdites places au temps de la remise ou restitution d'icelles; et ceux qu'ils auront commis pour cet effect pourront se servir pendant deux mois des chariots et batteaux du Pays; auront le passage libre, tant par eau que par terre pour la retraite desdites munitions, et leur sera donné par les gouverneurs et commandans, officiers et Magistrats des places et Pays ainsy restituez toutes les facilitez qui dependront d'eux pour la voiture et conduite desdites artillerie et munitions. Pourront aussi les officiers, soldats, gens de guerre, et autres qui sortiront desdites places en tirer et emporter leurs biens meubles à eux appartenans, sans qu'il leur soit loisible d'exiger aucune chose des habitans desdites places et du plat-pays, ny endommager leurs maisons ou emporter aucune chose appartenante ausdits habitans.

XVIII. La levée des contributions demandée de part et d'autre au pays qui y sont soûmis sera continuée pour tout ce qui restera à escheoir jusques au 16° Octobre prochain et les arrerages qui resteront deûs lors de la susdite ratiffication seront payez dans l'espace de trois mois aprés le terme susdit; et aucune execution ne se pourra faire pour raison de ce pendant ledit temps contre les communautez redevables, pourveu qu'elles ayent donné bonne et valable caution resseante dans une ville de la domination de celuy desdits Seigneurs Roys, à qui lesdites Contributions seront deuës.

XIX. Il a esté aussy accordé que la perception des droits dont ledit Seigneur Roy Tres-Chrestien est en possession sur tous les Pays qu'il remet ou restituë audit Seigneur Roy Catholique, sera continuée jusqu' au jour de la restitution actuelle des places dont lesdits Pays sont dependans, et que ce qui en restera deû lors de ladite restitution sera payé de bonne foy à ceux qui en ont pris les fermes; Comm' aussy que dans le mesme temps les proprietaires des bois confisquez dans les dépendances des Places qui doivent estre remises à Sa Majesté Catholique rentreront en possession de leurs biens et de tous les bois qui se trouveront sur le lieu, bien entendu que du jour de la signature du present traitté toutes coupes de bois cesseront de part et d'autre.

XX. Tous les papiers, lettres, et documens concernans les pays, terres et seigneuries qui sont cedées et restituées ausdits Seigneurs Roys par le present traitté de paix, seront fournis et délivrez de bonne foy de part et d'autre dans trois mois aprés que les ratiffications du present traitté auront esté eschangées en quelques lieux que lesdits papiers et documens se puissent trouver, mesme ceux qui auroient esté enlevez de la citadelle de Gand et de la chambre des comptes de Lille.

XXI. Tous les Sujets de part et d'autre Ecclesiastiques et Seculiers seront restablis, tant en la jouïssance des honneurs, dignitées et benefices dont ils estoient pourveus avant la guerre, qu'en celle de tous et chacuns leurs biens meubles et immeubles, rentes viageres et à rachat, saisies et occuppées depuis ledit temps, tant à l'occasion de la guerre, que pour avoir suivi le parti contraire; ensemble de leurs droits, actions et successions à eux survenuës, mesme depuis la guerre commencée, sans toutesfois pouvoir rien demander ny pretendre des fruits et revenus perceus et écheus dés le saisissement desdits biens immeubles, rentes et benefices jusqu' au jour de la publication du present traitté.

XXII. Ny semblablement des debtes, effects et meubles qui auront esté confisquez avant ledit jour, sans que jamais les creanciers de telles debtes et dépositaires de tels effects, et leurs heritiers ou ayans cause en puissent faire poursuitte ny en pretendre recouvrement, lesquels restablissemens en la forme avant dite s'estendront en faveur de ceux qui auront suivi le parti contraire, en sorte qu'ils rentreront par le moyen du present traitté en la grace de leur Roy et prince souverain, comme aussy en leurs biens tels qu'ils se trouveront existans à la conclusion et signature du present traitté.

XXIII. Et se fera led. restablissement desdits Sujets de part et d'autre, selon le contenu és Articles 21. et 22.

nonobstant toutes donations, concessions, declarations, confiscations, commises, sentences preparatoires ou deffinitives données par contumace en l'absence des parties, et icelles non ouïes, lesquelles sentences et tous jugemens demeureront nuls et de nul effect, et comme non donnéz et prononcez, avec liberté pleine et entiere auxdites parties de revenir dans les pays d'où elles se sont cy-devant retirées, pour jouïr en personnes de leurs Biens immeubles, rentes et revenus; ou d'établir leurs demeures hors desdits pays en tel lieu que bon leur semblera, leur en demeurant le choix et élection; sans qu'on puisse user contre eux d'aucune contrainte pour ce regard. Et en cas qu'ils ayment mieux demeurer ailleurs, ils pourront deputer et commettre telles personnes non suspectes que bon leur semblera pour le gouvernement et jouïssance de leurs biens, rentes et revenus : mais non au regard des benefices requerans residence, qui devront estre personnellement administrez et deservis.

XXIV. Ceux qui auront esté pourveus d'un costé ou d'autre des benefices estans à la collation, presentation, ou autres dispositions desdits Seigneurs Roys, ou autres, tant Ecclesiastiques que laïques, ou qui auront obtenu provision du pape de quelqu' autres benefices scituez dans l'obeïssance de l'un desdits Seigneurs Roys par le consentement et permission duquel ils en auront jouï pendant la guerre, demeureront en la possession et jouïssance desd. benefices leur vie durant comme bien et deuëment pourveus; Sans que toutes fois on entende faire aucun préjudice pour l'avenir aux droits des legitimes collateurs qui en jouïront et en useront comme ils avoient accoûtumé avant la guerre.

XXV. Tous prelats, abbez, prieurs et autres Ecclesiastiques qui ont esté nommez à leurs benefices ou pourveus d'iceux par lesdits Seigneurs Roys avant la guerre, ou pendant icelle, et auxquels leurs Majestez estoient en possession de pourvoir ou nommer avant la rupture entre les deux couronnes, seront maintenus en la possession et jouïssance desdits benefices, sans pouvoir y estre troublez pour quelque cause ou pretexte que ce soit. Comm' aussy en la libre jouïssance de tous les biens qui se trouveront en avoir dependu d'ancienneté, et aux droits de conferer les benefices qui en dépendent en quelque lieu que lesdits biens et benefices se trouvent scituez. Pourveu toutesfois que lesdits benefices soyent remplis de personnes capables, et qui ayent les qualitez requises selon les reglements quy estoient observez avant la guerre. Sans qu'on puisse à l'avenir de part ny d'autre envoyer des administrateurs pour regir lesdits benefices, et jouïr des fruits, lesquels ne pourront estre perceus que par les titulaires qui en auront esté legitimement pourveus; comme aussi tous lieux qui ont cy-devant reconnu la Jurisdiction desdits prelats, Abbez et prieurs en quelques parts qu'ils soient scituez, la devront aussi reconnoistre à l'avenir, pourveu qu'il apparoisse que leur droit est establi d'ancienneté, encore que lesdits lieux se trouvassent dans l'estendue de la domination du parti contraire, ou dependans de quelques chastellenies, ou baillages appartenans audit parti contraire.

XXVI. Il a esté convenu, accordé, et declaré qu'on n'entend rien revoquer du traitté des Pyrenées, à l'exception de ce qui regarde le Portugal [1] avec lequel le Roy Catholique est à present en paix, non plus que du traitté d'Aix-la-Chapelle, qu'en tant qu'il en aura esté autrement disposé en celuy ci par la cession des places susdites, sans que les parties ayent acquis aucun nouveau droit, ou puissent recevoir aucun prejudice sur leurs pretentions respectives en toutes les choses dont il n'est point fait mention expresse par le present traitté; et en consequence tout ce qui a esté stipulé par ledit traitté des Pyrenées touchant les interests de M. le Duc de Savoye, et la dot de la feuë Serenissime Infante Catherine sera observé sans que cette expression particuliere puisse nuire ny prejudicier à la stipulation generale faite dans le present Article de

1. V. l'article 60 du traité des Pyrénées et l'art. 8 du traité d'Aix-la-Chapelle.

l'execution desdits traittez des Pyrenées et d'Aix-la-Chapelle.

XXVII. Quoyque leurs Majestez Tres-Chrestienne et Catholique contribuent tous leurs soins pour le restablissement de la paix generale, et que le bon acheminement d'un armistice general leur doive faire esperer qu'il sera suivi d'une prompte conclusion de tout ce qui doit asseurer le repos de toute la Chrestienté : neantmoins comme ledit Seigneur Roy Tres-Chrestien a insisté que ledit Seigneur Roy Catholique s'oblige de ne pouvoir assister aucuns des Princes qui sont presentement en guerre contre la France et ses Alliez, Sa Majesté Catholique a promis et promet de demeurer dans une exacte neutralité pendant le cours de cette guerre, sans pouvoir assister directement ny indirectement ses Alliez contre la France, et ses Alliez [1].

XXVIII. Et comme Leurs Majestez Tres-Chrestienne et Catholique reconnoissent les puissans offices que le Roy de la Grande Bretagne a contribué incessamment par ses Conseils et bons avertissemens au salut et au repos public, il a esté convenu de part et d'autre, que Sadite Majesté Britannique, avec ses Royaumes, soit comprise nommément dans le present traitté de la meilleure forme que faire se peut.

XXIX. En cette paix, alliance, et amitié de la part de Sa Majesté Tres-Chrestienne, outre le Roy de Suede avec le Duc de Holstin, l'Evesque de Strasbourg, et le Prince Guillaume de Furstemberg, comme interessez en cette guerre, seront aussi compris, si compris y veulent estre, ceux qui ne s'estans pas voulu engager ou declarer dans la presente guerre, seront nommez dans six mois aprés l'eschange des ratiffications.

XXX. Et de la part de Sa Majesté Catholique seront pareillement compris, sy compris y veulent estre, ceux qui

1. Pendant longtemps, du 12 août au 4 septembre, les plénipotentiaires espagnols prétendaient que le roi d'Espagne au lieu de conserver une stricte neutralité tant que la guerre durerait pourrait continuer de fournir des secours indirects à ses alliés. Ce fut un des points les plus longuement débattus (v. *Actes et Mémoires de la paix de Nimègue*, t. II, p. 694 et 720).

ne s'étans pas voulu engager ou declarer dans la presente guerre, seront nommez dans six mois aprés l'échange des ratiffications et tous autres, qui aprés la fin de ladite guerre seront aussi nommez par Sadite Majesté Catholique.

XXXI. Lesdits Seigneurs Roys Tres-Chrestien et Catholique consentent que tous potentats et princes qui voudront bien entrer dans un pareil engagement, puissent donner à Leurs Majestez leurs promesses et obligations de garantie de l'execution de tout le contenu au present traitté.

XXXII. Et pour plus grande seureté de ce traitté de paix, et de tous les points et articles y contenus, sera ledit present traitté, publié, verifié, et enregistré en la cour de parlement de Paris, et en tous autres parlemens du Royaume de France [1], et chambre des comptes dudit Paris. Comme semblablement ledit traitté sera publié, verifié, et enregistré tant au grand conseil et autres conseils et chambres des comptes dudit Seigneur Roy Catholique au Pays-Bas, qu'aux autres conseils des couronnes de Castille et d'Aragon, le tout suivant et en la forme contenuë au traitté des Pyrenées de l'année 1659; desquelles publications et enregistremens seront baillées des expeditions de part et d'autre dans trois mois aprés la publication du present traitté.

Lesquels points et articles cy-dessus énoncés, ensemble le contenu en chacun d'iceux, ont esté traittez, accordez, passez, et stipulez entre les susdits Ambassadeurs extraordinaires et plenipotentiaires desdits Seigneurs Roys Tres-Chrestien et Catholique, aux noms de leurs Majestez; lesquels plenipotentiaires en vertu de leurs pouvoirs, dont les copies seront inserées au bas du present traitté, ont promis et promettent sous l'obligation de tous et chacuns les biens et etats presens et à venir des Roys leurs Maistres, qu'ils seront inviolablement observez et accomplis, et de leur faire ratifier purement et simplement sans y rien

1. Cette clause relative à l'enregistrement a donné lieu tout naturellement aux recherches enjointes par le roi sur le sujet des dépendances. Cette clause a donc fourni le prétexte à toute l'affaire des *Réunions*. Ce n'était pas d'ailleurs une clause nouvelle. V. l'article 124 du traité des Pyrénées presque identique à celui-ci.

adjouster, et d'en fournir les ratiffications par lettres authentiques et scellées, où tout le present traitté sera inseré de mot à autre, dans six semaines, à commencer du jour et datte du present traitté, et plustot sy faire se peut. En outre ont promis et promettent lesdits plenipotentiaires ausdits noms, que lesdites lettres de ratiffications ayans esté fournies, ledit Seigneur Roy Tres-Chrestien, le plustot qu'il se peut, et en presence de telle personne ou personnes qu'il plaira audit Seigneur Roy Catholique députer, jurera solemnellement sur la Croix, l'Evangile, Canons de la messe, et sur son honneur, d'observer et accomplir pleinement, reellement, et de bonne foy, tous les articles du contenu au present traitté : Et le semblable sera fait aussi le plustot qu'il sera possible par ledit Seigneur Roy Catholique, en presence de telle personne ou personnes qu'il plaira audit Seigneur Roy Tres-Chrestien deputer. Et en tesmoignage desquelles choses lesdits plenipotentiaires ont souscrit le present traitté de leurs noms, et fait apposer le cachet de leurs Armes. A Nimegue le dix-septiéme jour de Septembre mil six cens soixante et dix-huit.

Le Mal d'Estrades.	Pablo Spinola Doria.
Colbert.	Conde de Benazuza Marques de la Fuente.
De Mesmes d'Avaux.	Jean Baptiste Christin.

TRAITÉ DE PAIX DE NIMÈGUE

ENTRE L'EMPEREUR LÉOPOLD ET LOUIS XIV DU 5 FÉVRIER 1679

In Nomine Sanctissimæ et Individuæ Trinitatis.

Notum sit omnibus et singulis quorum interest, aut quomodolibet interesse potest. Postquam ab initio hujus Belli aliquot abhinc annis moti inter Serenissimum et Potentissimum Principem ac Dominum, Dominum LEOPOLDUM Electum Romanorum Imperatorem semper Augustum, Germaniæ, Hungariæ, Bohemiæ, Dalmatiæ, Croatiæ, Sclavoniæ Regem, Archiducem Austriæ, Ducem Burgundiæ [1], Brabantiæ, Styriæ, Carinthiæ, Carniolæ, Marchionem Moraviæ, Ducem Luxemburgiæ, superioris ac inferioris Silesiæ, Wurtembergæ, et Teckæ, Principem Sueviæ, Comitem Habsburgi, Tyrolis, Kyburgi et Goritiæ, Marchionem Sacri Romani Imperii, Burgoviæ, ac superioris et inferioris Lusatiæ, Dominum Marchiæ Sclavonicæ, Portus Naonis et Salinarum, etc. ex una; Et Serenissiminum ac potentissimum Principem ac Dominum, Dominum LUDOVICUM XIV. Franciæ et Navarræ Regem Christianissimum, ex altera parte; Sacra Cæsarea Majestas, et Sacra Regia Majestas Christianissima nihil priùs magisque in votis habuissent, quàm per restitutionem Pacis nunquam interrumpendæ, tot

1. Louis XIV avait protesté contre la prétention de l'empereur à s'attribuer le titre de duc de Bourgogne. On convint que les titres pris ou omis ne pourraient conférer ni infirmer aucun droit. Cependant Louis ne voulut accepter la ratification du traité de Nimègue par le roi d'Espagne que lorsque ce dernier prince eut renoncé au titre de duc de Bourgogne. De même le duc de Lorraine avait pris le titre de comte de Provence et le roi d'Angleterre celui de roi de France. (V. *Mém. et Documents*, Hollande, t. 40, f° 88). — Il faut remarquer que l'empereur, bien que seul en nom pour traiter avec le roi de France, a été chargé par la diète de traiter au nom de tout le corps germanique et que lors de l'échange des ratifications, le 19 avril 1679, l'empereur ajouta à sa ratification le *conclusum* de la diète daté du 23 mars précédent, qui devait servir de ratification. (*Même Mémoire*, f° 81 à 89).

Provinciarium desolationem et effusionem sanguinis Christiani sistere, tandem Divinâ bonitate factum esse, ut annitente Serenissimo, et Potentissimo Principe ac Domino, Domino CAROLO SECUNDO Magnæ Britanniæ Rege, qui difficillimis hisce Christiani Orbis temporibus Mediator universim receptus cum immortali sua gloria indefesso studio pro tranquillitate publica, et Pace generali, consilia et officia sua impendit, Sacra Cæsarea Majestas, et Sacra Regia Majestas Christianissima consenserint, ut Congressus ad tractandam pacem hic Neomagi Geldrorum institueretur; Comparentes igitur dicto loco utrinque legitimè constituti Legati Extraordinarii et Plenipotentiarii, à parte quidem Imperatoris Reverendissimi, Illustrissimi et Excellentissimi Domini, Dominus Joannes Episcopus Gurcensis, Sacri Romani Imperii Princeps, atque Sacræ Cæsareæ Majestatis Consiliarius, nec non Dominus Franciscus Udalricus Sacri Romani Imperii Comes Khinski[1] à Chinitz, et Tettau, Dominus in Klumetz Sacræ Cæsareæ Majestatis Consiliarius, Camerarius intimus Regius Locumtenens, Provincialis Curiæ Regiæ Assessor, Appellationum Preses, Aulæque Regiæ in Regno Bohemiæ Præfectus; et Dominus Theodorus Althetus Henricus à Stratman[2] Sacræ Cæsareæ Majestatis Consiliarius, Imperii Aulicus; A parte verò Regis Christianissimi Illustrissimi et Excellentissimi Domini, Dominus Godefridus Comes Destrades, Franciæ Marescallus, Regiorum Ordinum Eques Torquatus, Sacræ Regiæ Majestatis Christianissimæ

---

1. François Ulrich, comte de Kinsky, né en 1634, mort en 1699, joua un rôle considérable comme diplomate en Pologne (1664) et au congrès de Nimègue. Il fut chancelier du royaume de Bohême (1683). Il entra en 1690 au conseil secret et, depuis la mort de Stratmann en 1695, il y exerça la principale influence et dirigea réellement la politique étrangère de l'Autriche comme un véritable ministre d'Etat sans en avoir le titre.

2. Le comte de Stratmann, né sujet du comte palatin de Neubourg, fut poussé dans la faveur de l'empereur Léopold par sa seconde femme Éléonore de Neubourg. Il fut longtemps simple avocat dans le pays de Juliers, puis conseiller aulique chargé des négociations de Nimègue représentant de l'empereur à la diète de Francfort, et au congrès de Ryswick. Il fut élevé à la suite des négociations de Nimègue à la dignité de chancelier. L'ambassadeur français, la Vauguyon lui reproche d'être trop adonné au vin et à la bonne chère, mais il vante son zèle éclairé, sa puissance de travail et l'étendue de ses connaissances. (Sorel, *Instructions*, Autriche, p. 99).

in Americâ Prorex, Urbis et Fortalitii Dunkerki, omniumque locorum ab ea Præfectura dependentium Gubernator; Dominus Carolus Colbert, Eques Marchio in Croissy, Regi Christianissimo ab utrisque Consiliis Ordinarius; et Dominus Joannes Antonius de Mesmes, Eques Comes in Avaux, Sacræ etiam Regiæ Majestatis Christanissimæ à sanctioribus Consiliis; post invocatum Divini Numinis auxilium mutuasque Plenipotentiarum Tabulas, quarum Apographa sub finem hujus Instrumenti verbotenùs inserta sunt, ritè commutatas, interventu et opera Illustrissimorum et Excellentissimorum Dominorum, Domini Laurentii Hyde Armigeri, Domini Guilielmi Temple Baronetti, et Domini Leolini Jenkins Equitis Aurati, Legatorum Extraordinariorum et Plenipotentiariorum Sacræ Regiæ Majestatis Magnæ Britanniæ, qui munere Mediatorio pro conciliandâ tranquillitate publica ab Anno millesimo sexcentesimo septuagesimo quinto hucusque procul à Partium studio, sedulò prudenterque perfuncti sunt ad Divini Numinis gloriam et Christianæ Reipublicæ salutem, in mutuas pacis et amicitiæ leges convenerint tenore sequenti.

I. Pax sit Christiana, universalis et perpetua, veraque, et sincera amicitia inter Sacram Cæsaream Majestatem et Sacram Regiam Majestatem Christianissimam, earumque Hæredes et Successores, Regna et Provincias, necnon inter omnes et singulos dictæ Majestatis Cæsareæ Fœderatos, præcipuè Electores, Principes, et Status Imperii hac pace comprehensos, eorumque Hæredes et Successores ex una; Et omnes, et singulos Fœderatos dictæ Majestatis Christianissimæ hac Pace comprehensos, eorumque Hæredes et successores ex altera, partibus; Eaque ita sincerè servetur, et colatur, ut utraque Pars alterius honorem, utilitatem, et commodum promoveat; sitque perpetua utrinque oblivio et amnestia omnium eorum quæ ab initio horum motuum ultro citroque hostiliter facta sunt : ita ut nec eorum, nec ullius alterius rei causâ, vel prætextu, alter alteri posthac quicquam molestiæ directè vel indirectè, specie juris, aut viâ facti in Imperio, aut uspiam extra Illud, nonobstantibus ullis prioribus pactis in contrarium facientibus, inferat, vel inferri faciat, aut patiatur; sed omnes et singulæ hinc inde verbis, scriptis, aut factis illatæ injuriæ, violentiæ, hostilitates, damna, et expensæ absque omni personarum, rerumve respectu, ita penitus abolitæ sint, ut quicquid eo nomine alter adversus alterum prætendere possit, perpetuâ sit oblivione sepultum.

II. Et cùm Pax Monasterii Westphalorum vigesimâ quartâ Octobris Anno millesimo sexcentesimo quadragesimo octavo conclusa solidissimum hujus mutuæ amicitiæ tranquillitatisque publicæ fundamentum facturа sit, restituetur illa in omnibus et singulis suo pristino vigori, manebitque imposterùm sarta tecta, tanquam si hic ejusdem pacis Instrumentum de verbo ad verbum insertum legeretur, nisi quatenus eidem hoc Tractatu expressè derogatum est.

III. Cùm verò vigore dictæ Pacis Monasteriensis Sacræ Regiæ Majestati Christianissimæ perpetuum jus præsidii in fortalitio Philippiburgensi cum jure protectionis acquisitum, et dictum Fortalitium armis Cæsareis; Castrum, et Oppidum Friburgense[1] verò armis Gallicis hoc bello occupatum sit, de hisce locis inter Sacram Cæsaream, et Regiam Christianissimam Majestates convenit modo sequenti.

IV. Sacra Regia Majestas Christianissima tam pro se, quàm pro Hæredibus et Successoribus suis renunciat, ceditque in perpetuum Sacræ Cæsareæ Majestati, ejusque Hæredibus et successoribus omne jus protectionis, perpetui præsidii, et quicquid sibi virtute pacis Monasteriensis in Castrum Philipsiburgi competiit, nihil in dictum

---

1. Philipsbourg, bloqué par les troupes impériales pendant l'hiver 1675-1676, ne put être secouru par le maréchal de Rochefort qui en mourut, dit-on, de douleur. Le nouveau duc de Lorraine, Charles V, investit la place dès le mois de mai, s'empara de la tête de pont de la rive gauche, puis après un sanglant combat, de la contrescarpe. Luxembourg tenta vainement de secourir la brave garnison. Du Fay ne capitula que lorsque les munitions manquèrent. Il obtint les honneurs de la guerre (17 septembre 1676). — Créqui profitant de ce que le duc de Lorraine avait mis ses troupes en quartiers d'hiver dans le Palatinat, força par surprise le pont de Brisach et enleva Fribourg après un siège de sept jours (9-16 novembre 1677). — La position militaire de Fribourg était considérée comme préférable à celle de Philipsbourg par ce qu'elle ouvrait le Brisgau et la route du Danube. — V. France, t. 417, f° 3.

Castrum et in munimenta ei juncta vel cis et trans Rhenum extructa, juris aut prætentionis sibi suisque hæredibus et successoribus, Regnove Galliæ sub quocunque titulo vel prætextu reservans, nonobstantibus quibuscumque legibus, constitutionibus, statutis, aut aliis in contrarium facientibus, utpote quibus omnibus et singulis hoc Tractatu expressè derogatum sit.

V. Vicissim Sacra Cæsarea Majestas, tam pro se, quàm Hæredibus, et Successoribus suis, totaque Domo Austriaca renunciat, ceditque in perpetuum Sacræ Regiæ Majestati Christianissimæ, Ejusque Hæredibus, et Successoribus Castrum et Oppidum Friburgense cum tribus ad illud spectantibus Pagis Lehn, Metzhausen, et Kirchzart, cum eorum bannis prout ad communitatem dicti oppidi Friburgensis pertinent, unà cum omni proprietate, superioritate, jure patronatûs, supremo Dominio, aliisque generaliter, quæ sibi in dictum Friburgum competierunt, nihil sibi, Hæredibus, et Successoribus suis, aut Sacro Imperio Juris aut prætentionis, sub quocumque titulo vel prætextu in iis reservans, non obstantibus quibuscunque legibus, constitutionibus, statutis, aut aliis in contrarium facientibus, utpote quibus omnibus et singulis hoc Tractatu expressè derogatum sit; salvis tamen ejusdem Civitatis privilegiis et immunitatibus antehac à Domo Austriaca impetratis; reservatis etiam Episcopo et Ecclesiæ Constantiensi jure Diæcesano, reditibus, aliisque Juribus [1].

VI. Pateat Sacræ Regiæ Majestati Christianissimæ Brisaco Friburgum per Territorium Sacræ Cæsareæ Majestatis et Imperii ordinaria via, (vulgò Landstrass) liber, sed innoxius transitus ad inducendos illuc Milites, commeatum, et cætera ad præsidium Friburgense necessaria, quibus et quoties opus fuerit sine impedimento, aut obstaculo cujuscunque.

VII. Nec fas sit commeatum Militarem ad Præsidium Friburgense necessarium in dicta via et transitu Brisaco Fri-

---

1. Voir les discussions soulevées à propos de l'échange de ces deux places dans les *Actes et Mémoires de la paix de Nimègue*, t. III, p. 296-300.

burgum, ullis exactionibus, vectigalibus, pedagiis aut passagiis, sive novis, sive antiquis, onerare et impedire. Placuit etiam annonam ad victum tam præsidii, quàm inhabitantium necessariam, quæ ex quocunque Brisgoviæ loco Friburgum inferetur, uti hactenus, ita imposterùm nullis, alias autem merces et res quascunque non gravioribus Vectigalibus aut impositionibus onerari, quàm si in alia Cæsareæ Majestati subdita loca transferrentur, aut ab ipsismet ejusdem Cæsareæ Majestatis Subditis solverentur.

VIII. Commissarii ab utraque parte nominandi, intra annum à ratihabitâ pace statuant, quænam debita legitimè contracta dicto Friburgensi Oppido solvenda incumbunt [1].

IX. Curabit Sacra Regia Majestas Christianissima bonâ fide, absque ulla mora et retardatione Sacræ Cæsareæ Majestati restitui omnia, et singula literaria documenta, cujuscumque illa generis sint, quæ in Oppido et Castro, Cancellaria Regiminis et Cameræ, aut in ædibus et custodia Consiliariorum aliorumve Officialium, aut alibi tempore occupationis Friburgi reperta sunt : quod si talia documenta sint publica, quæ dictum Oppidum Friburgum, eoque spectantes tres Pagos simul concernunt de his inter prædictos Commissarios conveniet quo in loco servari debeant; ita tamen, ut exempla authentica quotiescunque requisita fuerint edantur.

X. Liberum sit non tantum Capitulo Basilæensi, uti et omnibus, et singulis Austriaci Regiminis, et Universitatis Friburgensis membris, verùm etiam Civibus et Incolis cujuscunque conditionis sint, qui emigrare voluerint Friburgo domicilium aliò quocunque libuerit, unà cum mobilibus bonis sine ullo impedimento, detractione, aut exactione intra annum à ratihabita pace transferre; immobilia verò aut vendere, aut retinere, et per se vel alium administrare. Eadem quoque facultas retinendi, et administrandi aut alie-

1. Les premiers commissaires, nommés le 12 juin 1679, ne décidèrent rien à propos de la dette afférant à Fribourg; le traité signé par eux à Nimègue le 17 juillet 1679 stipula seulement que d'autres commissaires seraient chargés de régler cette affaire ainsi que celles des archives de la ville.

nandi omnibus aliis maneat, qui bona, reditus, vel jura in dicta Civitate Friburgensi, sive tribus pertinentibus Pagis habent.

XI. Consentit tamen Sacra Regia Majestas Christianissima dictum Castrum et Oppidum Friburgense, unà cum appertinentibus Pagis Sacræ Cæsareæ Majestati restituere, si de æquivalente, ad satisfactionem dictæ Regiæ Majestatis Christianissimæ conveniri possit [1].

XII. Cùm Dominus Dux Lotharingiæ hoc in Bello cum Sacra Cæsarea Majestate conjunctus sit, et præsenti Tractatu comprehendi voluerit, restituetur pro se, Hæredibus, et successoribus suis in liberam et plenariam possessionem eorum Statuum, locorum et bonorum, quæ Patruus ejus Dux Carolus anno millesimo sexcentesimo septuagesimo, cum à Christianissimi Regis Armis occupata fuerunt, possidebat; exceptis tamen mutationibus Articulis sequentibus, explanandis.

XIII. Urbs Nancei cum suo Banno, (vulgò Finage) maneat in perpetuum Coronæ Galliæ unita et incorporata; ita ut illam Sacra Regia Majestas Christianissima, ejusque Hæredes et Successores possideant cum omnibus superioritatis, supremi dominii et proprietatis juribus, eique fini dictus Dux Lotharingiæ tam pro se, quàm pro suis hæredibus et successoribus renuntiat, cedit, et transfert in perpetuum in altè memoratum Regem Christianissimum, ejusque hæredes et successores, omnia sine ulla retentione aut reservatione, jura proprietatis, superioritatis, aut supremi Dominii, prærogativas omnes et præeminentias, quæ Domino Duci in prædictam Urbem Nancei competierunt, aut competere debuerunt; non obstantibus ullis legibus, consuetudinibus, statutis, constitutionibus, aut conventionibus in contrarium sancitis, quibus ut et clausulis derogationum cassatoriis, per præsentem Tractatum derogatum est.

---

1. Cet équivalent ne fut pas même recherché dans les conférences tenues à Nimègue, du 12 juin au 17 juillet 1679 par Colbert de Croissy, par l'évêque de *Gurck et Stratmann pour régler l'exécution de ce traité. Louis XIV au moment* où il songeait à briguer la couronne impériale, tenait à posséder au delà du Rhin une place fortifiée d'une grande importance.

XIV. Et ut eò liberior inter supradictam Urbem Nancei Ditionesque Coronæ Galliæ subditas sit communicatio, faciliorque Militi Gallico transitus, per Commissarios à Rege Christianissimo et prædicto Duce nominandos viæ dimidiatam Lotharingiæ leucam in latum complectentes designabuntur; prima, quæ Sancti Desiderii Fano Nanceium, alia, quæ Nanceo in Alsatiam; tertia, quæ ab ipsamet Nancei Urbe Vesuvium in Comitatu Burgundiæ; quarta demùm, quæ Nanceo ad Urbem Metensem conducant; ita tamen, ut prædictarum viarum designatio non aliter fiat, quam in designatione viæ anno millesimo sexcentesimo sexagesimo primo Regi Christianissimo à quondam Duce Carolo cessæ, observatum fuit [1].

XV. Omnia generaliter, uti suprà dictum est, designanda loca, Pagi, Villæ, Terræ, unà cum dependentiis, quæ in his dimidiatæ leucæ latitudinis viis jacent, cum omnibus tam superioritatis et supremi dominii, quàm proprietatis juribus, quibus ante hunc Tractatum prædictus Dux et ejus Prædecessores gavisi sunt, ad Sacram Regiam Majestatem Christianissimam pertinebunt; ita tamen ut si dictorum locorum banna, aut dependentiæ ultra hanc dimidiatæ leucæ latitudinem se porrigant, quod trans illud spatium limitesque à Commissariis appositos excurret prædicto Duci ejusque hæredibus et successorib , ut anteà, cum omni superioritate, supremo Dominio, e , prietate remanebit.

XVI. Urbs et Præfectura Longuicensis cum suis pertinentiis et dependentiis, cum omni superioritate, supremo dominio et proprietate maneat in perpetuum penes altè memoratum Dominum Regem Christianissimum, ejusque Hæredes et Successores; nihilque Juris imposterùm in iis

---

1. Les articles relatifs au duc de Lorraine donnèrent lieu à de graves discussions. Le duc perdait 150 lieues de chemin en longueur et 75 en largeur. Il demandait que le roi se contentât seulement du droit de passage à travers la Lorraine et que le traité du 28 février 1661, conclu avec son oncle, fût rétabli. Le 6 janvier, ses plénipotentiaires demandèrent que le roi renonçât ou à la route ou à Nancy ou qu'il acceptât Marsal comme équivalent de Nancy. Louis XIV ne voulut rien accorder et la Lorraine resta à la discrétion de la France. (*Actes et Mémoires de la paix de Nimègue*, t. III, p. 303-312 et p. 348-364).

prætendere possit supradictus Dux, ejusque Hæredes et Successores; sed in prædictæ Urbis et Prefecturæ permutationem Sacra Regia Majestas Christianissima aliam dicto Duci cedet, in uno ex tribus Episcopatibus, ejusdem amplitudinis et valoris Præfecturam; de qua bona fide inter eosdem Commissarios conveniet[1]; eâque sic cessâ et in dictum Ducem à Rege Christianissimo translatâ, tam ipse Dux quàm ipsius Hæredes, et Successores fruentur in perpetuum, cum omnimodis superioritatis, supremi Dominii, et proprietatis Juribus.

XVII. Vicissim etiam Sacra Regia Majestas Christianissima pro se, et Corona Galliæ, cedit in compensationem dictæ Urbis Nancei, transfertque in prædictum Ducem ejusque Hæredes et Successores, superioritatem, supremum Dominium et proprietatem Urbis Tullensis, et ejusdem Suburbiorum, cum omnibus aliis juribus, speciatim Patronatûs, prærogativis et præeminentiis quæ Coronæ Galliæ in dicta Urbe Tullensi ejusque Suburbiis et Banno, (vulgò, Finage), competebant, aut competere debebant; ita ut prænominatus Dux, ejusquæ Hæredes et Successores, iis omnibus fine ulla retentione aut reservatione plenariè fruatur, non obstantibus quibuscunque legibus, consuetudinibus, statutis, constitutionibus, aut conventionibus in contrarium sancitis, quibus, ut et clausulis derogationum cassatoriis, Rex Christianissimus expressè hoc præsenti Instrumento derogavit.

XVIII. Si tamen Bannum Urbis Tullensis minoris amplitudinis, aut valoris esset, quàm Bannum Urbis Nanceanæ, illud Domino Duci compensabitur, ita ut utriusque Urbis banna æqualis amplitudinis sint, et pretii.

XIX. Rex Christianissimus renunciabit, uti et præsenti Tractatu renuntiat in perpetuum pro se, Hæredibus, et Successoribus, ad manus summi Pontificis Juri nominandi, sive præsentandi Episcopum Tullensem sibi à summo Pon-

1. Cette clause ne fut pas exécutée. Aucun équivalent ne fut cédé au duc de Lorraine en échange de Longwy. Il en est de même de la clause d'équivalence insérée plus bas à l'article XVIII.

tifice Clemente IX. indulto; ita ut liberum sit prædicto Duci pro eo obtinendo ad Sedem Apostolicam recurrere.

XX. Insuper conventum fuit, ut memorato Domino Duci ullam mutationem Provisionibus beneficiorum, quæ à Sacra Regia Majestate Christianissima ad diem usque præsentis Tractatus collata sunt, inferre nullatenùs fas sit; illique qui iis provisi sunt, in tranquilla dictorum Beneficiorum possessione maneant; adeò ut memoratus Dux eos nullo modo turbare, aut impedire neque possessione exuere queat.

XXI. Sancitum prætereà fuit, ut omnes processus, sententiæ, atque decreta lata per consilium, judices aut alios Regiæ Majestatis Christianissimæ Officiales in controversiis et actionibus ad finem perductis, tam inter Subditos dicti Ducatus Lotharingiæ et Barri, quàm alios, tempore quo mentionati Status sub Dominio ante memorati Domini Regis Christianissimi erant, locum habebunt, atque plenum integrum que suum sortientur effectum, non secus ac si Rex Christianissimus Dominus et possessor mentionatarum Regionum mansisset, neque dictas sententias et decreta in dubium vocare, annullare aut executionem illorum retardare, aut impedire integrum erit. Erit quidem partibus licitum juxta ordinem et dispositionem legum atque constitutionum confugere ad revisionem actorum; interim tamen sententiæ suo in robore et vigore maneant.

XXII. Restituentur statim Domino Duci Archiva et Documenta literaria, quæ in Gazophylacio Nanceano et Barrensi, atque in utraque Camera computorum, sive alibi locorum habebantur, et ablata fuerant [1].

---

1. Les négociateurs français dans le projet de traité remis aux médiateurs le 24 novembre 1678 avaient demandé que le prince de Salm ne pût être troublé par le duc de Lorraine dans tous les droits dépendant de sa principauté, et que le duc lui payât toutes les rentes dues sur ses domaines de Lorraine; enfin que le maréchal de Schomberg recouvrât la terre de Sagemonde jusqu'à ce que le duc de Lorraine lui eût remboursé la somme pour laquelle cette terre lui avait été engagée. Ces conditions furent écartées du traité définitif. (V. Saint-Prest, t. I, p. 450). — Dès le début des négociations entamées en vue d'une paix générale, le duc de Lorraine protesta que lui rendre la Lorraine selon le traité des Pyrénées, c'était ne pas lui restituer la moitié de ses Etats, et que lui offrir l'*alternative* en détachant Nancy, c'était les lui rendre si entrecoupés, qu'il préférait demeurer dépossédé et continuer la guerre. (Hollande, t. 107 dépêche d'Estrades au roi, 21 juin 1678). Charles V

XXIII. Sacra Cæsarea Majestas consentit, ut Princeps Franciscus Egon Episcopus Argentinensis, ejusque frater Princeps Wilhelmus Egon Landgravius in Furstenberg, cum eorum ex Fratre Nepote Principe Anthonio Egone Landgravio in Furstenberg, eorumque Officialibus et Ministris plenè restituantur in eum statum, famam, dignitates, jura, vota, sessiones, beneficia, et officia, bona feudalia, subfeudalia, et allodialia una cum fructibus sequestratis, et in omnia generaliter bona, quibus ante destitutionem, occasione hujus belli factam, gavisi sunt, aut jure gaudere potuerunt; nonobstantibus et cassatis quibuscunque in contrarium actis, pactis, et decretis. Prædictus etiam Princeps Wilhelmus Egon statim à pace utrinque ratihabitâ in integram libertatem restituetur. Quicquid autem à Capitulo Argentinensi, aliisque qui beneficia et bona ad prædictos Episcopum et Principes spectantia administrarunt, et ab iisdem nominatis Officialibus contra illos dictum, factum, aut scriptum est, perpetuæ oblivioni mandetur, nec liceat eos desuper ulla ratione compellare, aut iis molestiam quocunque sub prætexta afferre.

XXIV. Restituantur omnes utriusque Partis Vassalli, et Subditi Ecclesiastici, et Seculares, honoribus, dignitatibus, et beneficiis, quibus ante bellum exortum gaudebant, uti et in universa bona, mobilia et immobilia, reditus mobiles, et qui redimi possunt, occasione belli confiscata et occupata, unà cum juribus, actionibus, et successionibus, quæ ipsis durante etiam bello evenerint; ita tamen, ut nihil ratione fructuum et redituum post confiscationem et occupationem perceptorum ex bonis mobilibus, reditibus, et beneficiis ad diem usque ratihabitæ pacis peti possit; similiter neque debita, effecta, merces, et mobilia ante memoratum diem

---

refusa en effet d'accepter les conditions négociées en son nom par l'empereur Léopold. Louis XIV adressa au duc de Lorraine le 26 mars 1679 une sommation de ratifier purement et simplement les conditions fixées dans le traité du 5 février. Le duc de Lorraine répliqua par une protestation déposée à Nimègue entre les mains du Nonce Bevilacqua, l'un des médiateurs. La Lorraine resta occupée par les armées françaises. (V. cette sommation et cette protestation dans Dumont, t. VII, 1re partie, p. 386).

Fisco addicta; adeò ut neque Creditores privatorum debitorum, nec Depositarii talium effectorum et mercium, eorumque hæredes, aut causam ab iis habentes, ea persequi, aut restitutionem, seu satisfactionem prætendere unquam queant, quæ restitutiones juxta prædictam formam, etiam usque ad eos extendentur qui partes contrarias secuti fuerint, atque proinde per hunc Tractatum in gratiam sui Principis redibunt, uti et in sua bona qualia tempore conclusionis et subscriptionis hujus Tractatus fuerint. Hæcque ita executioni mandentur, nonobstantibus ullis donationibus, concessionibus, declarationibus, confiscationibus, commissis, sententiis interlocutoriis, aut definitivis, et ex contumacia partibus absentibus et non auditis, latis : quæ sententiæ, et res judicatæ nullæ erunt, et perinde habebuntur, ac si judicatæ aut pronuntiatæ non essent, plenâ libertate et integrâ manente dictis partibus in patriam redeundi, ex qua antea excesserunt, utque vel ipsi dictis bonis mobilibus, censibus, et reditibus frui, aut alibi ubicumque ipsis visum fuerit domicilium figere possint, prout elegerint, omni violentiâ penitus exclusâ; si verò alibi morari voluerint, ipsis fas sit per Procuratores non suspectos bona et reditus administrare, iisque frui exceptis tamen beneficiis Residentiam requirentibus, quæ personaliter administrari et obiri debebunt.

XXV. Ea de quibus inter Sacram Cæsaream Majestatem et Imperium et Regem Regnumque Sueciæ[1] tam pro se, quàm pro Duce Gottorpiensi hodiè convenit, hoc Tractatu comprehensa intelligantur, ita ut tam præsens, quàm prædictus Tractatus Cæsareo-Suecicus unus idemque censeatur, et ejusdem virtutis et valoris sit, ac si huic Instrumento de verbo ad verbum insertus esset.

XXVI. Et cum publicæ tranquillitatis intersit bellum, quod Sacræ Regiæ Majestati Christianissimæ, Regique et

1. Le traité entre l'empereur et le roi de Suède fut signé le même jour 5 février par les mêmes plénipotentiaires impériaux et par les plénipotentiaires suédois Oxenstiern et Olivenkranz v. ce traité en 12 articles dans Dumont, t. VII, 1re partie, p. 389.

Regno Sueciæ, cum Rege Daniæ, Electore Brandeburgico, Episcopo Monasteriensi, et Principibus Domus Luneburgicæ, Episcopo Osnabrugensi, et Ducibus Zellensi et Guelferbytano adhuc intercedit[1] quantociùs etiam componi Sacra Cæsarea Majestas non minus apud prædictos Principes, quàm Sacra Regia Majestas Christianissima apud Regem Sueciæ officia sua efficacissime interponet, ut pax inter præmemoratas Potentias quamprimum etiam coalescat, eique fini Eædem in armistitium paci conciliandæ accommodatum statim confentiant. Quòd si verò præter expectationem officia hæc optatum finem non assequantur, Cæsarea Majestas et Electores Principes et Status Imperii hac pace comprehensi promittunt, se elapso Armistitii tempore prædictos Galliæ, Sueciæque hostes nullo modo et sub quocunque prætextu directe vel indirectè juvaturos, aut ullum in hoc bello gerendo Galliæ, Sueciæque impedimentum allaturos, nec passuros, ut prædictorum Galliæ, Sueciæque Hostium Copiæ hyberna, vel stativa extra ipsorum Territoria in Imperio capiant. Manebit etiam liberum Sacræ Regiæ Majestati Christianissimæ ad prædictum solummodò finem in sequentibus in Imperio locis tenere præfidium; Dominis tamen locorum, eorumque subditis innoxium, et sumptibus Regis Christianissimi sustentandum, scilicet in Oppidis et Urbibus, Chastelet, Huy, Verviers, Aquisgrano,

1. Les princes alliés de l'Empire cherchèrent à empêcher la conclusion du traité particulier entre le roi et l'empereur. Dès le 20 décembre 1678, l'ambassadeur de Brandebourg remit un mémoire aux plénipotentiaires impériaux. Il manifestait sa surprise de voir exclure les alliés du Nord de la paix qui se préparait. Il rappelait que les Suédois avaient attaqué les premiers les États de l'électeur et que la diète de Ratisbonne les avait déclarés ennemis publics. « On espère que l'ambassade impériale ne voudra point soutenir que les Suédois ont toujours seigneurie et autorité sur les pays dont ils ont été dépossédés avec justice sur l'avis de l'Empire et par ordre de l'empereur. » (*Actes de la paix de Nimègue*, t. III, p. 333-336). Dans le projet que l'ambassadeur de Danemark remit au nom de son maître le 6 janvier 1679, il réclame que tout ce que le sort des armes avait acquis dans la présente guerre au roi de Danemark lui soit laissé en toute propriété et souveraineté sans prétention quelconque de retour (*Id.*, t. III, p. 366-370). Comme on passa outre à ces oppositions, les deux ambassadeurs ainsi que ceux des maisons de Brunswick et de Lunebourg, protestèrent contre la paix, comme ayant été faite au préjudice de traités par lesquels l'empereur promettait de ne point faire de paix que conjointement avec eux (v. ces protestations dans Dumont, t. VII, 1re partie, p. 382-386).

Duren, Linnick, Nuys, et Zons[1]; in quibus nova munimenta extrui non poterunt, nisi in quantum dictorum præsidiorum securitati necessaria erunt, et justam suspicionis causam præbere non possint; nec fas erit Regi Christianissimo ea loca ratione expensarum inibi factarum, aut sub quocunque alio prætextu retinere; sed ea evacuabit et restituet iis à quibus occupavit, statim atque pax inter prædictas partes quoad Provincias in Imperio sitas conclusa et ratihabita fuerit, aut ad eam restabiliendam aptiora communi consensu inventa fuerint media. Et vicissim Sacra Regia Majestas Christianissima promittit, se præsentes Cæsaris aut Imperii hostes nullo modo sub quocumque prætextu, directè vel indirectè juvaturam. Sit etiam liberum Cæsari et Imperio conjungere cum Rege Christianissimo officia, consilia, et operam, ut bellum istud communi etiam consensu quantocius sopiatur.

XXVII. Juxta Pacem Monasteriensem Articulo secundo in omnibus confirmatam reciprocè restituantur et restituenda loca evacuentur bonâ fide, in quem finem Commissarii[2] eodem tempore, quo Tractatus hic utrinque ratiha-

1. Le Chastelet, Huy, Verviers dans l'évêché de Liége; Aix-la-Chapelle ville impériale; Duren, Linnick dans le duché de Juliers; Nuys et Zons dans l'archevêché de Cologne.

2. Les commissaires nommés en vertu du présent article furent l'évêque de Gurk et Stratmann pour l'empereur et Colbert de Croissy pour le roi de France. Le 12 juin Colbert reçut un mémoire des localités que les Français devaient rendre parmi lesquelles figuraient les villes impériales d'Alsace, que les Allemands prétendaient relever immédiatement de l'Empire, ainsi que certaines villes de la Sarre, occupées par les Français, mais qui appartenaient au duc de deux Ponts, au comte de Nassau et à d'autres seigneurs de l'Empire. (V. Dumont, t. VII, 1re partie, p. 388). Après de nombreuses conférences, un nouveau traité fut signé le 17 juillet 1679 pour l'exécution du traité du 5 février. Ce traité stipule l'évacuation réciproque, par l'empereur; des cercles du Rhin, de Souabe et de Franconie et de toutes les places qui n'appartiennent pas à l'empereur par droit héréditaire ou que les traités de Westphalie et de Nimègue ne lui ont pas cédées; par le roi : des territoires appartenant aux trois électeurs ecclésiastiques, à l'électeur palatin, à l'évêque de Liége, au duc de Juliers; l'évacuation devait avoir lieu avant le 10 août; et à cette même date toutes les contributions qui restaient dues devraient être payées. Colbert de Croissy ne voulut pas laisser figurer les dix villes d'Alsace et les places de la Sarre parmi celles que le roi devait évacuer, de peur que cela fît tort aux droits du roi. (V. Dumont, t. VII, 1re partie, p. 412). Un certain nombre des places que les Français devaient rendre furent gardées au delà du terme fixé pour l'évacuation. Ce qui provoqua une protestation de l'empereur devant la diète de Ratisbonne. Il y reproche entre autres griefs à la France de maintenir des garnisons dans les villes au delà

bebitur, nominentur; ut prædicta evacuatio et restitutio intra spatium Mensis à ratihabita pace absque ulteriori dilatione absolvatur, iis locis hic interim non comprehensis, de quibus præcedenti Articulo ad tempus aliter dispositum est.

XXVIII. Cùm ab antiquo controversia sit de Castro et Ducatu Bullionensi inter Episcopum et Principem Leodiensem et Duces ejus nominis, conventum est, ut Duce Bullionensi in ea, in qua nunc est, possessione manente, controversia illa amicabili viâ, vel per Arbitros à Partibus intra trimestre à ratihabita pace nominandos terminetur, viâ facti penitus exclusâ [1].

XXIX. Simul atque Instrumentum Pacis hujus à Dominis Legatis Extraordinariis et Plenipotentiariis subscriptum et signatum fuerit, cesset omnis hostilitas : Si quid autem post quatuordecim dies à subscripta pace attentatum aut viâ facti mutatum fuerit, id quamprimum reparari, et in pristinum statum restitui debeat.

XXX. Contributionum [2] verò exactio ab una vel altera parte iis Provinciis, Ditionibus et locis impositarum, quæ dictis contributionibus ante subscriptionem hujus Tractatus se submiserunt, continuabitur usque ad præsentis Tractatus ratificationem; et quod tum temporis residuum debebitur, intra quatuor mensium spatium à dicta ratihabitione pendetur : Ita tamen ut earum solutio post commutatas reciprocas ratificationes viâ facti ab iis Communitatibus exigi non possit, quæ per idoneos Fidejussores cavebunt se

---

du Rhin sur lesquelles elle n'a aucun droit; de travailler à mettre une armée entière en quartiers d'hiver dans l'Empire, non seulement dans les huit places laissées par le traité mais encore dans les lieux circonvoisins; et enfin de s'approprier de plein droit les dix villes impériales de l'Alsace. V. *Corresp. polit.*, Allemagne Suppléments 1675 à 1679, f° 264.

1. L'évêque de Liége revendiquait le duché de Bouillon comme appartenant à son église. Le pape soutenait cette prétention (v. les déclarations des 12, 16 et 21 janvier 1679 dans les *Actes de la paix de Nimègue*, t. III, p. 303-312). Cependant le 2 février les ministres de l'évêque de Liége publièrent une déclaration portant qu'ils ne voulaient pas que la paix fût empêchée ou retardée au sujet de l'affaire de Bouillon. (V. Dumont, t. VII, 1re partie, p. 382).

2. Malgré les défenses contenues dans cet article, les troupes françaises continuèrent de lever des contributions, ce qui provoqua les réclamations du duc de Neubourg dans un mémoire du 3 mai 1679. (*Actes et Mém. de la paix de Nimègue*, t. IV, p. 150).

debitam quantitatem in ea Urbe, de qua conveniet, numeraturos.

XXXI. Licet satis declaratum sit Articulo secundo hujus Tractatus, Instrumentum Pacis Monasteriensis in omnibus et singulis confirmari, expressè tamen placuit, ut omnia quæ in causa Montisferrati dicto Instrumento Pacis Monasteriensis cauta sunt, et deinceps suum obtineant robur et vigorem, inter quæ et ea specialiter firma manebunt, quæ pro Domino Duce Sabaudiæ ibidem provisa reperiuntur.

XXXII. Et cum Sua Cæsarea Majestas et Sacra Regia Majestas Christianissima officia et studia Serenissimi Magnæ Britanniæ Regis, quæ conciliandæ paci universali et tranquillitati publicæ indesinenter impendit, grato animo agnoscant, utrinque placuit eum unà cum Regnis suis præsenti hoc Tractatu omni meliori modo nominatim comprehendi.

XXXIII. Comprehendantur etiam hac Pace illi qui ante permutationem ratificationis, vel intra sex Menses posteà ab una, vel altera parte, ex communi consensu nominabuntur.

XXXIV. Imperator et Rex Christianissimus consentiunt, ut omnes Reges, Principes, et Respublicæ super executione et observantiâ tam omnium, quàm singulorum, quæ præsenti Tractatu continentur, altè memoratis Sacræ Cæsareæ Majestati et Sacræ Majestati Christianissimæ guarantiam præstent.

XXXV. Pacem hoc modo conclusam promittunt utriusque Partis Legati Extraordinarii et Plenipotentiarii respectivè ab Imperatore et Imperio et Rege Christianissimo ad formam hic mutuò placitam ratihabitum iri, seque infallibiliter præstituros, ut solennia Ratihabitionum Instrumenta intra spatium octo septimanarum à die subscriptionis computandum, aut citiùs, si fieri poterit, hic reciprocè, ritéque commutentur[1].

---

1. La ratification de ce traité fut signée par Louis XIV le 26 février, par la diète de Ratisbonne le 23 mars, par l'empereur le 19 avril. Elles furent échangées à Nimègue le même jour (v. Dumont, VII, 1re partie, p. 381 e 382). L'empereur protesta contre la ratification du roi de France qui était contraire aux usages. Il l'accepta cependant pour ne pas retarder plus longtemps la paix. (V. *Corresp. polit.*, Allemagne Suppléments, 1675-1679, fo 162).

XXXVI. Et cùm Sacra Cæsarea Majestas ab Electoribus, Principibus, et Statibus Imperii vigore Conclusi die[1] trigesimâ primâ Maji anno millesimo sexcentesimo septuagesimo septimo, Legatis Gallicis sub Sigillis Cancellariæ Moguntinæ extraditi decenter requisita fuerit, ut dictorum Electorum, Principum, et Statuum Imperii interesse per suam Legationem Cæsaream in congressu agi curaret, tam Cæsarei, quàm Regii Legati nominibus supradictis præsens pacis Instrumentum in omnium et singulorum eo contentorum fidem majusque robur subscriptionibus sigillisque propriis munierunt, et competentes ratificationes formulâ conventâ termino suprà constituto, sese extradituros polliciti sunt, nec ulla à Directorio Imperii Romani contra subscriptionem hujus Tractatus recipiatur, aut valeat vel protestatio, vel contradictio. Acta sunt Noviomagi die quinta Februarii anno Domini millesimo sexcentesimo septuagesimo nono[2].

JOHANNES EPISCOPUS ET PRINCEPS GURCENSIS.	LE MARESCHAL D'ESTRADES.
FRANCISCUS UDALRIC. COMES KHINSKY.	COLBERT.
T. A. HENRICUS STRATMAN.	

1. Le texte de l'instrument original porte *de* ce qui est une faute.
2. On remarquera que dans ce traité il n'est pas question de la restitution des dix villes impériales de l'Alsace que les plénipotentiaires impériaux avaient réclamées dans les négociations préliminaires. Les ambassadeurs de l'empereur rédigèrent le 3 février, deux jours avant la signature du traité définitif, une déclaration portant que les contestations relatives aux dix villes impériales, à la noblesse immédiate d'Alsace, à la ville de Strasbourg, aux abbayes de Murbach et de Luder, à l'évêché de Bâle et aux vassaux des évêques de Metz, Toul et Verdun ne pouvant être réglées dans le congrès, ils avaient souhaité d'en remettre la décision à des arbitres; mais que les ambassadeurs de France ayant refusé de discuter sur ces différents points, ils avaient omis l'article inséré dans le projet de traité pour ne pas mettre obstacle à la paix. Cependant ils protestèrent que cette omission ne pourrait pas préjudicier aux droits de l'Empire (v. Dumont, t. VII, 1re partie, p. 382). Louis XIV ne voulut même pas laisser mettre en discussion ses droits sur l'Alsace.

TRAITÉ DE PAIX DE SAINT-GERMAIN

ENTRE LOUIS XIV ET FRÉDÉRIC GUILLAUME ÉLECTEUR DE BRANDEBOURG, DU 29 JUIN 1679

Au nom de Dieu le Createur et de la Tres-sainte Trinité. Soit notoire à tous, que comme le tres-haut, tres-excellent et tres-puissant Prince Louïs XIV, par la grace de Dieu Roy de France et de Navarre, n'a rien souhaitté davantage que de voir la tranquilité generalle restablie aprés les longues et sanglantes divisions dont l'Europe a esté agitée, Sa Majesté a veu avec peine que les divers Traittez qui ont esté signez à Nimegue, particulierement avec l'Empereur et l'Empire[1], n'aient pû esteindre le feu de la guerre dans le Nort, et qu'elle ait esté necessitée de faire encore agir ses armes contre l'Electeur de Brandebourg. Mais parce qu'au milieu mesme de ces derniers troubles, Elle a conservé beaucoup d'estime pour ce Prince, et une disposition sincere à le recevoir dans sa premiere Alliance, toutes les fois qu'il se mettroit en estat d'y rentrer; elle a reçeu avec beaucoup de plaisir les tesmoignages qu'il luy a fait porter

1. Dès le 28 février, les plénipotentiaires français à Nimègue avaient déclaré que si Christian V et l'électeur Frédéric Guillaume n'avaient pas donné satisfaction à la Suède, Louis leur ferait payer les frais de la guerre. L'électeur sollicita une trêve qui fut signée le 31 mars à Nimègue entre les deux rois de France et de Suède d'une part, Christian V et Frédéric Guillaume de l'autre. (Dumont, t. VII, part. I, p. 403). Il adressa au roi un Mémoire destiné à prouver que ses sacrifices lui méritaient de garder ses conquêtes en Poméranie : que d'ailleurs il devait être mieux traité que la maison de Brunswick Lunebourg qui avait obtenu des avantages sérieux aux dépens de la Suède, bien que le duché de Lunebourg n'eût pas subi de la part des armées suédoises les mêmes ravages que les possessions du Brandebourg. C'était une sorte de fin de non-recevoir. Il semblait ne rien vouloir céder. (V. *Actes et Mémoires*, t. IV, p. 417). Déjà le duché de Clèves, possession brandebourgeoise, était occupé par un corps français. Le 1er mai, ce corps passa le Rhin. Frédéric Guillaume se hâta de solliciter la prorogation de l'armistice. Elle lui fut accordée le 3 mai par le traité de Xanthen, mais à de dures conditions : Wesel et Lippstadt devaient être remis aux Français (Dumont, p. 406). A l'expiration de la trêve, l'électeur ne s'était pas encore résigné. A la fin de mai, Créqui entra en Westphalie, chassa devant lui les Brandebourgeois. Le 30 juin, il passa le Weser à Minden. Mais il fut arrêté dans sa marche sur Magdebourg par la nouvelle de la conclusion de la paix.

par le Sieur Meinders, son Conseiller et Ministre d'Etat [1], et son Envoyé Extraordinaire vers Sa Majesté, du desir extrême qu'il auroit de reprendre auprés d'Elle par la paix la mesme place qu'il a eu cy-devant dans le nombre de ses Alliez, et de l'obliger à luy rendre à l'advenir la mesme amitié dont elle luy a donné autrefois tant de marques. Et comme Sa Majesté n'a nul interest à desmesler avec Son Altesse Electoralle de Brandebourg, qui ne luy soit commun avec le tres-haut, tres-excellent et tres-puissant Prince Charles, par la grace de Dieu, Roy de Suede, et que Sadite Altesse Electoralle luy a fait tesmoigner qu'elle estoit dans le dessein de faire une sincere et solide paix avec ledit Roy : Sa Majesté a bien voulu, tant pour Elle que pour ledit Roy de Suede, entrer dans la discussion du present traitté de paix. Et pour ce sujet elle a commis le Sieur Arnauld, Chevalier, Seigneur de Pomponne, Conseiller en tous ses Conseils, et Secrétaire d'Etat et des Commandemens de Sa Majesté, pour traitter et negocier avec ledit Sieur Meinders; lesquels aprés l'eschange de leurs Pleinpouvoirs, dont les Copies sont inserées cy-aprés, sont convenus des Articles suivans.

I. Il y aura à l'avenir une bonne, ferme et durable paix et amitié entre le Roy Tres-Chrestien, le Roy de Suede, et l'Electeur de Brandebourg, leurs Successeurs, Royaumes, païs, Etats et Sujets, avec une entiere et reciproque liberté de commerce, tant par terre, que par mer et autres eaux [2].

II. Il y aura de mesme une amnistie et perpetuel oubly de ce qui s'est passé de part et d'autre à l'occasion de la guerre, mesme à l'égard des Sujets qui auroient suivy les differens partis.

---

1. L'électeur de Brandebourg avait écrit de Potsdam le 16-26 mai 1679 une lettre très humble au roi de France pour désarmer sa colère et en obtenir de meilleures conditions (*Actes et Mém. de la paix de Nimègue*, t. IV, p. 481-483). La lettre est publiée dans Mignet, t. IV, p. 700.

2. L'électeur de Brandebourg avait fait armer en course dans les ports de la Zélande deux frégates pour aller ravager les Antilles françaises. Le comte d'Estrées, avec une escadre de 14 voiles, avait l'ordre de leur donner la chasse. En vertu d'un accord conclu à Nimègue, le 16 mai, entre Colbert de Croissy et Blaspiel, la commission signée par l'électeur fut rapportée, et d'Estrées reçut l'ordre de respecter les deux frégates. (Dumont, VII, part. I, p. 407.)

III. Toutes hostilitez cesseront entre les Parties dans le temps de dix jours au plus tard, aprés la signature du present traitté, ou pluttost, sy la notification en peut estre faitte aux Generaux qui commandent les Armées de part et d'autre ; sans toutefois que lesdites Armées ayent à se retirer des Pays qu'elles occupent, et dans lesquels elles pourront vivre et subsister jusques à l'eschange des ratiffications du present traitté.

IV. Et comme les traittez de Westphalie doivent tousjours être regardez comme le fondement le plus solide et le plus asseuré de la paix et de la tranquillité de l'Empire, et que Sa Majesté Tres-Chrestienne s'est déclarée dans tous les temps, mesme durant le cours de la guerre, que son intention estoit de les maintenir dans toute leur force, que le Roy de Suede s'est expliqué en la mesme maniere, et que l'Electeur de Brandebourg tesmoigne estre dans le mesme sentiment : il est expressément stipulé par cet article, que les susdits traittez de Munster et d'Osnabruk conclus en 1648 demeureront dans toute leur force et vigueur [1], et seront censez repetez dans le present traitté, comme sy ils y estoient inserez de mot à mot; à l'exception touttefois des changements qui pourroient y estre apportez par les articles suivans.

V. L'Electeur de Brandebourg promet par le present traitté de remettre entre les mains du Roy de Suede tout ce qu'il a occuppé par ses armes dans la Pomeranie, nommément les villes de Stralzund et de Stetin, et generalement tout ce qu'il possede presentement des Terres et Etats qui ont esté cedez dans l'Empire à la Couronne de Suede par les traittez de Westphalie, sans en rien reserver ni retenir.

VI. Mais parce qu'il a esté jugé necessaire, pour entretenir le bon voisinage, et pour empêcher à l'avenir les differens qui naissent d'ordinaire entre les Princes, par le trop grand meslange de leurs terres et Estats, de donner

---

1. Dès le 24 février Louis XIV avait exigé comme condition première de la paix du Nord le rétablissement pur et simple des traités de Westphalie et de Copenhague. (*Actes de la paix de Nimègue*, t. IV, p. 245-246.)

de nouvelles limites à la Pomeranie qui appartient à la Couronne de Suede, et à la Pomeranie, qui est sous la domination de S. A. E. de Brandebourg; il en a esté disposé en la maniere suivante [1].

VII. Toutes les Terres possedées par la Couronne de Suede au delà de la Riviere d'Oder, soit qu'elles luy eussent esté cedées par les traittez de Westphalie, soit qu'elles luy eussent esté adjugées par le Recéz ou traitté de Stetin [2] de l'année 1653, appartiendront doresnavant à l'Electeur de Brandebourg en toute Souveraineté à l'exception seulement des Villes de Dam et de Golnow, et leurs dépendances qui ont esté specifiées nommément dans lesdits traittez de Westphalie.

VIII. Mais parce que ladite Ville de Golnow et ses dépendances se trouvent comme enclavées dans les terres qui doivent demeurer à l'Electeur de Brandebourg par le present traitté, et qu'il a insisté qu'elle luy fust cedée avec le reste du pays scitué au delà de l'Oder : il a esté convenu et accordé que ladite Ville de Golnow et ses dependances luy seront laissées en engagement par le Roy et la Couronne de Suede, pour le prix et somme de cinquante mille escus, payables à la volonté du Roy de Suede; avec condition expresse que touttes les fois que ledit Roy de Suede luy fera payer ladite somme de cinquante mille escus, ledit Electeur sera tenu et obligé de luy remettre ladite Ville de Golnow et ses dépendances : mais que dans tout le temps que durera ledit engagement, il en jouïra en la mesme maniere que de tout ce qui luy est cedé par le present traitté.

IX. Et comme par le susdit Recéz ou traitté de Stetin

---

1. Le principe de la rectification des frontières avait de même été adopté dans les articles relatifs aux échanges des places de la Flandre et du Hainaut entre la France et l'Espagne.

2. Les Suédois avaient envahi la partie de la Poméranie qui appartenait à l'électeur de Brandebourg. Pour forcer la reine de Suède à évacuer le domaine Brandebourgeois, l'empereur refusa à la reine de Suède l'investiture de la partie de la Poméranie qui lui était attribuée par le traité d'Osnabrück et lui retira sa voix à la diète. Le traité de Stettin de 1653 termina le différend à l'avantage de l'électeur. (V. Saint-Prest, *Hist. des traités*, t. I, p. 198.)

de l'année 1653, l'Electeur de Brandebourg fut obligé de partager avec le Roy et la Couronne de Suede les droits de peages qui se levent dans le port de Colberg et autres ports, et havres de la Pomeranie au delà de l'Oder, qui demeuroit sous la domination de Son Altesse Electorale de Brandebourg : il a esté accordé que le Roy et la Couronne de Suede renoncent par le present traitté à tout droit de partage des peages qu'ils pouvoient avoir en commun avec l'Electeur de Brandebourg, suivant le Recéz ou Traitté de Stetin, dans les ports ou havres de la partie de la Pomeranie qui est demeurée, suivant les traittez de Westphalie, audit Electeur.

X. En vertu des articles precedens le Roy de Suede, tant pour lui que pour ses Hoirs, Successeurs et ayans cause, renonce, cede, quitte, et transporte perpetuellement et à tousjours par le present traitté de paix à l'Electeur de Brandebourg, ses Hoirs, Successeurs et ayans cause, tous les droits, rentes, revenus, jurisdictions et prerogatives, de quelque nom et de quelque nature qu'ils puissent estre, qu'il a eu, et qu'il peut pretendre, tant en vertu des traittez de Westphalie, que par des conventions, transactions et cessions, particulierement par le traitté ou Recéz de Stetin de l'an 1653 sur les lieux, villes, terres, forests et domaines situez au delà de la riviere d'Oder, et partage des droits de peages dans les ports et havres de la Pomeranie Electorale, à l'exception seulement de la Ville de Dam et ses dépendances, et de celle de Golnow et ses dépendances, conformément touttefois à la disposition, qui en a esté faite par l'Article 8, de ce present traitté, sans reservation, exception, restriction, ou retention quelconque : et ce nonobstant touttes loix, contracts, conventions, transactions, cessions, et investitures, passées et futures, coûtumes et constitutions au contraire, auxquelles et aux clauses derogatoires des dérogatoires il est expressément desrogé par le present traitté, excluant à perpetuité touttes exceptions, sous quelques droits, titres, clauses, ou pretextes qu'elles puissent être fondées.

XI. Consent aussy ledit Roy de Suede, que les hommes vassaux et sujets desdits lieux, villes et pays cedez par le present article audit Electeur de Brandebourg, soient et demeurent quittes et absous dés à present et pour tousjours des foy et hommage, service et serment de fidelité qu'ils pourroient luy avoir faits, tous lesdits Sujets et Vassaux demeurans à l'avenir sous la souveraineté de l'Electeur de Brandebourg; mais dans la proprieté et possession de leurs biens tant de ceux qui leur auroient esté donnez, vendus ou alienez par les Roys et Couronne de Suede, avant la declaration de la presente Guerre, que de ceux qu'ils auroient acquis, ou qui leur appartiendroient de leur propre, tant meubles qu'immeubles, rentes viageres et à rachat, saisies et occuppées, tant à l'occasion de la guerre, que pour avoir suivi le party contraire; ensemble de leurs droits, actions et successions à Eux survenus, mesme depuis la guerre commencée; sans touttefois pouvoir rien demander ny prétendre des fruits et revenus perceus et escheus dés le saisissement desdits biens, jusques au jour de l'eschange de la ratiffication du Roy de Suede; ny semblablement des Debtes, effects et meubles qui auroient esté confisquez avant ledit jour à cause de la guerre presente, en sorte qu'aucun Creancier de telles debtes, ny aucun depositaire, proprietaire, et leurs Heritiers ou ayans cause, en puisse faire poursuitte, ny en pretendre restitution, recouvrement, ou équivalent.

XII. La riviere d'Oder, suivant la disposition des traittez de Westphalie, demeurera tousjours en souveraineté au Roy et à la Couronne de Suede; et il ne sera pas libre audit Electeur de Brandebourg d'ériger aucune forteresse, ou de fortiffier aucune place dans l'estenduë du Païs qui luy est cedé par le present traitté.

XIII. Aussi-tost apréz que l'eschange de la ratiffication [1] de Sa Majesté Tres-Chrestienne aura esté faitte avec celle

1. Le traité du 29 juin fut ratifié à Saint-Germain par Louis XIV le 3 juillet, et par l'électeur de Brandebourg à Potsdam le 1-11 juillet. L'échange des ratifications eut lieu le 22 juillet.

de l'Electeur de Brandebourg, Sa Majesté fera retirer son Armée des pays et places des Duchez de Cleves, Principauté de Minden, Comtez de Mark et Ravensberg, et de touttes autres terres dudit Electeur qu'elle auroit occuppées; à l'exception touttesfois d'un corps de mille Chevaux qu'Elle conservera dans ledit pays, et des places de Wesel et Lipstat [1], qu'elle retiendra jusques à l'entiere execution du present traitté avec le Roy de Suede : apréz laquelle, et lors que le dit Roy aura esté rétably dans les Pays et Places qui luy doivent estre remis, elle retirera entierement ses trouppes des places et pays de l'Electeur de Brandebourg; mais durant qu'elles y demeureront, les habitans des Villes de Wesel et de Lipstat continueront à fournir aux garnisons les mesmes logemens et ustencilles portées par le traitté de Santen; et les habitans des lieux, où lesdits mille Chevaux seront logez, leur fourniront les mêmes ustenciles et le fourage.

XIV. Mais comme le Roy de Suede n'a point presentement de trouppes dans l'Empire, et qu'il ne pourroit peut-estre y en faire passer dans le temps porté pour l'eschange des ratiffications du present traitté, pour reprendre en son nom la possession des Places et Pays qui luy doivent estre remis par l'Electeur de Brandebourg : il a esté convenu et stipulé qu'aussytost aprés ledit eschange entre le Roy de Suede et l'Electeur de Brandebourg, ledit Electeur retirera ses trouppes de tout le plat pays qui doit revenir par ce traitté au Roy de Suede; mais qu'il laissera les garnisons necessaires dans les places qui luy doivent estre remises : sçavoir deux mille hommes au plus dans Stralzund, et mil à douze cens hommes dans Stetin; et ainsi à proportion dans les autres places, lesquelles il conservera contre tous ceux dont elles pourroient estre attaquées, jusques à ce que le Roy de Suede ait envoié des trouppes pour prendre possession desdites places, laquelle luy sera laissée alors par celles de l'Electeur qui se retireront dans ses Estats.

---

1. V. les stipulations particulières à Wesel et à Lippstadt dans le traité de Xanthen du 3 mai 1679 (Dumont, t. VII, part. I, p. 406).

XV. Il sera loisible touttefois audit Electeur de Brandebourg de retirer auparavant desdites places tout le Canon et les munitions de guerre qu'il y auroit fait conduire, depuis qu'il s'en est rendu Maistre; y laissant toutefois l'artillerie et munitions de guerre qui ont appartenu à la Couronne de Suede, et qui s'y trouveront le jour de la signature du present traitté de paix.

XVI. Comme S. A. E de Brandebourg a fait de grandes instances à Sa Majesté Tres-Chrestienne de vouloir bien terminer en mesme temps la guerre qu'Elle a avec le Roy de Dannemark, duquel sadite A. E. seroit estroittement Alliée, ledit Roy de Dannemark ayant desja fait connoistre le desir qu'il a de rentrer dans l'ancienne amitié et Alliance qu'il a eue cy-devant avec la France : Sa Majesté Tres-Chrestienne déclare qu'Elle sera bien aise que cette paix se puisse faire au plus tost à des conditions justes et raisonnables, pour le bien et le repos general de la Chrestienté, pourveu qu'elle se fasse en mesme temps avec la Suede, sans laquelle le Roy ne se trouve pas en estat de la conclure. Cependant ledit Electeur s'oblige de ne donner aucun secours, directement ou indirectement, au Roy de Dannemark, s'il demeuroit encore en guerre contre la France et la Suede; et promet de rappeler ses trouppes, s'il en avoit quelques-unes dans le service dudit Roy de Danemark.

XVII. Sa Majesté Tres-Chrestienne s'oblige de procurer l'agrément du Roy de Suede sur ce present traitté, et sur tout ce qui y est contenu, et d'en obtenir la ratiffication dudit Roy de Suede en bonne et deue forme dans le temps de trois mois, à conter du jour de la signature, ou plus tost, si faire se peut. Jusques à ce que cette ratiffication soit délivrée entre les mains de S. A. E. elle ne sera point obligée de rendre la Pomeranie Suedoise; dequoy Sadite Majesté Tres-Chrestienne demeure garante, de mesme que de tout ce qui a esté accordé à S. A. E. en vigueur du present traitté.

XVIII. Les ratifications de Sa Majesté Tres-Chrestienne avec celles dudit Electeur de Brandebourg seront eschangées dans un mois, ou plus tost, sy faire se peut; et celles du Roy de Suede avec ledit Electeur seront eschangées dans le terme de trois Mois, ou plutôt, sy faire se peut.

En foy dequoy Nous sous-signez, en vertu de nos pleinpouvoirs respectifs avons signé ces Presentes, et y fait apposer les cachets de nos armes. Fait à Saint-Germain en Laye ce vingt-neufiesme jour de juin mil six cens soixante et dix-neuf[1].

ARNAULD. FR. MEINDERS. (*L S.*)

---

1. Deux articles séparés suivent ce traité : dans le premier le roi de France et l'électeur s'engagent à accommoder de leur mieux et conformément à la paix de Saint-Germain les différends encore pendants entre les princes de la maison de Brunswick-Lunebourg redevenus les alliés de la France depuis le traité de Zell du 5 février 1679 et les ducs de Mecklembourg et de Saxe Lunebourg, les comtes de Lippe et de Schwarzbourg et les villes de Hambourg et de Lubeck, restés alliés de l'électeur (v. Dumont, p. 411). Par le second article séparé Louis XIV s'engage à payer à l'électeur 900.000 livres dans le terme de deux ans pour le dédommager de ses dépenses et « pour lui faire connaître le plaisir a[illegible]quel il le voyait rentrer dans son alliance ». (*Actes et Mém. de la paix* [illegible]*mègue*, t. IV, p. 404).

TRAITÉ SECRET DE SAINT-GERMAIN-EN-LAYE

ENTRE LOUIS XIV ET FRÉDÉRIC GUILLAUME ÉLECTEUR DE BRANDEBOURG, DU 25 OCTOBRE 1679

Le Roy Tres-Chrestien ayant repris avec la paix qu'il a conclue avec l'Electeur de Brandebourg les mesmes sentiments d'estime et d'amitié qu'il a eu cy-devant pour ce Prince et Son Altesse Electorale luy ayant fait tesmoigner [1], qu'Elle ne désiroit rien davantage que d'y respondre par un attachement et une affection sincère et zélée pour sa personne et pour ses interests, Sa Majesté est entrée avec plaisir dans la pensée de restablir non seulement ses anciennes alliances avec sadite Altesse Electorale, mais de les affermir encore par des liaisons plus particulières et plus estroites.

C'est pour ce sujet qu'Elle a commis le sieur Arnauld chevalier, seigneur de Pomponne conseiller en tous ses Conseils et Secrétaire d'Estat et des commandemens de Sa Majesté, pour traitter avec le sieur Meinders Conseiller et Ministre d'Etat de Sadite Altesse Electorale, muni d'un pouvoir suffisant de sa part, sur tout ce qui pourroit regarder cette nouvelle liaison, lesquels aprés l'eschange réciproque de leurs pleinpouvoirs, dont les copies sont insérées cy-aprés, sont convenus des Articles suivans :

I. Il y aura à l'advenir entre Sa Majesté tres Chrestienne et Son Altesse Electorale de Brandebourg une amitié sincère et parfaite intelligence, laquelle sera cultivée et observée, tant de la part de Sa Majesté que dudit Electeur, avec tout le soin et l'exactitude qui peuvent contribuer davantage à entretenir une bonne et estroite Alliance, mesme à l'avantage réciproque de leurs Estats.

---

1. Voir la lettre du 16-26 mai 1679 (*Actes de la paix de Nimègue*, t. IV, p. 481-483).

II. Les Sujets de part et d'autre pourront exercer en toute liberté le commerce dans les terres royaumes et pais de Sa Majesté tres Chrestienne, comme aussy dans les Estats et païs de Son Altesse Electorale et dans les havres et ports qui leur appartiennent.

III. Comme Sa Majesté Tres Chrestienne a tousjours eu particuliérement à cœur d'entretenir et de faire observer les Traittés de Wesphalie, lesdits Traittés seront le fondement le plus solide de celuy-cy et Sa Majesté et Son Altesse Electorale promettent réciproquement de contribuer tout ce qui sera en Eux pour les maintenir dans toutte leur force et dans toutte leur estendue, à l'exception seulement de ce qui a esté changé ou dévoyé auxd[s] Traittés de Wesphalie par le Traitté de Nimmègue du 5 Février, par celuy de Zell, du 5 février, et par celuy de Saint-Germain du 29 juin de la présente année, signé entre Sa Majesté et Sadite Altesse Electorale.

IV. En vertu du présent article Sa Majesté trés Chrestienne promet de maintenir l'Electeur de Brandebourg dans tous les droits et estats qui luy sont acquis par lesdits Traittés. Comme Sadite Altesse Electorale s'oblige d'agir autant qu'Elle en seroit requise par Sa Majesté trés Chrestienne pour faire observer à son esgard tout ce qui luy est acquis tant par les susd[ts] Traittés de Westphalie et de Saint-Germain que par ceux de Nimmègue.

V. Et par ce que le Traitté conclu à Nimmègue entre Sa Majesté Trés Chrestienne et l'Empire et celuy qu'Elle a signé ensuite avec Son Altesse Electorale de Brandebourg ont establi une amnistie entiére sur tout ce qui s'est passé durant la guerre, Sa Majesté veut bien promettre d'assister sadite Altesse Electorale en cas qu'Elle fust inquiétée par quelque Prince ou Estat de l'Empire que ce peust estre qui prétendroit satisfaction ou réparation des pertes et dommages que ses trouppes auroient faits dans leurs terres et Provinces soit par des marches, contributions ou quartiers d'hyver durant ou à l'occasion de la guerre.

VI. L'Electeur de Brandebourg ayant fait tesmoigner à

Sa Majesté Trés Chrestienne qu'il a une prétension très juste et très bien fondée contre l'Empereur sur le sujet du Duché de Jägendorf [1] qui a depuis plus d'un siècle appartenu à la Maison Electorale de Brandebourg, Sa Majesté promet de l'appuyer par ses offices et son entremise à la Cour de l'Empereur, affin de luy faire obtenir la justice et la satisfaction qu'il prétend luy estre deues.

VII. Sa Majesté Très Chrestienne comme guarante du Traitté d'Olive veut bien employer de mesme ses offices auprès du Roy et de la République de Pologne affin que ledit Traitté et celui de Bromberg [2] soient ponctuellement observés et exécutés de part et d'autre en tout ce qui regarde ledit Roy et République de Pologne et l'Electeur de Brandebourg.

VIII. En cas que Sa Majesté Très Chrestienne eust besoin de faire passer quelques trouppes en Allemagne ou ailleurs par les terres et provinces de l'Electeur de Brandebourg, Sadite Altesse Electorale promet d'accorder non seulement ce passage, mais aussy la faculté de pouvoir faire des magasins dans ses Provinces, dans tels lieux qui seroient jugés convenables, mesme d'accorder auxd^{es} trouppes de Sa Majesté Très Chrestienne retraite et entrée dans ses places fortes en cas de nécessité, a condition touttefois que Sa Majesté Très Chrestienne feroit observer une exacte discipline et toutte sorte de bon ordre dans lesd^{s} passages et feroit payer ponctuellement tout ce qui auroit esté fourny

1. Le duché de Jägendorf est un des quatre duchés de Silésie que réclamera plus tard Frédéric II. Donné par Louis, roi de Hongrie, au margrave Georges de Brandebourg, ce duché fut confisqué par l'empereur Ferdinand II pour punir Jean-Georges de Brandebourg d'avoir soutenu contre sa maison l'électeur palatin Frédéric V, en 1620. L'investiture de ce duché fut donnée au prince de Lichtenstein (v. Saint-Prest, *Hist. des traités de paix*, t. II, p. 397).

2. Le traité de Bromberg fut signé le 6 nov. 1657 à la suite d'une entrevue entre le roi Jean Casimir Wasa et l'électeur Frédéric Guillaume. Ce traité confirme le traité de Weblau par lequel l'électeur s'était affranchi de l'hommage qu'il devait à la couronne de Pologne pour son duché de Prusse. L'électeur de Brandebourg se fit céder les bailliages de Lowenbourg et de Butow et la ville d'Elbing. Par ces concessions, le roi de Pologne détacha l'électeur de Brandebourg de l'alliance suédoise. Cependant la clause relative à la cession d'Elbing ne fut pas exécutée. Le roi de Pologne, au traité d'Oliva, se fit garantir la possession de cette place. (V. Saint-Prest, *Hist. des traités*, t. II, p. 512, et France, t. 422, f° 502.)

pour la subsistance des trouppes par les sujets de son Altesse Electorale, comme aussy qu'elle feroit pourvoir à la subsistance de celles qui seroient receues en cas de necessité dans les plans de Sadite Altesse Electorale et en tel nombre que la seureté desd^es places ne peut courir aucun danger.

IX. Comme Sa Majesté et Son Altesse Electorale ont un intérest commun à procurer le repos et l'avantage de la Pologne, Elles y contribueront par toutes les voyes qui seront en Elles. Mais autant que Sa Majesté Très Chrestienne désire par son affection et pour le bien de cette couronne qu'Elle demeure longtemps entre les mains du Roy qui la porte si dignement aujourd'huy [1], autant Elle a cru de sa prudence de prévenir les cas qui pourroient arriver de sa mort. C'est pour ce sujet, qu'en cas que ce malheur arrivat avant que ce Prince eust pû faire eslire le Prince son Fils pour son Successeur, l'Electeur de Brandebourg promet conjointement avec Sa Majesté d'employer tous ses soins et le crédit qu'il a par ses Amis en Pologne pour procurer l'Eslection de ce Prince. Que si Elle ne pouvoit réussir, il s'engage à Sa Majesté de concourir par tous ses offices, par ses Amis et par touttes les habitudes et crédit qu'il a en Pologne pour faire tomber l'Eslection sur le Prince qui seroit porté par Sa Majesté et pour s'opposer à l'eslection d'un sujet qui ne lui seroit pas agréable [2].

X. Pour une plus grande marque du désir de Son Altesse Electorale de se lier estroitement avec Sa Majesté dans touttes les occasions qui pourroient naistre, mesme pour le bien de l'Empire, et que nulle autre ne peut estre

---

1. Jean Sobieski, grand maréchal de Pologne, élu roi en 1674, avait épousé une Française, Mlle de la Grange d'Arquien. Le marquis de Béthune, beau-frère de cette princesse, était ambassadeur de Louis XIV en Pologne. Il avait d'abord excité le roi Sobieski à envahir la Prusse pour venir à l'aide de la Suède. Le rétablissement de la paix entre la France et le Brandebourg fut donc aussi le point de départ d'un rapprochement entre le Brandebourg et la Pologne. La Prusse cessa d'être menacée d'une invasion polonaise. (V. *V. Recueil des Instructions, Pologne*, par Louis Farges, p. 144-145.)

2. Après la mort de Sobieski, le prince de Conti chercha sans succès à se faire élire roi de Pologne.

si importante que celle qui luy peust donner un Chef, soit dans l'Eslection d'un Empereur, soit dans celle d'un roy des Romains, il a esté convenu par les présens Articles des mesures qui seront gardées en l'un et en l'autre cas entre Sa Majesté et Son Altesse Electorale.

XI. Et parce que le dessein que l'Empereur peut avoir de faire eslire son fils Roy des Romains [1] demande avant touttes choses qu'il fasse assembler le Collége Electoral, et que cette Assemblée ne peut estre formée sans le consentement des Electeurs, Son Altesse Electorale de Brandebourg, soit par le reffus qu'il fera du sien, soit en se deffendant d'admettre aucune délibération en faveur d'un Enfant, soit par tous les autres empechements qu'il pourra y apporter, taschera de faire en sorte que le Collège Electoral refuse de s'assembler sur cette affaire et empeschera en cette sorte que l'Empereur ne puisse réussir dans le dessein de faire eslire l'Archiduc son fils. Que si non obstant ses soins, le Collège Electoral prenoit la résolution de s'assembler, soit pour délibérer sur l'Eslection de l'Archiduc, soit dans une autre occasion qu'il jugeast nécessaire d'assurer un successeur à l'Empereur, alors Son Altesse Electorale agira en la manière qui sera dit dans l'Article cy-dessous pour reüssir l'Eslection d'un Roy des Romains en faveur du Roy Tres Chrestien ou de Monseigneur le Dauphin.

XII. Son Altesse Electorale promet en ce cas de ne donner son suffrage à nul autre qu'au roy Tres Chrestien; et si l'Election [2] ne pouvoit reüssir pour Sa Majesté, qu'à Monseigneur le Dauphin et d'agir par son crédit et par ses

1. Ce fils, qui fut plus tard l'empereur Joseph Ier, né en 1678, était encore au berceau. (V. les instructions du marquis de Vitry dans le *Recueil des Instructions, Autriche*, par A. Sorel, p. 72). Léopold proposait de former à son fils un conseil d'électeurs et de princes qui gouvernerait l'Empire s'il mourait lui-même avant que son fils, proclamé roi des Romains, fût en âge de gouverner par lui-même. Joseph ne fut couronné roi des Romains qu'en 1690.

2. La Cour d'Autriche songeait alors à faire épouser à ce prince une archiduchesse. Louis XIV maria son fils à une princesse de Bavière. (V. mêmes instructions, p. 73.) Le contrat de ce mariage fut dressé le 30 déc. 1679. (V. *Recueil des Instructions, Bavière*, par A. Lebon, p. 54). — Ici, dans le traité secret de Saxe, cette petite addition : *suivant en l'un et l'autre cas, la bulle d'or et les constitutions de l'Empire.*

offices les plus efficaces auprez des autres Electeurs pour les porter à se joindre avec luy dans ce dessein. Si toutte fois il trouvoit une telle opposition que malgré tous ses efforts l'Eslection ne peust reüssir ny en faveur de Sa Majesté, ny en faveur de Monseigneur le Dauphin, alors Sadite Altesse Electorale s'engage de ne donner jamais son suffrage que de concert avec Sa Majesté et en faveur de tel Prince qu'elle concerteroit avec luy qui luy seroit agréable et le plus capable de porter la Couronne Impériale pour la dignité et le bien de l'Empire [1].

XIII. Mais si selon l'ordre de la Providence divine la mort de l'Empereur arrivait, sans qu'il y eust un Roy des Romains, Son Altesse Electorale s'engage et promet de s'employer, tant par son propre suffrage, que par ceux qu'Elle tascheroit de procurer des autres Electeurs, de donner tous ses soins pour faire tomber l'Eslection [2] sur la personne de Sa Majesté Tres Chrestienne comme plus capable que tout autre, selon le sentiment de Son Altesse Electorale, par ses grandes et héroïques vertus et par sa puissance, de soustenir la Couronne Impériale, de restablir l'Empire dans son ancienne splendeur, de le maintenir dans toutte sa dignité et de le deffendre contre le voisinage et les entreprises tousjours si perilleuses du Turc [3].

---

1. V. dans le *Recueil des Instructions*, *Bavière*, par A. Lebon, p. 62, des instructions en termes presque identiques à ceux des articles 12 à 16 données à Colbert de Croissy pour son ambassade en Bavière.

2. *Conformément à la bulle d'or et aux constitutions de l'Empire.* (Traité de Saxe.)

3. Il convient ici de résumer rapidement, avec indication des références, les documents qui se rapportent aux tentatives de Louis XIV pour arriver à l'Empire. La question fut d'abord posée le 9 juillet 1646 (*Négociat. secrètes de Munster et d'Osnabrück*, t. III, p. 244), lorsqu'il s'agit de savoir si l'Alsace serait cédée à Louis XIV comme terre d'Empire avec le droit pour lui, comme landgrave d'Alsace, d'envoyer ses représentants à la diète de Ratisbonne. D'Avaux et Servien appuyaient cette solution en déclarant « que le roi même y avoit avantage, devenant capable d'être élu empereur. » On sait que la question ne fut résolue que par une équivoque dont les deux parties espéraient plus tard tirer profit. (Art. 75, 76 et 89 du traité de Munster. — V. *Mémoires de Pomponne*, t. I, p. 170.) — Lors de l'élection impériale de 1657-1658, Mazarin opposa à Léopold, candidat de la maison de Habsbourg, d'abord le duc de Neubourg, trop petit prince pour être élu, puis le duc de Bavière, candidat malgré lui, trop apathique pour rechercher le pouvoir. L'échec de ces deux candidatures amena Mazarin à suggérer aux électeurs de porter leur choix sur Louis XIV lui-même. La danse des écus commença pour

XIV. Que si aprez tous les efforts que Son Altesse Electorale auroit faits, l'Eslection ne pouvoit reüssir en la personne de Sa Majesté, alors Sadite Altesse Electorale les employroit avec mesme application et mesme zèle pour faire eslire Monseigneur le Dauphin Empereur, en qui les mesmes raisons du bien et de la deffense de l'Empire se trouveroient, tant par les assistances qu'il tireroit de Sa Majesté, que par celui qu'il sera un jour en estat de luy donner luy mesme par le mérite et les grandes qualités qui sont en ce Prince.

XV. Si selon la disposition des présents Articles le cas arrivoit que Sa Majesté ou Monseigneur le Dauphin fust esleu Empereur; Sa Majesté promet tant pour Elle que

---

acheter ou pour affermir les bonnes volontés. L'électeur palatin, le margrave de Brandebourg et les trois électeurs ecclésiastiques semblaient gagnés. Enfin une sorte de campagne de presse fut entreprise en faveur de la candidature du roi. (V. le Raisonnement sur les affaires présentes d'Allemagne dans *Allemagne*, t. 137, f° 765, où la candidature du roi à l'Empire est nettement posée. — V. aussi *Trois lettres échangées entre un patriote de Francfort et un gentilhomme romain au sujet de la prochaine élection impériale*, Allemagne, t. 137, f°s 768 à 781. Ces libelles sont évidemment de la main d'un écrivain politique aux gages de Mazarin.) Au dernier moment les électeurs qui craignaient déjà de se donner un maître trop puissant nommèrent Léopold : *mais ils accordèrent à Louis XIV* la ligue du Rhin qui l'érigeait en une sorte de protecteur des princes à l'égard de l'empereur. — Lionne reprit comme ministre cette politique d'ambition impériale dont la tradition lui venait de Mazarin. Le traité secret de Ratisbonne conclu le 12 avril 1664 entre Louis XIV et l'électeur Jean-Georges II de Saxe, stipulait entre autres clauses que l'électeur ne donnerait son suffrage dans les diètes impériales « que conformément aux bonnes intentions du Roy. » (V. l'*original* aux *Archives des affaires étrangères*.) — Le 17 février 1670, l'électeur de Bavière, Ferdinand-Marie, prit un engagement secret encore plus strict en obtenant pour sa fille la promesse de la main du grand Dauphin : il promettait, en cas de réunion du Collège électoral, de donner sa voix au roi à condition qu'il deviendrait lui-même roi des Romains. (V. l'instrument original aux mêmes archives.) — En 1679 commença une campagne encore plus ardente. L'électeur de Cologne promit sa voix « pourvu qu'il fust assuré qu'elle fist au moins la quatrième. » (France, t. 422, f°s 440-446.) Colbert de Croissy fut envoyé à Munich pour négocier à la fois le mariage bavarois et la future élection impériale. (V. le *Recueil des Instructions*, par A. Lebon, Bavière, Palatinat, Deux-Ponts, p. 54.) Enfin les deux traités secrets de Saint-Germain-en-Laye, publiés ici même, furent conclus le 25 octobre 1679 avec l'électeur de Brandebourg et le 15 novembre avec Jean-Georges de Saxe. — Louis XIV eut donc la ferme intention de briguer les suffrages des électeurs en cas de vacance de l'Empire, ou de nomination d'un roi des Romains. Mais les électeurs le redoutaient trop pour le nommer. Ils se contentèrent de faire payer bien cher des promesses qu'ils étaient décidés à ne jamais tenir. — Nous renvoyons pour le détail de toutes ces négociations et la publication des pièces secrètes à un article sur « Les tentatives de Louis XIV pour arriver à l'Empire » que nous avons publié dans la *Revue historique* du 1er sept. 1897.

pour Mondit Seigneur, de conserver [1] les privilèges et les libertés des Electeurs, comme aussy des autres Princes et Estats de l'Empire tant dans les affaires de Religion que politiques et la Bulle d'or en son entier [2].

XVI. Mais si l'Eslection ne pouvoit succéder ny en la personne de Sa Majesté, ny en la personne de Monseigneur le Dauphin, alors Son Altesse Electorale s'engage de ne concourir ny par luy ny par ses Amys, à l'Eslection d'aucun autre Prince, que de concert avec Sa Majesté qui ne luy fust agréable et capable de porter la Couronne Impériale, tant pour le bien de l'Empire que pour entretenir tousjours une bonne intelligence avec la France.

XVII. Pour plus grande seureté des engagements que Son Altesse Electorale de Brandebourg prend avec Sa Majesté Tres Chrestienne par les présens articles, il a esté expressément convenu qu'en cas qu'en haine du présent Traitté, Elle fust attaquée [3] par quelque Prince ou Estat que ce peust estre, alors Sa Majesté l'assistera de ses forces et fera réparer les dommages qu'il aura soufferts.

XVIII. Sa Majesté pour donner à Son Altesse Electorale une marque particulière de son amitié veut bien durant le terme de dix années luy faire payer [4] par chacun an une somme [de cent mille livres tournois [5], laquelle Sa Majesté

---

1. Dans le traité de Saxe, la fin de l'article 6 est rédigé ainsi qu'il suit : « *de conserver les souverainetés, prérogatives, privilèges et libertés des électeurs, des autres princes et Etats de l'Empire tant dans les affaires de la religion que politiques et la bulle d'or, les capitulations impériales et toutes les autres constitutions et lois de l'Empire en leur entier...* »

2. Le respect de la bulle d'Or est mentionné de même dans les instructions de Colbert de Croissy.

3. Dans le traité de Saxe, l'article 8 porte la petite addition qui suit : « *inquiétée ou troublée en ses droits, Estats, provinces et ditions et leurs appartenances et les droits parties et terres dont jouissent les Princes ses frères en ses Estats...* »

4. Dans le traité de Saxe, les stipulations relatives aux subsides sont ainsi conçues : « *payer, aussy tost apres l'eschange des ratiffications du présent traitté à Leipzig à ses frais la somme de 30.000 escus en espèce* (sic) *et de luy faire fournir en la mesme ville à ses despens par chacun an durant le terme de quatre ans que le présent traitté doit durer à compter du jour de la date d'iceluy la somme de 20.000 escus en espèces lesquels S. M. promet...* »

5. C'est le même subside que Lionne proposait au roi de payer au duc de Bavière pour s'assurer sa voix électorale, dès 1669. (V. France, t. 416, f° 161.) — Dans ce même mémoire au roi, Lionne montrait « l'importance de gagner l'alliance de l'Electeur de Brandebourg si l'on veut attaquer la Hollande. »

promet de luy faire délivrer ponctuellement d'année en année à commencer le premier payement un an après l'eschange des ratifications du présent Traitté].

XIX. Il a aussy esté convenu que les présents Articles, qui sont de part et d'autre *une* asseurance *bien* expresse d'une amitié réciproque entre Sa Majesté Très Chrestienne et Son Altesse Electorale de Brandebourg, demeureront de part et d'autre dans un extrême secret [1] et que les ratifications [2] en seront eschangées dans le terme [de deux mois ou plus tost si faire se peut à compter du jour de la signature du présent Traitté.

Fait à St Germain en Laye ce vingt-cinqe jour d'Octobre] mil six cents soixante et dix neuf.

(*Signé*)

ARNAULD. FR. MEINDERS.

(Au-dessous de chaque signature le cachet du signataire.)

---

1. Cette même condition du *secret* est recommandée à Colbert de Croissy pour ses négociations à Munich en 1679. (V. *Instructions*, Bavière, par A. Lebon, p. 63.)

2. La ratification de ce traité secret fut signée à Potsdam par l'électeur de Brandebourg le 21 nov./1er déc. 1679.

TRÊVE DE RATISBONNE

ENTRE L'EMPEREUR LÉOPOLD ET LOUIS XIV, DU 15 AOUT 1684

In nomine et ad honorem Sanctissimæ Trinitatis Dei Patris, Filii, et Spiritus Sancti. Notum sit universis et singulis, quorum interest, aut quomodolibet interesse potest, cùm pro complanandis differentiis, quæ circa executionem Pacis Noviomagi Geldrorum quintâ Februarii Anno 1679 inter Serenissimum atque Potentissimum Principem ac Dominum, Dominum LEOPOLDUM primum Electum Romanorum Imperatorem semper Augustum, Germaniæ, Hungariæ, Bohemiæ, Dalmatiæ, Croatiæ, Sclavoniæ Regem, Archi Ducem Austriæ, Ducem Burgundiæ, Brabantiæ, Styriæ, Carinthiæ, Carniolæ, Marchionem Moraviæ, Ducem Luxemburgiæ, Superioris ac inferioris Silesiæ, Wurtembergæ et Teckæ, Principem Sueviæ, Comitem Habspurgi, Tyrolis, Kyburgi, et Goritiæ, Marchionem Sacri Romani Imperii, Burgoviæ, ac Superioris et Inferioris Lusatiæ, Dominum Marchiæ Sclavonicæ, portus Mahonis et Salinarum Sacrumque Romanum Imperium, ex unâ; et Serenissimum ac Potentissimum Principem ac Dominum, Dominum Ludovicum decimum quartum Franciæ et Navarræ Regem Christianissimum, ex alterâ parte conclusæ, intercesserunt, stabiliendâque tam dictâ Noviomagensi, quàm anteriore Westphalicâ Pace, amicabilis ulterior Tractatus Francofurti ad Mœnum institutus quidem fuerit, sed ad exitum perduci non potuerit[1]; e re autem communi esse visum sit, eumdem

---

1. *Une conférence dut se réunir à Francfort-sur-le-Mein au mois d'août* 1681. Saint-Romain et Harlay se rendirent à Mayence le 20 mai pour y représenter la France. L'évêque d'Eichstædt et le sieur May étaient les commissaires impériaux. L'occupation de Strasbourg rendit l'accommodement moins facile. Foucher, représentant du roi auprès de l'électeur de Mayence, surveilla les négociations. Les princes allemands ne purent s'entendre. Tandis que l'électeur de Mayence *refusait de faire la paix avec le roi aux conditions* qu'il offrait, l'électeur Palatin, les électeurs de Cologne et de Trèves semblaient devoir se montrer moins difficiles (v. les Correspond. de Schomberg

nunc Ratisbonæ resumere, quo tranquillitati et securitati non tantùm Sacri Romani Imperii, sed etiam totius Christianitatis, maximè nunc periclitantis [1], vel per Pacem vel per Armistitium consulatur; Quòd, ad hunc tam salutarem finem obtinendum, altè memoratæ Sacræ Cæsareæ Majestatis ad Imperii Comitia Commissarii, veluti Plenipotentiarii constituti et electi fuerint [2], ut juxta Conclusum Comitiale decimâ tertiâ Januarii, anni proximè præterlapsi, Sacrâ Cæsareâ Majestate approbante, factum, et Sacræ Cæsareæ Majestatis, et Sacri Romani Imperii nomine tractent, concludantque : Ex parte verò altè memoratæ Sacræ Christianissimæ Suæ Regiæ Majestatis ad hoc Negotium tractandum et terminandum, deputatus sit infra nominatus Plenipotentiarius Regius. Hi ergo utrinque constituti Plenipotentiarii, convento tempore et loco comparentes, in mutuas Armistitii sive Induciarum Leges consenserunt, et convenerunt, tenore sequente.

I. Sacra Cæsarea Majestas et Imperium consentiunt in Armistitium [3] viginti Annorum à die Ratihabitionis compu-

---

et de Foucher dans *Corresp. polit.* Mayence, 1680 à 1683, fos 19 à 109 et *Mém. et docum.* Allem., t. 38, fo 66). Les ministres impériaux ayant voulu exclure des conférences les représentants des électeurs, les conférences ne purent commencer qu'au mois de décembre. Louis XIV demanda qu'on lui laissât en pleine propriété Strasbourg et toutes les localités réunies avant le 1er août 1681. Il offrait en compensation de rendre Fribourg après que les fortifications en seraient démolies, à l'Empire et Philipsbourg, démantelé également, à l'évêque de Spire. Du 14 décembre 1681 à la fin d'août 1682 les discussions ne purent aboutir : en septembre 1682 les plénipotentiaires français remirent à la conférence une note qui assignait de la part du roi le 30 novembre comme terme extrême pour accepter ses propositions et ils revinrent en France. Le congrès se sépara le 1er décembre 1682 (v. *Recueil des Instructions*, Autriche, p. 95-96). L'empereur avait essayé de réunir dans une contreligue par le traité de Luxembourg (10 juin 1682) les Etats de l'Empire hostiles à la France. L'opposition des membres les plus influents de la diète fit échouer son projet.

1. Allusion aux attaques des Turcs. Leur marche sur Vienne inclinait les princes Allemands à accepter les conditions posées par le roi dans son ultimatum du 1er février 1683. Après la défaite des Autrichiens à l'île de Schutt, le roi reçut les supplications de la diète de Ratisbonne pour obtenir qu'il suspendît les hostilités pendant la durée de l'invasion (v. *Mém. et Docum.*, Allemagne, t. 38, fos 69-78).

2. C'est par une dérogation aux habitudes des chancelleries que les noms des commissaires ne figurent pas dans ce préambule.

3. L'accord conclu à Ratisbonne est boiteux. On emploie le mot d'*armistice*, de *trêve* qui servait pour les arrangements avec les Turcs, comme s'il ne pouvait plus y avoir désormais de paix durable avec Louis XIV. Cependant on a confiance dans le temps pour apaiser les haines (v. *Recueil des Instructions*, Autriche, par M. Sorel, p. 10).

tandorum, idque amplectuntur iis ipsis Induciarum Conditionibus ex parte Sacræ Christianissimæ Majestatis per ejusdem Plenipotentiarium apud Imperii Comitia existentem, hoc in Loco antehac oblatis eo modo, quo in subsequentibus Articulis pleniùs declarantur.

II. Cùm hujus Armistitii Basis et Fundamentum sint Pacis Westphalicæ et Neomagensis Instrumenta, eadem in suo vigore remaneant, eum in modum, ac si hisce Tabulis verbotenus inserta essent.

III. Juxta hoc ita receptum Armistitium sit vera sinceraque Amicitia, mutua bonaque Correspondentia inter Sacram Cæsaream Majestatem et totum Imperium ex una [1]; et Sacram Christianissimam Majestatem ex alterâ, partibus, adeò ut ex nunc nulla specie Juris, aut via facti, nullis hostilitatibus, reunionibus, vindicationibusque, nullo etiam recuperandorum jurium prætextu; nulliusve alterius rei causâ, directè vel indirectè turbari queat.

IV. Ideò durante hoc viginti annorum Armistitio, Sacra Christianissima Majestas permaneat in libera quietaque possessione Civitatis Argentinensis, cum Fortalitio Kehl, aliisque munimentis inter Urbem dictumque Fortalitium sitis et constitutis, Rhenoque adjacentibus, ut et omnium quarumcunque Ditionum et Locorum, quæ usque ad primum Augusti 1681 vigore Sententiarum Tribunalium Metensis, Brisacensis, ut et Vesontini in Imperio occupata sunt [2].

V. Exerceat quoque Sacra Christianissima Majestas in iis Locis ita retentis, liberò et absque ullius contradictione Jura Superioritatis, supremique Dominii, neque licitum sit cuiquam, altè dictam Sacram Christianissimam Majestatem, in ipso Jurium suorum exercitio ullo modo turbare [3].

---

1. L'empereur, selon l'usage, traite au nom de tout le corps Germanique. Comme à Nimègue, la signature de ses plénipotentiaires figure seule parmi les Allemands; tandis qu'aux traités de Munster et de Ryswick, les plénipotentiaires des princes ont signé.

2. Strasbourg et Kehl capitulèrent le 30 septembre 1681. Toutes les autres réunions aux dépens de l'Empire avaient eu lieu avant la date du 1er août. Mais les conquêtes en Luxembourg et en Flandre continuèrent après cette date.

3. Les restrictions stipulées dans l'article 89 de la paix de Munster ne sont plus mentionnées ici. Le droit *d'immédiateté* accordé aux princes et villes

VI. Restituet verò Sacra Christianissima Majestas Imperio omnia illa Loca, quorum possessionem post primam Augusti *anni millesimi sexcentesimi octuagesimi* primi sibi vindicaverit, idque absque ulla reservatione, adeò ut nihil quidquam in iis locis ita restitutis, durantibus induciis, sivè retinere, sivè ullâ ratione prætendere possit, aut debeat; Exceptis tamen semper Urbe Argentinensi et omnibus Fortalitiis ad *istam spectantibus*, de quibus Articulo quarto præcedenti conventum est. Si quid verò sine autoritate dictorum Tribunalium Metensis et Brisacensis ut et Vesontini quod ad imperium spectaret et, quod aliunde ad Regem Christianissimum non pertineret, ante primam Augusti Anno millesimo sexcento octuagesimo primo tantùm nudâ et simplici viâ facti occupatum esset, id quoque Sacra Christianissima Majestas restituet [1].

VII. Si quid etiam in unius vel alterius partis territorio ad alteram partem vel ejusdem Subditos pertinens, per modum Repressaliorum arrestatum fuerit, utrinque relaxabitur.

VIII. Rex Christianissimus relinquit Dominos proprietarios eorumque legitimos hæredes, successores, ac quoslibet, qui eidem juramentum fidelitatis sivè per se, sivè per alium, nempe Procuratorem, præstiterunt, in suo Statu et plenaria perceptione fructuum ad Loca reunita propriè et non ad Superioritatem spectantium, ut et exercitio in Ecclesiasticis et Politicis, prout Instrumentis Pacis Monasteriensis, et Noviomagensis dispositum est [2]. Restituet non minùs supra dicto modo eos, qui adhuc juramentum fidelitatis præstabunt, sivè in contumacia antehac fuerint, sivè non, et si quæ hactenus in contrarium facta fuère, in pristi-

---

énumérées dans cet article 89 est supprimé. Voir aussi plus bas l'art XII. Voir notre premier fascicule, p. 44.

1. Les restitutions *stipulées ne sont pas mentionnées nominativement* par ce qu'elles s'appliquent à des localités sans importance. Il n'est plus question ici de la restitution de Fribourg-en-Brisgau proposée à la diète de Francfort de 1681-82 (v. une lettre du roi à Cheverny, 14 octobre 1681, dans *Recueil des Instructions*, Autriche, p. 91).

2. Voir les art. II, V et VI de la capitulation de Strasbourg (Legrelle, *Louis XIV et Strasbourg*, p. 557).

num statum non minùs reponantur; ac ipsis et quibuscunque Locorum reunitorum Incolis, ubicunque morantibus, liberum sit, sua bona pro libitu, vel per se, vel per alios administrare aut alienare.

IX. Concedit quoque Sacra Christianissima Majestas omnium Locorum reunitorum, sivè vindicatorum Incolis, tàm Catholicam fidem profitentibus, quàm Confessioni Augustanæ, aut Reformatæ uti vocantur, Religioni addictis [1], liberum Religionis exercitium, liberrimamque fruitionem atque dispositionem omnium bonorum, decimarum, redituumque omnis generis, tàm eorum, qui ad sustentandos Ecclesiarum Rectores, pastores, præceptores, ac Administros, quàm ad ipsa eorum Templa, Scholas, ædesque pertinent, cunctorumque aliorum, quocunque nomine veniant, nullis exceptis.

X. Et quo induciæ istæ eò magis servari possint neque ullis casibus obnoxiæ sint, statim post hunc Tractatum ratihabitum utrinque nominabuntur, instituenturque Commissarii ad limites Imperium inter et Galliam juxta supra denotatam possessionem, designandos, ponendosque, ubi necesse fuerit, finium Terminos, ita ut exinde nulla oriri queat Controversia in detrimentum Armistitii hoc Tractatu conclusi : Qui Commissarii inter se in id quoque allaborabunt, ut si quid ex alterutra parte desit, vel promissæ restitutioni, vel aliàs executioni præsentis conventionis, id plenum effectum sortiatur.

XI. Pacis Tractatus (quibus finitis hoc Armistitium cum omnibus suis hic positis Conditionibus cessat :) confestim inchoentur, et tempus atque locus hic determinetur.

XII. Sacra Regia Christianissima Majestas renunciat ad tempus harum induciarum omnibus et quibuscunque Prætensionibus in Imperium ejusque Status, Membra et Appertinentes, ac in specie cunctis Appertinentiis, Dependentiis, connexis, protectionibus, ita dictis Reunionibus, et qui

---

1. Voir les art. II et III de la capitulation de Strasbourg. C'est en vertu de cet article IX que les protestants d'Alsace ne furent pas inquiétés à la suite de la révocation de l'édit de Nantes.

prætextus quocunque modo excogitari poterunt. Renuntiant vicissim ad idem tempus induciarum Imperator et Imperium supremo Dominio, omnique Juri Superioritatis et protectionis, vel alteri cuicunque quæ ipsis in regiones, Urbes aliaque loca reunita aliàs competebant, aut competere poterant.

XIII. Durante hoc Armistitio libera sint commercia inter utriusque Partis Subditos, ita ut Mercatorum aliorumque alterutrius Nationis peregrinantium, tàm personis, quàm rebus, apud alteram reciprocè plena securitas, et ubi opus fuerit, favor et auxilium concedatur, neque unquam justitia et protectio denegetur.

XIV. Quod Disceptationes civiles, sive processus judiciarios attinet, si inter Subditos ejusdem supremi Domini orta lis est, aut imposterum oritur, coram Tribunalibus ab eodem Domino, aut constitutis, aut approbatis, se invicem conveniant; si verò inter Subditos diversorum supremorum Dominorum contentio nascitur, aut jam existit, Jus commune observetur, ut Actor sequatur forum rei.

XV. In hoc Armistitii Tractatu præter Partes hic transigentes, Imperatorem et Imperium ab unâ, et Regem Christianissimum ab altera Parte, adeoque Sacræ Cæsareæ Majestatis Regna et Provincias Hæreditarias omnes, quas possidet, ut et omnes Imperii Electoratus, Archi-Episcopatus, Episcopatus, Abbatias, Præposituras, Ducatus, Principatus, Marchionatus, Landgraviatus, Ballivias, Commendas, Comitatus, Baronatus, Dynastias, Civitates liberas, Nobilitatem immediatam, Vasallos et Appertinentes, in quacunque Regione in et extra Germaniam siti sint, nullo excepto, omnes Circulos, omnes et singulos Imperii Status, regiones, Provincias, territoria, Dominia, ubicunque sita sint, comprehendantur Pacis Westphalicæ Consortes, et etiam Rex Catholicus, cum omnibus suis Regnis et Ditionibus.

XVI. Super executione et observatione hujus Armistitii contra quamcunque turbationem sive directam sive indirectam, omnis et qualiscunque generalis Guarantia inter Partes transigentes reciprocè et mutuò præstabitur, et jam promittitur, ad eamque aliæ quoque exteræ Christianæ Potentiæ omnes generaliter et recipientur et invitari poterunt [1].

XVII. Præstabunt similiter hanc reciprocam et communem Guarantiam Sacra Cæsarea Majestas et Imperium super illo Armistitio, quod juxtà Conditiones à Sacra Majestate Christianissima propositas, et à Sacra Majestate Cæsarea, nomine Regis Catholici acceptatas, conclusum [2], simul atque dicti Armistitii Tractatûs ratificationes permutatæ fuerint, et in eum finem majoremque efficaciam censebitur dictus Tractatus cum Catholico Rege tanquam in hunc Imperii Tractatum de verbo ad verbum insertus esset.

XVIII. Reservat sibi utraque Pars intra tres ab hujus Tractatus Ratificatione subsequentes menses, suos ulteriùs includendos ex communi consensu nominare.

XIX. Denique Dubia et Disceptationes super hoc Armistitii Recessu, aut aliàs deinceps forsitan oriundæ, non viâ facti, aut armorum, directè vel indirectè, nec per se, nec

---

1. L'électeur de Brandebourg, en vertu de cet article, a accordé sa garantie à la trêve, à l'instigation de Louis XIV. Depuis son traité secret de 1679 il était l'allié ostensible du roi et il avait signé avec lui quatre traités à Cologne-sur-Sprée. Le dernier, celui du 25 octobre 1683, contenait la promesse d'appuyer le projet de trêve présenté par le roi à la diète de Ratisbonne (v. France, t. 422, f° 510 à 550). La garantie de l'électeur de Brandebourg est dans Dumont, t. VII, part. II, p. 85.

2. A la suite des conventions arrêtées à la Haye le 29 juin 1684, le roi d'Espagne avait donné plein pouvoir à l'empereur de conclure en son nom la paix avec la France (v. France, t. 423, p. 803 à 819). La convention de la Haye fut signée entre le comte d'Avaux et les représentants des Etats Généraux : elle fixait les conditions destinées « à procurer la paix entre la France et l'Espagne ». Elle rétablit les choses en l'état où elles ont été réglées par le traité de Nimègue sous les réserves suivantes : le roi de France gardera Luxembourg avec les 15 villages qui dépendent de sa prévôté, avec Beaumont, Bouvines et Chimay. Il restituera Courtrai et Dixmude, mais démantelés, et toutes les localités occupées après le 20 août 1683. Le roi d'Angleterre est institué médiateur des cas litigieux qui pourraient se produire. Le roi d'Espagne avait un délai de six semaines et la diète de Ratisbonne un délai d'un mois pour approuver ces conventions (v. Dumont, t. VII, part. II, p. 79-81). A Ratisbonne le comte Verjus de Crécy défendit article par article cette convention et les fit accepter. Il signa le 15 août avec le comte de Windisgrætz, représentant de l'empereur, un traité en onze articles qui est la reproduction des clauses consenties à la Haye (v. Dumont, t. VII, part. II, p. 83 et 84). Nous savons que le roi se relâcha de la rigueur des conditions de l'art. VII sur les contributions. Il accorda une remise de 3.600.000 livres et réduisit à 4.000.000 de livres la contribution à payer (v. France, t. 423, f° 815).

per alios, sed amicabiliter secundùm Instrumenti Pacis Westphalicæ tenorem, componantur et tollantur.

XX. Inducias hasce hoc modo factas promittit utraque Pars in forma debita solitaque ratihabitum, solemniaque desuper ratihabitionum Instrumenta, intra spatium unius mensis [1], à die Subscriptionis computandum, reciprocè ritèque commutatum iri.

In quorum fidem roburque præsentes manu nostrâ subscripsimus, ac Sigilla nostra apposuimus. Actum Ratisbonæ die decimo quinto Mensis Augusti, Anno millesimo sexcentesimo octuagesimo quarto [2].

(*L. S.*) Marquardus
Episcopus et Princeps
Eystettensis.

(*L. S.*) Franciscus Matthias May.

(*L. S.*) Ludovicus Verjus
Comes de Crecy [3].

---

1. La ratification fut signée simultanément par l'empereur à *Vienne et par* le roi à Versailles, le 28 août 1684.

2. La médaille frappée à l'occasion de la trêve de Ratisbonne porte au droit Pallas assise à l'ombre d'un laurier sur un monceau d'armes appuyée d'une main sur la lance et de l'autre sur l'égide avec la légende :

Virtus et prudentia principis.

et *au verso* :

Induciæ ad viginti annos datæ 1684.

3. Louis de Verjus, comte de Crécy, fut d'abord secrétaire des commandements de la reine de Portugal, Isabelle de Savoie-Nemours. Il revint en France en 1669, remplit plusieurs missions diplomatiques en Angleterre et en Savoie, *représenta le roi auprès* de la diète de Ratisbonne (1679), où il signa les deux trêves de 1684 et fut second plénipotentiaire à Ryswick. Il mourut le 13 décembre 1709. Il connaissait à fond les affaires d'Allemagne où il avait longtemps résidé et où il fut souvent assisté de son frère, le P. Verjus. (Saint-Simon, édit. de Boislisle, t. II, p. 242).

TRÊVE DE RATISBONNE

ENTRE LOUIS XIV ET CHARLES II D'ESPAGNE
DU 15 AOUT 1684

In nomine, et ad honorem Sanctissimæ Trinitatis Dei Patris, Filii, et Spiritûs sancti. Notum sit universis et singulis quorum interest, aut quomodolibet interesse potest : Cum Serenissimus ac Potentissimus Princeps et Dominus Dominus Ludovicus Decimus-quartus Rex Franciæ [1], et Navarræ Christianissimus, ex constanti conservandæ inter Christianos Pacis desiderio, et etiam crebris, et instantibus Summi Pontificis adhortationibus permotus, Serenissimus ac Potentissimus Princeps, et Dominus, Dominus Carolus Secundus Hispaniarum et Indiarum Rex Catholicus etc. malis et periculis Christianitatis commotus, quæ ipsi iterato et vehementer, tàm ipsius Summi Pontificis, quàm Imperatoris nomine repræsentata sunt, ut et decreverint illud bellum, quod inter ipsos jam ardebat, sollicitè pro communi Subditorum, totiusque Christianitatis, jamjam aliundè [2] nimis afflictæ bono, quàm primùm vel per pacem, vel per Inducias extinguere, ideò cùm jam dudum Sacra Majestas Christianissima sua Mandata Ministris suis, tum variis in locis, cum hic etiam Ratisbonæ ad id negotium tractandum dederit, cum iis, qui ad idem conficiendum, à Rege Catholico sufficienti Mandato muniti essent; è re sua quoque judicavit Sacra Majestas Catholica, cum videret se à locis Tractatuum nimium remotam, Sacram Cæsaream Majestatem requirere, ùt in eò peragendo partes suas suscipere, et ex ejus Ministris

1. Le texte publié par Dumont a été copié sur un exemplaire espagnol. Il contient un préambule de quelques lignes en espagnol qui n'existe pas dans l'instrument original latin et le roi d'Espagne y est constamment nommé avant le roi de France; c'est l'inverse dans le texte de nos Archives.
2. Voir dans le préambule de la trêve avec l'empereur une allusion du même genre aux attaques des Turcs.

aliquos seligere vellet [1], quibus rem totam committeret. Quare sæpiùs altè memorata Sacra Sua Cæsarea Majestas, tam proficuo, et utili negocio, in bonum universæ Christianitatis celerem manum applicatura, suos ad Comitia Ratisbonensia Deputatos, Cæsareos Commissarios delegavit et substituit, ad Armistitii Tractatum loco, et vice suâ pro Rege Catholico, cum Regis Franciæ Christianissimi infrà nominato Ministro Plenipotentiario ineundum, qui etiam Armistitium mutuò concluserunt, stabiliverunt et subsignaverunt juxtà conditiones sequentes.

I. Juxtà conditiones à Rege Christianissimo oblatas pro Pacis restauratione, Rex Catholicus amplectitur vicennales Inducias à die Subscriptionis hujus Tractatus computandas, quibus durantibus cessabunt utrimque tàm Terra, quàm Mari, aliisque Aquis omnes hostilitates in omnibus Regnis regionibus, provinciis, territoriis et Dominiis, in et extrà Europam, tàm cis, quàm trans Lineam, omniaque restituantur, hinc indè in eum statum, in quem Pace Neomagensi fuêre constituta, exceptis tamen illis, de quibus sequentibus Articulis ratione possessionis fuerit conventum, quâ Reges Christianissimus et Catholicus, durantibus induciis vicennalibus reciprocè gaudebunt.

II. Rex Christianissimus retinebit et fruetur, durantibus hisce Induciis, quiete, et sine molestia, quacumque de causa, aut prætextu fieri possit, Civitate Luxemburgo, ejusque Præfecturâ aut quatuordecim, vel quindecim Pagis, vel Villis ab ea dependentibus, sicut etiam Beaumont et tribus, vel quatuor Pagis qui de ejusdem dependentia supersunt, item Bouvines [2] sine Dependentiis, Chimay cum duodecim vel quindecim Pagis dependentibus.

---

1. Les articles de la convention de la Haye du 29 juin furent transmis à Ratisbonne, où le comte de Verjus, représentant de la France, refusa d'y apporter aucune modification malgré les efforts du comte de Windisgrætz et de Mathias May que l'empereur avait désignés pour défendre les intérêts du roi d'Espagne. V. France, t. 423, p. 803-810. Parmi les instruments originaux des archives, il n'existe pas à cette occasion de pleins pouvoirs du roi d'Espagne à aucun plénipotentiaire. Verjus refusa de signer l'accord avec le roi d'Espagne, conclu dès le 10 août en dehors de l'accord avec l'empereur. (v. Allemagne, *Mém. et Doc.*, t. 38, f° 101).

2. Bouvines près Dinant et non le Bouvines de Philippe-Auguste près Lille.

III. Quòm primùm post editum Instrumentum Ratihabitionis in debita forma, qua Regia Catholica Majestas acceptabit, ac ratihabitura est ea quæ hujus Conventionis Articulis continentur, Regia Christianissima Majestas, Regiæ Catholicæ Majestati restituet Oppida Cortracum, et Dixmudam [1] cum utrimque Dependentiis posteaquam illorum muri dejecti, et Munimenta solo fuerint æquata.

IV. Restituet etiam Regia Christianissima Majestas post factam Ratihabitionis permutationem, omnia Loca quæ armis illius fuère occupata, et generaliter omne illud, cujus possessionem post vigesimam Augusti, Anno millesimo, sexcentesimo, octuagesimo tertio aprehendit, exceptis Civitatibus Luxemburgo, Beaumont, Bouvines, et Chimay, quas cum suis Dependentiis, eò modò retinebit, quò superiùs Articulo secundo hujus Conventionis stipulatum fuit. Manebunt de cætero Regia Christianissima Majestas et Regia Catholica Majestas, in eadem possessione ac statu, quo tempore solutæ primæ Blocadæ, (sive Blocus ut vocant) Oppidi Luxemburgensis fuère constitutæ, ità tamen ut ratione talis possessionis, vel aliarum Civitatum aut Locorum, quæ durantibus hisce induciis in unius vel alterius partium potestate remanebunt, nullatenus liceat quidquam hinc indè prætendere, ullasvè facere Reuniones.

V. Tenebitur etiam Christianissima Majestas post editam ex parte Hispaniæ Ratihabitionem Copias suas ex Dominiis Regiæ Catholicæ Majestatis revocare [2], ubicumque Locorum sita sint, vicissim etiam Rex Catholicus ab omni Actu Hostilitatis abstinebit, etiamque ex parte sua pro restaura-

1. Dès le 20 avril, d'Avaux avait offert de remettre Courtrai et Dixmude et toutes les places occupées depuis le 20 août 1683 en Flandre, à condition que le roi garderait Beaumont, Chimay, Bouvines et Luxembourg (v. *Mém. et Docum.*, Hollande, t. 46, p. 790 et suiv.).

2. Le 3 septembre 1683, le maréchal d'Humières avait reçu l'ordre de pénétrer de force et de *subsister* sur les terres du roi d'Espagne. Il s'empara de Beaumont, Chimay, Bouvines. Le marquis de Grana ordonna aux Espagnols de courir sus aux Français. Luxembourg capitula seulement le 4 juin 1684 après un long blocus et deux mois de tranchée ouverte, sous les ordres de Créqui et de Vauban (v. *France*, t. 423, p. 800 et suiv., et *Mém. et Docum.*, Hollande, t. 46, corresp. de d'Avaux, septembre à décembre 1683).

tione tranquillitatis publicæ et mutuæ amicitiæ inter Subditos utriusque Regis Christianissimi et Catholici, eadem servabit, ad quæ Regia Christianissima Majestas sese præsenti hac Conventione obstringit.

VI. Et si ex hoc fundamento, quod uterque Rex durantibus hisce Induciis, in ea possessione manere debeat, in qua utraque Majestas Christianissima et Catholica, tempore primæ solutæ Blocadæ (sive Blocus ut vocant) Oppidi Luxemburgensis fuère constitutæ (exceptis tamen locis quæ in Regiæ Christianissimæ Majestatis potestate remanebunt) aliqua loca extarent, de quorum extensione, sive de tempore possessionis lis foret, illius decisio Regi Magnæ Britanniæ deferenda [1], ita tamen, ut supra memorati Reges super hoc nihil ulteriùs queri possint post trium mensium spatium à die ratihabiti Tractatus elapsum.

VII. Continuabuntur insuper ex utraque Parte exactiones Contributionum quæ solvendæ restabunt [2], ad diem usque commutatarum ratificationum, eæque quæ hoc modo tempore commutationis adhuc debebuntur, exsolventur intra spatium trium mensium à supradicto termino computandorum, nullaque propterea fieri poterit executio intra id tempus contra Communitates debitrices, dummodo sufficientem præstiterint cautionem in Urbe, intra illius altè memoratorum Regum, ad quem dictæ Contributiones pertinebunt, Dominium sita; Si verò aliquæ orirentur controversiæ, sive difficultates, intuitu istarum Contributionum,

---

1. Dès le 13 mars 1683, l'ambassadeur espagnol à la Haye avait proposé de choisir les États Généraux comme arbitres pour terminer le différend entre le roi et les deux cours d'Espagne et de Vienne. Mais le prince d'Orange était opposé à l'arbitrage, ainsi que le secrétaire Fagel; ils voulaient engager la Hollande dans une nouvelle guerre contre Louis XIV. Ils firent rejeter la proposition d'arbitrage et voter une levée de 16.000 hommes contre la France. Mais le comte d'Avaux proposa l'arbitrage du roi d'Angleterre qui, repoussé une première fois par le roi d'Espagne en 1682, à la suite des négociations de Courtrai, fut accepté au mois de mars 1684. Fagel remit au roi d'Angleterre une carte où il avait tracé la nouvelle frontière qu'il proposait d'établir entre les possessions françaises et espagnoles aux Pays Bas. (Hollande, t. 46, corresp. de d'Avaux de mars 1683 à mars 1684. — France, t. 423, p. 778 et suiv.)

2. Le roi remit 3.600.000 livres de contributions conditionnelles et réduisit à 4 millions de livres les contributions à payer (v. France, t. 423, f° 825).

nulli Partium licitum sit sibi viâ facti satisfacere, sed contentiones istæ terminentur amicabiliter, et si istud fieri nequit, ad Arbitrium Regis Magnæ Britanniæ remittentur.

VIII. Rex Christianissimus promittit ab omnibus Hostilitatibus ex nunc in Belgio contra Civitates, et Loca ad Coronam Hispaniæ pertinentia, etiam agris (sive Plat Pays), cessatum iri, sicut etiam ex parte Hispaniæ vicissim abstinendum erit [1].

IX. Nihil hinc inde quoad Tractatus Noviomagensis inter Reges Christianissimum et Catholicum innovetur, verum is per omnia in suo vigore salvus maneat, nisi tamen quatenus Articulo primo superiùs reservatum fuit.

X. Sacra Cæsarea Majestas tàm pro sè, quam nomine Regis Catholici, ut et Sacra Christianissima Majestas consentiunt, ut universum Sacrum romanum Imperium, Rex Magnæ Britanniæ Confœderatarum Provinciarum Ordines et denique omnes Reges, Principes, Respublicæ, ac Status, qui hanc obligationem in se suscipere velent, utrimque promittant se pro r staurandа et assecuranda bona Fide, ac universi Orbis Christiani Tranquillitate horum Pactorum Guarantiam in se suscepturos.

XI. inducias hasce hoc modo factas promittit Sacra Cæsarea Majestas à Rege Catholico, sicut et vicissim Christianissima Sua Majestas, in debita forma solitaque ratihabitum, solemniaque desuper Ratihabitionum Instrumenta intra spatium sex septimanarum : vel citiùs si fieri poterit, à die Subscriptionis computandum, vel hic, vel in Aula Christianissimi Regis reciprocè, riteque commutatum iri [2].

In fidem, roburque horum omnium quæ superiùs descripta, ac nomine Sacræ Cæsareæ Majestati pro Rege Catholico ex una, et nomine Sacræ Christianissimæ Majestatis ex altera partibus tractata et conclusa fuerunt, nos Infrascripti

---

1. Les articles II à VIII sont ou traduits mot pour mot sur la convention de la Haye du 29 juin (art. II, V et VI) ou presque complètement copiés, avec quelques additions relatives à l'intervention des États Généraux. Faire la comparaison d'après Dumont, t. VII, part. II, p. 79-80.

2. L'article IX correspond à l'art. XIII de la convention de la Haye. Les art. X et XI aux art. XII et XIV de cette même convention.

præsentes propria manu subscripsimus ac sigillavimus. Actum Ratisbonæ die decimo quinto Mensis Augusti, Anno millesimo, sexcentesimo octuagesimo quarto.

(*L. S.*) Amadeus *Comes de* Windisgratz.

(*L. S.*) Franciscus Mathias May.

(*L. S.*) Ludovicus Verjus *Comes de* Crecy.

III — TRAITÉS DE TURIN ET DE RYSWICK

I

NOTICE PRÉLIMINAIRE

Les traités de Turin et de Ryswick terminent la guerre dite de la ligue d'Augsbourg, la première qui ait forcé Louis XIV à reculer. Elle eut pour causes les inquiétudes des puissances en présence de la violation des traités de Nimègue lors des réunions, les ressentiments des États protestants à la suite de la révocation de l'édit de Nantes, l'ambition maritime et coloniale de l'Angleterre affranchie des Stuarts par la révolution de 1688. Ce fut, comme la guerre de Hollande, une guerre d'équilibre européen qui se termina pour Louis XIV par une limitation.

La coalition se forma lentement; chacun des empiètements ou des excès de pouvoirs du roi augmenta le nombre de ses ennemis. Dès le 1er mars 1680, à la suite des premières réunions, l'empereur avait proposé à la diète de Ratisbonne l'armement de l'Empire contre la France [1]. Le jour même de l'occupation de Strasbourg et de Casal (30 septembre 1681) le roi de Suède Charles XI, irrité de l'occupation du duché de Deux-Ponts, berceau de sa famille, signa avec le stathouder Guillaume III le *traité d'association* de la Haye pour la garantie des traités de Munster et de Nimègue. Au mois d'avril 1682, Léopold ratifia le traité d'association : le stathouder Guillaume et le grand pensionnaire Fagel excitaient les Hollandais à reprendre les armes. Le 3 septembre 1683 les troupes françaises envahirent le territoire des Pays-Bas et le 11 décembre Charles II d'Espagne se décida à déclarer la guerre. Le 1er février 1684, le prince d'Orange fit rejeter par les États Généraux un projet d'arbitrage et voter des levées d'hommes. Tandis que Louis faisait le siège de Luxem-

1. Allemagne, *Corresp. polit.*, 1679-1681, f° 193, dépêche du 17 janvier 1680.

bourg, Guillaume préparait manifestement la guerre; il déclarait « qu'il y aurait de la mauvaise foi dans le procédé de la France tant que Luxembourg resterait entre les mains du roi » et d'Avaux faisait faire le guet autour des écuries du stathouder pour connaître le moment précis de son départ annoncé pour la Flandre [1]. La reddition de Luxembourg (4 juin 1684) terrifia la coalition qui n'était pas prête à la lutte et amena une suspension des hostilités qui est la trêve de Ratisbonne.

Le bombardement de Gênes, la révocation de l'édit de Nantes ranimèrent les espérances des ennemis du roi. La mort de l'électeur palatin, Charles de Simmern, de la branche palatine de Bavière (15 mai 1685) donna un nouvel aliment aux ambitions du roi. Tandis que Philippe-Guillaume de Neubourg, beau-père de l'empereur, se mettait en possession de l'électorat, Louis XIV réclama pour sa belle-sœur, Élisabeth-Charlotte, seconde femme du duc d'Orléans, les alleux de la succession palatine et les biens mobiliers dans lesquels il voulait faire comprendre jusqu'à l'artillerie garnissant les forteresses [2]. Ce furent autant de prétextes exploités par Guillaume pour nouer enfin la coalition : 12 janvier 1686, renouvellement entre les États Généraux et la Suède des anciens traités défensifs; 10 février, pacte de défense mutuelle entre la Suède et le Brandebourg; 7 mai, traité secret entre l'électeur de Brandebourg et l'empereur, tels sont les différents anneaux de la chaîne qui va se souder autour de la France.

Louis XIV cherchait encore à arracher l'Espagne à l'influence autrichienne. Le marquis de Feuquières, à titre officiel [3], l'abbé de Verjus, avec une mission secrète, devaient, avec l'aide de la reine Marie-Louise d'Orléans, contrecarrer les progrès de l'ambassadeur autrichien Mannsfeld soutenu par la reine mère. Il devait empêcher que l'archiduc Charles, né en septembre 1685, fût envoyé à Madrid pour y être élevé comme l'héritier désigné de toute la succession espagnole : il devait surtout empêcher l'Espagne de se joindre à la coalition. L'Espagne, la plus maltraitée de toutes les puissances ennemies, avait hâte de venger son honneur. Elle entra dans le pacte définitif conclu du

---

1. D'Avaux au roi, 11 mai 1684; dans *Mémoires et Documents*, Hollande, t. 46. On y voit toute la suite de ces négociations de 1678 à 1684.

2. V. France, t. 422, f° 560 *bis* un premier accord intervenu entre le roi et Philippe Guillaume à propos des droits de Madame.

3. Voir dans le *Recueil des Instructions*, Espagne, par Morel Fatio les instructions pour l'ambassade de Feuquières (1685-88).

9 au 17 juillet 1686 entre l'empereur, les rois d'Espagne et de Suède et les princes allemands des cercles de Bavière, de Souabe et de Franconie pour la défense des traités de Westphalie et de Nimègue. Ce fut la ligne d'Augsbourg. L'électeur palatin et le duc de Holstein-Gottorp y entrèrent au mois de septembre. Guillaume III en était le véritable instigateur [1].

L'affaire des *franchises* et la hautaine ambassade du marquis de Lavardin acheva de brouiller Louis XIV avec le pape Innocent XI. Le litige à propos de la succession de Cologne amena Louis XIV à soutenir son protégé Guillaume de Furstenberg, évêque de Strasbourg, contre le candidat de l'empereur Clément de Bavière [2] (3 juin-19 juillet 1688). Ce fut l'occasion de l'attaque dirigée par Louis XIV contre l'Allemagne. Son manifeste de guerre (25 septembre 1688) signale les préparatifs de l'empereur, son adhésion à la ligue d'Augsbourg, son refus de donner satisfaction à la duchesse d'Orléans et à Guillaume de Furstenberg. Aussitôt le Dauphin porte la guerre dans le Palatinat. Guillaume profite de l'éloignement des armées françaises pour opérer sa descente en Angleterre (8 novembre) et réduire Jacques II à s'embarquer pour la France (23 décembre). Dès lors la ligue d'Augsbourg restée platonique pendant deux ans se resserre par de nouveaux pactes. Un rapprochement intime se produit entre les cours de Vienne et de Madrid. La reine Marie-Louise d'Orléans [3] meurt (12 février 1689). Devenu veuf, le roi d'Espagne

1. V. Dumont, t. VII, part. II, p. 122-139.

2. Depuis longtemps Guillaume Egon de Furstenberg était le conseiller de l'électeur de Cologne, Maximilien-Henri de Bavière (1650-1688), le vieil allié de Louis XIV. Il devint le coadjuteur de l'archevêque au début de l'année 1688 et à sa mort, le 3 juin, fut *pos ulé* par 13 capitulaires : mais le 19 juillet, avec l'appui de l'empereur et du pape, 9 capitulaires lui opposèrent Clément de Bavière qui était encore presque un enfant (v. France, t. 422, f° 430 et suiv., une série de traités avec l'électeur de Cologne de 1683 à 1688). Villars envoyé à la cour de Munich avait gagné personnellement les cœurs par sa bravoure contre les Turcs dans la journée de *Mohacz* (1687), par ses galanteries à l'égard des sémillantes beautés de Vienne, Mme de Kaunitz, Mlles de Wehlen et de Sinzendorf (v. Bavière, t. 39 et 40).

3. Elle mourut d'un mal subit comme sa mère Henriette d'Angleterre. Le bruit courut qu'elle avait été empoisonnée. Il est probable qu'elle fut enlevée par une attaque de choléra. « Elle ne mangeait que des saletés et à toute heure. L'annonce répétée de grossesses qui n'aboutissaient jamais avait exaspéré contre elle ses sujets. Marie-Anne de Neubourg qui prit sa place sur le trône d'Espagne avait huit frères et quatre sœurs. Elle ne donna pas plus d'enfants à Charles II que l'infortunée Marie-Louise. Ce nouveau mariage fut conclu à l'instigation de la reine mère qui en dehors de la politique ne s'occupait guère que de « ses oiseaux canariens sifflant et chantant musique » (v. LEGRELLE. *La diplomatie française et la succession d'Espagne*, t. I, chap. 8 et 9 et LONCHAY, *Rivalité de la France et de l'Espagne aux Pays-Bas*, au chapitre de la ligue d'Augsbourg).

épouse le 24 août suivant Marie-Anne de Neubourg, sœur de l'impératrice. Léopold avait d'autre part marié sa fille Marie-Antoinette avec l'électeur de Bavière, Maximilien. Il imposa à sa fille de renoncer pour elle et pour ses descendants à tous ses droits sur la succession d'Espagne; mais il promit en même temps au duc de Bavière de détacher pour lui de cette succession la Belgique et il obtint du faible Charles II que son gendre fût nommé gouverneur et capitaine général des Pays Bas espagnols. La Belgique passa ainsi du protectorat caduc de l'Espagne sous le patronage plus vigilant de l'Autriche. L'empereur réservait tout le reste de la monarchie espagnole à son second fils l'archiduc Charles, né en septembre 1685. En vain le comte de Rébenac quitta Berlin pour remplacer à Madrid son père, le marquis de Feuquières, qui venait de mourir (6 mars 1688). Il était muni d'une instruction très secrète afin de former un parti français à la cour de Madrid et d'obtenir surtout que le jeune archiduc Charles ne fût pas envoyé à Madrid pour y être élevé comme le futur héritier de la monarchie [1]. Rébenac ne put détacher l'Espagne de l'Autriche.

La cour de Vienne triomphait : elle avait enlevé à la France la neutralité de l'Espagne et l'alliance de la Bavière. Aussi c'est à Vienne que furent signés les divers traités qui constituent la *grande alliance* : le 12 mai 1689 les Hollandais s'unirent à l'empereur : le 20 décembre 1689, Guillaume III par l'acte d'Hamptoncourt fit entrer dans cette alliance l'Angleterre qui manquait encore à la coalition. Le 6 juin 1690 Charles II adhéra à l'alliance de Vienne. Le 24 août 1689 l'Angleterre et les États Généraux s'étaient unis par le pacte d'alliance de Westminster; le 3 juin 1690, Victor-Amédée conclut avec l'Espagne et avec l'empereur un traité pour la défense de ses États. Les coalisés déclarent prendre pour base les traités de Munster et des Pyrénées, s'engagent à faire rendre la Lorraine à son duc, à

---

1. L'instruction du comte de Rébenac comprend deux parties : 1° un mémoire très secret du 30 juin 1688 (v. Espagne, t. 74, f° 165 à 299) qui contient toute la doctrine de Louis XIV relative à la succession d'Espagne; 2° une instruction du 2 juillet (Espagne, t. 75, f° 12 à 30) conçue dans la forme ordinaire des instructions. Rébenac qui resta à Madrid du 2 septembre 1688 au 25 mars 1689 ne réussit pas à empêcher l'orientation autrichienne de la politique espagnole. Mais il réunit les premiers germes d'un parti français en ralliant à la cause du dauphin, grâce à de nombreuses libéralités, plusieurs grands d'Espagne parmi lesquels le duc de Caminha (v. *Recueil des Instructions*, Espagne, par Morel Fatio, p. XXIV et 361 et suiv.).

assurer toute la succession d'Espagne à l'empereur et à ses héritiers. Désormais la ligue d'Augsbourg est complétée par la grande alliance de Vienne. La guerre remplace la diplomatie[1].

Pendant quatre ans (1689-93) le vide diplomatique est à peu près complet. Louis XIV n'a plus dans la plupart des cours étrangères que des agents secrets. Il fait travailler dans l'ombre les couvents espagnols en faveur de la cause française par le Père Blandinières (1691) qui gagna le confesseur du roi Charles II, puis par le Père Guzman et le nonce du pape à Madrid, Caccia. Ces négociations faisaient entrevoir que Louis XIV était disposé à céder Suze et Montmélian au duc de Savoie, Philipsbourg à l'empereur et même Mons à l'Espagne Ces missions prématurées n'eurent aucun succès[2]. Louis XIV se retourna alors vers le duc de Bavière. Sur les instances de l'empereur, Charles II avait enfin nommé Maximilien de Bavière lieutenant gouverneur et capitaine général des Pays-Bas (12 décembre 1691) avec les mêmes pouvoirs qu'avait eus autrefois le cardinal Infant et l'archiduc Léopold. C'était pour Maximilien l'équivalent d'une royauté. Mais ce prince, ainsi que beaucoup d'autres grands d'Allemagne, se montra fort irrité de la création d'un neuvième électorat en faveur du duc de Hanovre (22 mars 1692). D'ailleurs, sa femme Marie-Antoinette, très irritée des infidélités de son trop volage époux, renouvela de son plein gré ses renonciations à la succession d'Espagne dans le testament qu'elle laissa peu de temps avant la naissance du prince électoral Ferdinand Joseph. Elle mourut en donnant le jour à ce prince et en déshéritant son époux. Louis XIV songea à exploiter le mécontentement du duc de Bavière en proposant de lui reconnaître les Pays-Bas en cas de mort de Charles II : le roi songeait à offrir plus tard au duc de Bavière le royaume de Naples en échange des Pays-Bas[3].

Ces conditions faisaient partie d'un ensemble de propositions énumérées dans un mémoire adressé au comte d'Avaux, représentant du roi en Suède, pour répondre aux bons offices du roi Charles XI en faveur d'une médiation (juillet 1693). Louis XIV offrait de rendre Montroyal et Trarbach rasés en compensation de Strasbourg; de démolir ceux des ouvrages de Port Louis et

1. V. Dumont, t. VII, part. II, p. 212-275.

2. V. Mémoire sur le voyage du P. Blandinières (Espagne, t. 80, f° 229) et la correspondance du roi avec Forbin-Janson janvier-avril 1693 (Rome, t. 359).

3. Voir les ouvrages cités de A. Legrelle, p. 373 et de Lonchay, p. 337.

de Huningue qui avaient été bâtis sur la rive droite du Rhin; de rendre Philipsbourg fortifié et Fribourg dans l'état où cette place avait été cédée aux Français; d'obtenir la renonciation de la princesse Palatine à ses prétentions territoriales; de donner au duc de Lorraine un équivalent pour ce que lui avait enlevé la paix de Nimègue. Mais l'empereur réclamait la cession de Strasbourg et Guillaume III voulait être reconnu roi d'Angleterre par Louis XIV. Les États Généraux de Hollande informés de la négociation de Stockholm par une communication à Heinsius du ministre suédois à la Haye, Heeckeren, montrèrent une grande répugnance à traiter.

L'empereur fit échouer cette première tentative de médiation, bien qu'au même moment il ait entamé une négociation isolée en Suisse. Son agent Seilern, délégué impérial à la diète de Ratisbonne, eut par l'intermédiaire d'un Vénitien, le comte de Vélo, plusieurs entrevues secrètes avec les agents français Verjus, de Crécy et Morel. Léopold refusa les offres du roi de France[1].

Cependendant les armes du roi triomphaient partout, aux Pays-Bas, en Italie, en Catalogne et sa diplomatie semblait plus modérée que jamais. Le duc de Bavière eût volontiers accepté les conditions personnelles qui lui étaient proposées. En Hollande, les négociants qui formaient le vieux parti républicain de la paix, très hostile au parti militaire dont les deux chefs étaient le grand pensionnaire Heinsius et le stathouder Guillaume III, cherchaient de nouvelles occasions de renouer avec le roi de France. L'italien Mollo, résident du roi de Pologne auprès des États Généraux, vint à Paris pour faire connaître de vive voix ces dispositions conciliantes. Maëstricht fut désigné pour y tenir les conciliabules. Ewerard van Weede, seigneur de Dykvelt, y représenta les États Généraux; Harlay de Bonneuil et Caillières quittèrent secrètement la France avec mission d'y défendre les intérêts du roi (15 octobre 1694). Dykwelt réclama la reconnaissance du roi d'Angleterre, la restitution de Strasbourg, et la constitution d'une barrière aux Pays-Bas. Les envoyés français offrirent Ypres et Dinant pour constituer cette barrière à laquelle on ajouterait des villes de Belgique, et la restitution de Brisach.

1. *Actes de la paix de Ryswick*, t. I, p. 33 et Suède, t. 74 passim (de juillet 1693 à janvier 1694). La négociation de Suisse est mal connue, nous n'avons pu retrouver non plus que M. Legrelle les instructions de Verjus de Crécy (v. A. Legrelle, *Succession d'Espagne*, t. I, p. 387-389. — Suisse, t. 7. — Hollande, t. 169).

Ce n'étaient encore que des engagements préliminaires qui furent rompus une première fois par la mauvaise volonté de Dykvelt (février 1695). Sur les instances de Mollo, Caillières partit de nouveau afin de reprendre à Utrecht les conférences suspendues. Il emportait dans ses instructions un projet de traité en six articles (2 juin 1695) qui étaient les suivants : 1° Exemption pour les navires hollandais du droit de 50 sous par tonneau; 2° restitution à l'Espagne de Mons, Namur, Charleroy et des conquêtes faites en Catalogne; 3° d'Ypres, de Menin et du fort de Knocke comme équivalent de Luxembourg; 4° rétablissement du commerce avec l'Angleterre à condition qu'elle rende ce qu'elle a pris aux colonies; 5° médiation des États Généraux; 6° promesse de leur part qu'ils n'assisteront plus les ennemis de la France si ceux-ci refusent la paix dans le délai de six mois. Par un article secret additionnel, Louis XIV s'engageait à reconnaître le roi d'Angleterre. Les négociations durèrent du 14 juin au 15 septembre. Un nouveau négociateur hollandais Boreel, bourgmestre d'Amsterdam, y remplaça Dykvelt. Mais les Hollandais réclamaient Maubeuge ou Condé pour leur barrière. Louis XIV se montrait disposé à accepter; les instances des coalisés qui avaient eu vent de ces négociations séparées les empêchèrent encore d'aboutir[1].

Louis XIV résolut dès lors d'éviter toute négociation sur la paix générale, mais de rompre à tout prix le faisceau de la coalition en détachant un à un les alliés qui s'y étaient engagés.

Au mois de décembre 1691, Rébenac fut envoyé en Italie afin de négocier entre tous les États italiens une ligue de neutralité et de protection mutuelle. Il échangea à Turin une correspondance privée avec le marquis de Saint-Thomas, premier ministre de Victor-Amédée; il n'eut pas de peine à obtenir les bons offices des Vénitiens en faveur de la paix. Enfin il prépara le rétablis-

1. V. Hollande, t. 161 et 162. Dykvelt qui avait semblé très bien disposé au début s'était peu à peu aigri et avait jugé bon de ne point reparaître à Utrecht. Saint-Simon raconte à ce propos l'anecdote suivante : Ces Messieurs (les Hollandais) eurent même l'impudence de faire sentir à M. Harlay dont la maigreur et la pâleur étaient extraordinaires, qu'ils le prenaient pour un échantillon de la réduction où se trouvait la France. Lui, sans se fâcher, répondit plaisamment que s'ils voulaient lui donner le temps de faire venir sa femme, ils pourraient en concevoir une autre opinion de l'état de ce royaume. En effet, elle était extrêmement grosse et était très haute en couleur. Il fut assez brutalement congédié (v. A. Legrelle, *Notes et documents sur la paix de Ryswick*, p. 47).

sement de la paix avec le pape Innocent XII auprès duquel le cardinal de Forbin-Janson, agent de la France à Rome, avait déjà témoigné des bonnes dispositions du roi. Louis XIV restitua de lui-même Avignon au pape et promit que la déclaration de 1682 ne serait plus enseignée dans les écoles du royaume comme article de foi [1]. A ce prix, le pape accorda aux évêques nommés par le roi les bulles qu'il leur avait jusque là refusées; l'accord se trouva rétabli avec le Saint-Siège (sept. 1693).

A la suite de la prise de Montmélian, des négociations s'ouvrirent à Pignerol, par l'intermédiaire de l'avocat Perracchino, entre Chamlay et le Piémontais Groppello, confident du marquis de Saint-Thomas (janvier 1692). Le roi offrait au duc de le remettre en possession immédiate de tous ceux de ses États qu'il avait perdus sauf Nice, Villefranche, Montmélian, Suze et Casal qui seraient occupés à titre de dépôt par des troupes suisses et vénitiennes jusqu'à la paix générale. Victor-Amédée eut le tort de faire connaître à Heinsius et à Léopold les propositions du roi. Ils obtinrent de lui un refus (24 février 1692) [2]. De nouvelles conférences furent reprises, d'abord à Pignerol, entre le comte de Tessé et Groppello (26 février 1693); puis à Turin entre le même Tessé, déguisé en postillon, et le marquis de Saint-Thomas (déc. 1693). Les belles victoires de Steinkerque et de la Marsaille avaient fait réfléchir Victor-Amédée. Mais deux fois encore il eut la faiblesse de révéler à ses alliés le secret de ses négociations, peut-être avec l'espoir d'en obtenir des conditions plus favorables que celles du grand roi; deux fois il se laissa résoudre par leurs instances à continuer la guerre [3]. Mais le mécontentement de Victor-Amédée contre des alliés toujours prêts à le sacrifier à leurs intérêts particuliers allait croissant. Tessé en notait soigneusement les témoignages dans sa correspondance avec le secrétaire d'État de la guerre Barbézieux [4]. Guillaume III refusait même de faire de la reddition de Pignerol au duc de Savoie une condition de la paix générale. Au mois de mars 1695 les négociations recommencèrent; le duc de Savoie proposait que

1. Voir pour la mission de Rébenac et la correspondance de Forbin-Janson, Rome, t. 342, 348, 352.
2. V. Turin, t. 94.
3. CARUTTI, *Storia della diplomazia della Corte di Savoia*, t. III, p. 210 et suiv.
4. Cette correspondance, bien que d'ordre purement diplomatique, a été versée au *dépôt de la guerre*. On la trouve pour l'année 1694 aux cartons 1272-1275, et pour l'année 1695 aux cartons 1329 et 1330.

le marquis de Crenan, gouverneur de Casal pour le roi, assiégé par les troupes impériales, reçût du roi de France l'ordre de remettre Casal aux Impériaux moyennant le démantellement de ses forts. Ainsi le duc de Savoie espérait pouvoir enlever bientôt la place au duc de Mantoue qui la réclamait. La capitulation de Casal eut lieu le 11 juillet 1695, suivant les formes indiquées par Victor-Amédée. Cette première satisfaction donnée au duc amena une suspension d'armes de fait, suivie bientôt d'une promesse de neutralité. Il est vrai que Victor-Amédée continuait ses menées avec la coalition, qu'il envoyait à Madrid un de ses conseillers les plus sûrs, Vernon, afin d'obtenir de Charles II pour lui et ses successeurs le gouvernement perpétuel du Milanais, au même titre que le duc de Bavière avait obtenu celui des Pays-Bas. Pour mieux se ménager entre les deux partis, il signa même ostensiblement, le 15 sept. 1695, le renouvellement de la Grande Alliance de Vienne. Cependant il n'avait pas rompu avec la France. Groppello et Tessé n'avaient pas cessé de se voir. En février 1696, Groppello réclama pour son maître la cession de Pignerol. Louis XIV demanda à titre de compensation soit Nice, soit la vallée de Barcelonette, soit un arrondissement du territoire de Seyssel. Le duc de Savoie refusa toute compensation, mais il accepta que Pignerol lui fût remis rasé et seulement trois mois après l'échange des ratifications. Il obtint même par un article secret qu'au cas où le roi d'Espagne mourrait sans enfants pendant la présente guerre, le roi de France aiderait le duc de Savoie à se mettre en possession du Milanais et en recevrait comme équivalent la Savoie. Enfin, comme au XVIIe siècle il n'y avait pas de bonne paix « sans les violons », la princesse de Savoie, Marie-Adélaïde, fut promise au duc de Bourgogne; et en considération de ce mariage Victor-Amédée reçut les honneurs réservés aux têtes couronnées; il fut en même temps nommé généralissime des troupes de Sa Majesté Très Chrétienne en Italie au cas où les alliés n'accepteraient pas de reconnaître la neutralité de l'Italie. Ainsi fut rétablie la paix entre Louis XIV et Victor-Amédée par les deux traités de Turin du 29 juin 1696 [1].

---

1. V. la *Correspondance de Tessé avec le Roi* dans Turin, t. 95 et 96; Carutti, *ouvrage cité*, t. III, p. 226 et suiv. et A. Legrelle, *Notes sur la paix de Ryswick*, p. 25 à 44; v. aussi Négociations de la paix de Savoie dans *Actes de la paix de Ryswick*, t. I, p. 167. Ces deux traités sont secrets. Le premier contenant les clauses relatives aux cessions de territoire, au mariage de la princesse de Savoie, devait être rendu public et le fut le

Ces deux défections du pape et du duc de Savoie étaient un acheminement vers la conclusion de la paix générale. Les négociations furent reprises en Hollande, dans ce petit pays qui depuis le règne personnel de Louis XIV était devenu le rendez-vous des diplomates, comme celui des pamphlétaires et, en général, de tous les ennemis du grand roi. Caillères fut renvoyé avec des instructions nouvelles du 10 mars 1696. Louis XIV ajoutait aux promesses de restitutions déjà faites celle de Luxembourg [1]. Caillières, sous prétexte d'empêcher le secret des entrevues de s'ébruiter, se transporta successivement au sas de Gand, au fort de Lillo, à Rotterdam, à Leyde, à la Haye. Il reprenait l'entretien avec Boreel et Dykwelt qu'il avait eus déjà comme interlocuteurs l'année précédente. On discuta d'abord un contre-projet rédigé par le grand pensionnaire Heinsius qui réclamait la reconnaissance de Guillaume III, la restitution de Strasbourg, de Luxembourg et de toutes les places réunies en vertu d'arrêts des parlements de France, de la Lorraine, de Dinan et Bouillon, de Pignerol, l'exemption pour les vaisseaux hollandais du droit de 50 sous par tonneau, des sûretés pour les protestants étrangers, consuls et marchands établis en France et enfin le règlement dans un grand congrès européen de toutes les difficultés de détail sur la base des traités de Westphalie et de Nimègue. Mais Louis XIV refusait de reconnaître Guillaume III avant la signature de la paix et les négociateurs de la paix voulaient faire de cette reconnaissance la condition même de la signature. D'ailleurs, le roi ne voulait pas se dessaisir de Strasbourg; il n'admettait que les prières des consuls hollandais, tolérées dans leurs maisons, sans y souffrir aucun Français [2]. La difficulté devait être encore plus longue à trancher avec l'empereur. Son ministre à la Haye, le comte de Kaunitz, exigeait la restitution de Strasbourg, de la Lorraine et de Pignerol. La question de Strasbourg retarda d'un an la conclusion de la paix. Caillières,

30 août suivant, dès que la coalition se fût engagée à reconnaître la neutralité de l'Italie; le second, simple convention militaire destinée à régler l'action commune des deux princes contre les coalisés, ne fut pas exécuté puisque les coalisés s'empressèrent de reconnaître cette neutralité. C'est dans ce traité, qui devait être toujours tenu secret, que figure à l'art. 14 la promesse relative à l'échange du Milanais contre la Savoie. Nous ne l'avons trouvé publié dans aucun recueil. M. Legrelle en a donné un résumé d'après la correspondance de Turin. Nous le publions d'après l'original des archives.

1. Hollande, t. 163.

2. Caillières au roi, 3 mai 1696 et réponse du roi, 13 mai 1696. Hollande, t. 163.

au nom du roi, proposa successivement ou la restitution de Philipsbourg, Kehl, Brisach et Fribourg, la France conservant Strasbourg ; ou celle de Fribourg dans son état actuel et celle de Strasbourg, mais rasé et appartenant aux seuls Strasbourgeois ; ou celle de Strasbourg au corps germanique, mais fortifié seulement comme lorsque ses troupes y étaient entrées sans pouvoir à « l'avenir augmenter ses fortifications » et en y maintenant le libre exercice de leur culte pour les catholiques. C'étaient d'importantes concessions qui montraient la réelle bonne volonté du roi et qui donnaient aux Hollandais le ferme espoir de la prochaine conclusion de la paix. Boreel et Caillières s'embrassèrent avec beaucoup d'affection en se séparant [1].

La nouvelle de la conclusion du traité de Turin rendit les coalisés plus maniables. Heinsius déclara que les propositions de Louis XIV faisaient tomber tous les obstacles à la paix et accepta officiellement la médiation du roi de Suède (6 sept. 1696). Mais les agents de l'empereur demandaient maintenant la renonciation du roi et du dauphin à la succession d'Espagne. On se préoccupait beaucoup dans toutes les chancelleries de la santé du malheureux Charles II [2]. Les États Généraux étaient inquiets à propos des Pays-Bas espagnols : ils semblaient repousser avec une égale inquiétude l'idée de voir la monarchie espagnole passer entre les mains de l'empereur ou du roi de France. Ils souhaitaient d'y voir appelé comme roi soit le prince électoral de Bavière, soit le duc d'Anjou ou le duc de Berry à condition qu'aucun de ces deux princes ni leur postérité ne pût arriver au trône de France. Ils eussent préféré encore la solution consistant à détacher les Pays-Bas espagnols pour en faire le domaine particulier d'un de ces deux princes. Caillières refusa d'entrer en pourparler sur des questions étrangères au conflit actuel et qui ne touchaient à aucun article des traités de Westphalie et de Nimègue [3]. Les nouveaux succès du roi en Catalogne et aux Pays-Bas et la défection du duc de Savoie mettaient les alliés dans la nécessité de traiter. Déjà le 7 oct. 1696, par un armistice signé à Vigevano entre le marquis de Saint-Thomas, le prince

1. *Correspondance de Caillières avec le roi*, juillet et août 1696. Hollande, t. 163.
2. V. Mémoire sur l'état présent de la santé du roi d'Espagne, 9 avril 1696, dans France, t. 436, f° 28.
3. Correspondance de Caillières avec le roi (oct.-nov. 1696), dans Hollande, t. 164.

de Mannsfeld et le marquis de Lleganez, ils avaient conclu une suspension d'armes et reconnu la neutralité de l'Italie[1]. Le 4 février 1697, les alliés, sauf l'Espagne, reconnurent la médiation de la Suède. Le 25 février les instructions du roi pour la conclusion de la paix furent remises à Harlay de Bonneuil, à Verjus de Crécy et à Caillières[2]. Louis XIV se déclarait prêt à signer la paix sur la base des traités de Westphalie et de Nimègue en restituant les villes *réunies*, même Strasbourg. Mais Léopold se montrait peu disposé à entamer les négociations définitives. Les nouvelles du roi d'Espagne étaient mauvaises. L'empereur souhaitait que sa mort ne trouvât pas la coalition dissoute. Il retarda donc tant qu'il put l'ouverture du congrès qui avait été fixé au château de Ryswick près la Haye et ne se résigna à y accéder que quand il sut que Guillaume III et la Hollande étaient décidés à traiter même sans lui. L'ouverture du congrès de Ryswick fut ainsi retardée jusqu'au 9 mai 1697[3]. Le baron de Lillieroot, représentant du roi de Suède Charles XI, jouait le rôle de médiateur. Les représentants des États Généraux furent le grand pensionnaire Heinsius, Dykvelt et Guillaume de Haren; le roi d'Angleterre se fit représenter par le comte de Pembroke, le vicomte de Villiers et le chevalier Williamson; le roi d'Espagne par don Francisco de Quiros et le comte de Tirimont; l'empereur par le vice-chancelier comte Kaunitz et par les deux conseillers auliques comte de Stratmann et baron de Seilern. Quelques princes de l'Empire avaient aussi envoyé leurs plénipotentiaires, Schmettau et Danckelmann étaient délégués par l'électeur de Brandebourg, Frédéric III; Canon et Lebègue par le duc de Lorraine, Léopold; mais ces délégués de simples princes n'eurent ni titre, ni rang officiellement reconnu. Malgré l'effort de leurs maîtres pour obtenir des traités particuliers, ils durent se résigner à laisser l'empereur traiter en leur nom. Les propositions de Léopold, du duc de Lorraine et de l'électeur de Cologne, puis celles de l'Espagne furent successivement présentées du 22 au 27 mai 1697[4]. Mais l'on piétinait sur place. Les

1. Dumont, t. VII, part. II, p. 375.
2. Voir France, t. 435, f° 97.
3. On trouvera une vue cavalière de la maison royale de Ryswick et un plan de la salle des délibérations. Deux pavillons distincts y étaient aménagés pour les plénipotentiaires des deux parties contractantes avec une salle commune au milieu. V. Amelot de la Houssaye *Actes concernant la paix conclue à Turin et à Ryswick*, chez Frédéric Léonard, 1697, 1 v. in-18.
4. *Actes et mémoires de la paix de Ryswick*, t. I, p. 34.

entretiens stériles des plénipotentiaires pendant tout le mois de juin ne firent pas avancer la paix. Le congrès de Ryswick semblait destiné à avorter.

C'est l'intervention de l'Angleterre qui amena la paix. Le roi Guillaume était inquiet de n'avoir pu obtenir aucun engagement ferme du roi au sujet de la reconnaissance de son titre de souverain et de l'abandon de Jacques II. Il envoya son familier, Bentinck, comte de Portland, pour traiter directement avec le maréchal de Boufflers établi au camp de Saint-Renelle près Bruxelles. Le prince d'Orange protestait de son sincère amour pour la paix. Il demanda au roi l'engagement de le satisfaire sur trois points : 1° de ne plus soutenir le roi Jacques II qui serait invité à résider hors de France ; 2° de ne pas exiger que les partisans de Jacques II fussent amnistiés et rétablis dans leurs biens ; 3° de ne pas interdire au prince d'Orange de recevoir dans sa principauté les Français qui voudraient s'y établir. Ces trois conditions acceptées par le roi de France, Guillaume III se faisait fort de contraindre l'empereur et les Espagnols à déposer incontinent les armes [1]. La réponse du roi fut conçue en termes hautains. L'honneur lui défendait de proscrire Jacques II, mais il s'engageait à ne plus l'assister; il renonçait à réclamer l'amnistie en faveur des partisans de Jacques II ; mais il persistait à interdire à ses sujets français le droit de s'établir dans la principauté d'Orange pour que cette petite enclave ne devînt pas dans la suite un refuge de mécontents et une source de difficultés capables d'engendrer de nouvelles guerres.

Dans la deuxième entrevue, Portland proposa de rédiger un article où les deux rois s'engageraient dans les mêmes termes à n'assister ni directement, ni indirectement leurs ennemis. Louis se montra très choqué de l'égalité que Guillaume voulait établir entre leur situation respective [2]. Il s'agissait encore de trouver

---

1. Voir au Dépôt de la guerre les tomes 1402-1403. La correspondance de Boufflers avec le roi y est insérée à titre de correspondance militaire. On en trouve aussi des copies ainsi que les réponses du roi dans Hollande, t. 172. et dans P. Grimblot, *Letters of William III and Louis XIV and of their ministers, 1697 à 1700*. Les cinq conférences entre Boufflers et Portland où furent arrêtés les préliminaires de la paix eurent lieu le 8, le 15, le 20 et le 26 juillet à Hall, et la dernière à Coppeghem, le 2 août 1697, dans la banlieue de Bruxelles. William Bentinck, comte de Portland, ami personnel de Guillaume III, était le troisième fils de Henri Bentinck, seigneur de Dissenbam et Over-Yssel.

2. Le roi aux plénipotentiaires, 18 juillet 1697. Hollande, t. 168. M. Legrelle, dans ses notes et documents sur la paix de Ryswick, a transcrit

des termes qui ménageraient les susceptibilités de deux princes également fiers ; mais l'entente était bien près de se faire. Dans la *troisième entrevue* (20 juillet), Portland suggéra les termes qui pourraient être employés à propos de l'engagement du roi de ne point assister le roi d'Angleterre. Le roi renvoya l'article avec ses modifications qui furent définitivement adoptées et qui forment l'article 4 du traité de Ryswick avec l'Angleterre. Ainsi tous les points délicats étaient réglés.

Dès lors, les négociations de Ryswick prirent une allure très rapide. On y connut dès le 5 août l'accord entre les rois de France et d'Angleterre. Le 12 août, Caillières demanda au roi d'accorder aux Hollandais toute satisfaction pour leur commerce, afin de ne laisser au vieux parti français composé surtout des armateurs et des négociants aucun prétexte d'hostilité. Louis XIV, le 27 août, accorda l'exemption du droit de 50 sous par tonneau aux navires hollandais et autorisa l'entrée en France du hareng salé et du sel étranger [1]. Les plénipotentiaires français firent en sorte de laisser passer le terme du 1er sept. que Louis XIV avait fixé comme dernier délai pour l'acceptation par Léopold de la restitution de Strasbourg. Le soir même du jour fixé pour la signature générale, c'est-à-dire le 20 sept. 1697, les représentants des États Généraux, des rois d'Angleterre et d'Espagne signèrent les quatre traités dont les termes étaient déjà virtuellement arrêtés depuis plusieurs semaines [2]. L'empereur hésitait encore : il s'était cru tellement assuré de rentrer en possession de Strasbourg qu'il avait disputé longtemps avec les États du cercle de Souabe pour fixer dans le traité avec le roi de France les termes de la restitution. L'empereur et l'Empire réclamaient avec le même acharnement le bénéfice de cette restitution [3]. La discussion dura si longtemps et s'envenima si bien que le terme fixé par le roi de France fut dépassé et que Louis déclara garder Strasbourg. Léopold avait espéré longtemps obtenir du roi une *renonciation à la succession d'Espagne.* Mais la question des Pays-Bas espagnols intéressait seule les Anglais et les Hollan-

toute la partie essentielle de la correspondance de Boufflers avec le roi et du roi avec ses plénipotentiaires de Ryswick pendant les mois de juillet et d'août 1697 (v. p. 77 à 120).

1. V. la correspond. de Ryswick, août 1697, dans Hollande, t. 168 et 169.

2. Les États Généraux ont signé deux traités, l'un politique, l'autre pour le commerce et la navigation. V. le projet de paix entre la France et l'Espagne (Hollande, t. 169, f° 67).

3. V. Rod. Reuss, l'*Alsace au XVIIe siècle*, p. 262.

dais et Louis XIV, dès 1693, dans ses instructions à d'Avaux pour accepter la médiation de la Suède avait promis de les abandonner au duc de Bavière [1], assurance qu'il avait renouvelée depuis à différentes reprises. Lorsqu'il eut été abandonné par ses alliés, l'empereur fit proposer par l'un de ses négociateurs à Ryswick, Seilern, de faire épouser à son fils le roi des Romains Joseph, la nièce de Louis XIV, Élisabeth-Charlotte d'Orléans, avec l'espoir d'obtenir quelque nouvelle assurance de renonciation à la succession d'Espagne. Louis XIV refusa de laisser engager, à propos du traité qui devait être signé, la question de la validité des renonciations de la reine Marie-Thérèse, puisque les traités de Westphalie et de Nimègue qui servaient de base à toute la négociation de Ryswick n'abordaient pas cette question [2]. Guillaume III se rangea sur ce point à l'avis du roi de France.

---

1. V. Suède, t. 74, f° 177-178, et Hollande, t. 169, f° 428.

2. Voici à ce propos la fin de non-recevoir absolue dictée par Louis XIV pour ses plénipotentiaires : « M. de Harlay *j'ai receu la lettre particulière que vous m'avez écrit le 23e de ce mois, avec les projets qui vous ont esté dressés par le Sr Seyler. Vous pouvez aisément juger que de la manière dont ils sont dressez, ils ne peuvent engager une négociation, ny persuader que l'empereur désire bien sincèrement de traiter. Il me paroît cependant qu'il ne convient pas de fermer entièrement toutes sortes de passages à des propositions nouvelles qui seroient plus raisonnables. Ainsi vous pourrez dire au Sr Seylor que lorsque la paix sera faite on pourra plus facilement entrer dans quelque négociation et que l'Empereur ne me trouvera pas alors moins disposé à ce qui peut luy convenir que je l'estois en 1668* (27 septembre 1697, Hollande, t. 169, f° 386). » M. Legrelle intitule un des chapitres de son bel ouvrage : « Louis XIV renonce à la succession. » Il nous semble qu'il a tiré en l'honneur de la modération de Louis XIV des conclusions qui ne ressortent pas absolument des documents très étudiés qu'il cite. Il est bien vrai que le roi offrit en nov. 1663 de s'en remettre pour le partage de la succession entre les Habsbourg et les Bourbons, à l'arbitrage du roi de Suède (Suède, t. 74, fos 263-265). A deux autres reprises, il offrit de renoncer pour lui et pour le Dauphin en faveur de l'électeur de Bavière à tous les droits qui lui pourraient échoir sur les Pays-Bas Espagnols, « *à condition que l'Empereur fît la même déclaration.* » (Danemark, t. 48, f° 311 et Suède, t. 74, f° 391). — Il est bien vrai aussi qu'en Suisse, au mois de sept. 1694, la question des renonciations fut agitée au nom de l'empereur par Seilern avec les agents français, Verjus de Crécy et Morel ; mais c'étaient de simples *amorces* de négociations, et *non* des projets formes de renonciations. Louis XIV ne voulut jamais consentir à aucune renonciation qui n'aurait pas sa réplique immédiate dans une renonciation équivalente de l'empereur. Il acceptait en somme l'idée d'un partage, mais non celle d'un abandon. Consulter à ce propos : 1° Relation succincte des conférences tenues à Steckborn entre l'abbé Morel, le Sr Verjus de Crécy et le Sr Seilern (Suisse, *Supplém.*, t. VII, décemb. 1694) ; 2° le projet de renonciation à la succession d'Espagne présenté par Seilern avec le projet *conditionnel* d'acceptation des plénipotentiaires français (Hollande, t. 169, f° 373 et 378) ; 3° le refus absolu de Caillières de s'engager sur le terrain des négociations (Hollande, t. 169, f° 425). M. Legrelle cite tous ces documents (*Succession d'Espagne*, t. I, p. 374-403). Encore une fois nous ne croyons pas devoir accepter ses conclusions.

Ainsi délaissé de tous ses alliés, l'empereur Léopold dut se résigner à accepter, le 30 oct., les avantages inespérés que lui avait accordés Louis XIV. La Lorraine, occupée militairement par les armes françaises depuis 1634, sauf le court intermède de 1661 à 1670, que Louis XIV déclarait en 1685 devoir être désormais « regardée comme une province de France inséparable de la couronne[1], » était restituée à son duc. Louis XIV abandonnait même le « bénéfice des quatre chemins » réservé par le traité de 1661. Il avait enjoint à ses plénipotentiaires d'établir entièrement ses droits sur l'Alsace et de rejeter toutes les contestations des ministres de l'empereur à ce sujet (27 août 1697). Cependant aucune énonciation dépassant les concessions faites au traité de Munster ne fut admise par les négociateurs allemands dans l'instrument de Ryswick. Le litige juridique resta donc ouvert et chaque parti continua de s'arroger le droit d'interpréter des textes vieux déjà d'un demi-siècle. Mais Strasbourg était annexé sans aucune réserve et à perpétuité à la France et effacé à jamais de la matricule de l'Empire. En fait, l'empereur et l'Empire renonçaient à leur dernière espérance de ressaisir l'Alsace. Le XVIIIe siècle allait rendre cette province toute française.

En somme, Louis XIV, après tant de belles victoires remportées sur la grande alliance de Vienne, traitait à Ryswick en vaincu. C'était un recul, mais un recul pour sauter plus avant. A la suite du traité de Nimègue, Louis, par ses provocations à l'égard de l'Europe, avait perdu toutes ses chances d'arriver à l'Empire. A la suite du traité de Ryswick, il voulut, par sa modération intéressée, se ménager les voies les plus sûres vers l'héritage de la couronne d'Espagne.

---

1. Instruction du comte de la Vauguyon, 24 oct. 1685, dans Sorel, Autriche, p. 110. Le duc qui profita de cette restitution fut Léopold, fils de ce Charles V, mort en 1690, très attaché comme son père à la cause Autrichienne et qui avait même signé, le 29 nov. 1689, un testament rédigé par le ministre autrichien Stratmann, pour faire passer au roi de Hongrie, fils de l'empereur, tout son héritage, en cas d'extinction de la maison de Lorraine (v. ce testament dans Garden, *Histoire des traités de paix*, t. II, p. 402). L'envoyé de la duchesse douairière de Lorraine Eléonore d'Autriche, le président Canon, proposa le mariage de *Mademoiselle* Elisabeth-Charlotte, nièce de Louis XIV, avec le jeune duc de Lorraine, Léopold. Cette même princesse fut aussi l'objet d'une demande de Seilern pour le roi des Romains, Joseph. Les envoyés français à Ryswick préféraient le mariage lorrain qui devait faciliter l'acquisition de la Lorraine par la France en échange du royaume de Naples, dans le cas où un fils de France serait arrivé au trône d'Espagne (v. Hollande, t. 169, f°s 247, 281 et 428, sept. 1697). Le mariage du duc Léopold avec *Mademoiselle* eut lieu le 13 oct. 1698.

II

BIBLIOGRAPHIE

1° PUBLICATION DU TEXTE DES TRAITÉS

Le texte du traité de Turin et des cinq traités de Ryswick a été publié dans les ouvrages suivants :

Actes et Mémoires de la paix de Ryswick, la Haye, chez Jean van Duren, 1725; 5 vol. in-18, t. I, p. 196; t. III, p. 103, 176, 194, 219; t. IV, p. 13 et 59. Les traités avec le roi d'Angleterre et l'empereur sont publiés deux fois en latin et en français.

Préliminaires des traités avec les actes concernant les négociations de la paix conclue à Turin et de celle de Ryswick, chez Frédéric Léonard. Paris, 1697, 1 vol. in-18.

Dumont, t. VII, part. II, p. 368, 381, 386, 399, 408 et 422.

Lunigs. — *Teutches Reichs-Archiv*, part. spéc., continuat., II, p. 152, publie le traité de Turin; et part. génér., p. 1069, publie le traité avec l'empereur en latin et en allemand.

Bon Hermann de Andlern. — Corpus constitutionum imperialium, t. I; appendice, p. 3, 115, 126, 132, 138. Tous ces traités en allemand.

Theatrum Europœum, t. XV, p. 25, 190, 195, 199, 211. Tous ces traités aussi en allemand.

On trouvera un résumé des négociations et des clauses des traités de Ryswick dans :

Koch. — *Abrégé de l'histoire des traités*, t. I, 236-240.

Flassan. — *Histoire de la diplomatie*, t. IV, 154-172.

Garden. — *Hist. des traités de paix*, t. II, p. 133 et suiv.

Aucun de ces recueils ne publie le traité secret avec le duc de Savoie, ou n'en signale même l'existence.

2° MANUSCRITS

La *Correspondance politique* de Hollande est encore la plus fournie, mais celle des autres pays doit être aussi consultée.

Voici pour les préliminaires et la conclusion des traités de Turin et de Ryswick les références utiles :

Hollande, t. 159-173;
Espagne, t. 73-76;
Suède, t. 74 et 75;
Rome, t. 342 à 385;
Turin, t. 94-96.

Mémoires et documents. — *Consulter.*

France, t. 417 à 423 et 435.
Espagne, t. 78 et 79.
Angleterre, t. 10.
Bavière, t. 1.
Hollande, t. 46.
Allemagne, t. 38 et 39.

3° IMPRIMÉS

Les références relatives aux négociations avec les différents États devront être cherchées :

1° *Pour l'Histoire générale*, dans A. LEGRELLE, *Notes et documents sur la paix de Ryswick*. Lille, 1894, brochure in-8°.

2° *Pour l'Espagne*, dans A. LEGRELLE, *La diplomatie française et la succession d'Espagne*, t. I.

3° *Pour les Pays-Bas espagnols*, dans H. LONCHAY, *Rivalité de la France et de l'Espagne aux Pays-Bas* (1635-1700). Bruxelles, 1896, 1 vol. in-8°.

4° *Pour l'Italie* : CARUTTI, *Storia della diplomazia della Corte di Savoia*, t. III.

5° *Pour l'Allemagne*, dans RODOLPHE REUSS, *L'Alsace au XVIIe siècle*. Paris, 1897, 1 vol. in-8°.

6° *Pour le Brandebourg*, dans ALBERT WADDINGTON, *L'acquisition de la couronne de Prusse par les Hohenzollern*. Paris, 1888, 1 vol. in-8°.

Consulter encore :

ONNO KLOPP, *der Fall des Hauses Stuart*. Vienne, 1875-88, 14 vol. in-8°. C'est l'histoire politique de l'Europe de 1660 à 1714.

ARN. GŒDECKE, *die Politik Œsterreichs in der Spanischen Erbfolgefrage*. Leipzig, 1877, 2 vol. in-8°.

PAUL GRIMBLOT, *Letters of Williams III and Louis XIV and of their ministers*, 1697-1700. Londres, 1848, 2 vol. in-8.

INSTRUMENTS ORIGINAUX

Les pièces originales des archives des Affaires étrangères relatives aux traités de Turin et de Ryswick comprennent cinq séries :

SÉRIE A. — TURIN. — CINQ PIÈCES

1° *29 juin 1696*. — *Ratification* en français par Victor-Amédée du traité du même jour signé avec le roi Louis XIV et par lequel est arrêté le mariage de la princesse avec le duc de Bourgogne. L'original manque, mais on sait que les ratifications contiennent la copie collationnée avec le plus grand soin du traité ratifié. Le traité est en 14 articles (le 14e article inédit), sur 13 fos doubles de parchemin. Signé V. AMÉ (*sic*) avec le sceau secret du duc de Savoie.

2° *29 juin 1696*. — Ratification en français par Victor-Amédée à Turin, sur les articles signés pour la neutralité de l'Italie. L'original manque; le traité est en 22 articles sur 10 fos doubles de parchemin. Même signature, même sceau.

3° *29 juin 1696*. — Article séparé pour proroger le terme où le duc de Savoie devait déclarer les traités de paix et articles de neutralité. (Le terme de tout le mois d'août devait être prorogé jusqu'au 30 sept.) Trois pages sur papier signé Tessé et de Saint-Thomas.

4° 29 *août 1696*. — Articles pour la paix et neutralité de l'Italie signés à Turin le même jour. Original qui n'est cependant que la reproduction des 13 premiers articles du traité du 29 juin. Le 14e est supprimé. 4 fos doubles sur parchemin.

5° *30 août 1696*. — Ratification en français donnée par Victor-Amédée II de Savoie à Turin sur les articles de paix et de neutralité de l'Italie. 13 articles sur 6 fos doubles.

C'est la copie collationnée de la pièce précédente avec les formules de ratifications en plus.

Nous publions les pièces nos 1 et 2. La seconde qui est une convention militaire des plus intéressantes avec un article 14 relatif au partage éventuel de la succession d'Espagne, ne figure dans aucun des recueils que nous avons pu consulter. Nous la considérons comme inédite.

Série B. — Hollande. — Douze pièces

1° *6 avril 1697.* — Plein pouvoir donné par les États Généraux des Provinces-Unies à leurs ambassadeurs. (Une grande feuille parchemin en français; v. Dumont, t. VII, part. II, p. 383.)

2° *5 août 1697.* — Plein pouvoir donné par les États Généraux des Provinces-Unies au pensionnaire Heinsius. (Une grande feuille parchemin en français; v. Dumont, id., p. 384.)

3° *20 sept. 1697.* — Exemplaire original en français du traité de paix signé à Ryswick par la médiation de la Suède entre le roi Louis XIV et la république des Provinces-Unies, avec copie des pouvoirs respectifs. Cahier de 5 feuilles doubles en français; v. Dumont, p. 381.

4° *20 sept. 1697.* — Article séparé pour donner un terme à l'empereur. Deux pages sur papier; v. Dumont, p. 385.

5° *20 sept. 1697.* — Traité de commerce. Cahier de papier de 9 feuilles, en français; six signatures avec cachets; v. Dumont, p. 386.

6° *20 sept. 1697.* — Article séparé pour la suppression du droit de 50 sols par tonneau. En français, 2 pages sur papier, 6 cachets; v. Dumont, p. 391.

7° *9 oct. 1697.* — Déclaration pour la liberté de la pêche du hareng. En français, 2 pages sur papier, 6 signatures; v. Dumont, p. 394.

8° *10 oct. 1697.* — Ratification du traité de paix. En français, 9 feuilles sur parchemin.

9° *10 oct. 1697.* — Ratification de l'art. séparé. En français, 3 feuilles sur parchemin.

10° *10 oct. 1697.* — Ratification du traité de commerce. En français, 11 feuilles sur parchemin.

11° *10 oct. 1697.* — Ratification sur l'article portant suppression du droit de 50 sols par tonneau. En français, 3 feuilles sur parchemin.

12° *27 et 31 oct.* — Deux actes fixant le terme où la restitution des prises faites de part et d'autre sur mer sera opérée [1] (non publié par Dumont).

---

1. Voir la note qui explique l'Art. III du traité de commerce avec les Hollandais.

Série C. — Angleterre. — Huit pièces

1° *16 février 1697.* — Plein pouvoir de Guillaume III à ses ministres. En latin, 1 grande feuille de parchemin.

2° *20 sept. 1697.* — Traité de paix entre Louis XIV et Guillaume III. En français, 7 feuilles sur papier, cachet noir du médiateur Lillierot, 6 cachets rouges des plénipotentiaires. Dumont, p. 399, le publie en latin.

3° *21 sept. 1697.* — Ratification du roi d'Angleterre du traité signé la veille avec promesse d'agir auprès du roi d'Espagne et des États Généraux pour les engager à ratifier le traité signé le même jour. En français, 2 pages sur papier. Les articles du traité ne sont pas insérés dans la ratification.

4° *20 sept. 1697.* — Déclaration des ministres d'Angleterre portant que le roi s'engage à payer à la reine Marie d'Este une pension d'un million de livres tournois.

5° *20 sept. 1697.* — Autre article séparé pour inviter le roi d'Espagne et l'empereur à accéder au traité de Ryswick.

6° et 7° *25 sept. 1697.* — Ratification du traité de paix (en latin avec insertion des articles) et de l'article séparé (pièce n° 5).

8° *12 oct. 1697.* — Trois déclarations : 1° portant délai pour les prises en mer; 2° sur les titres pris dans le traité; 3° sur l'inclusion dans le traité de plusieurs États d'Italie ainsi que des Suisses et de leurs alliés. (La première déclaration porte les six signatures, la seconde celle de Lillieroot seul, la troisième celle de Crécy et de Caillières seulement.)

Série D. — Espagne. — Sept pièces (toutes en espagnol).

1° *12 avril 1697.* — Plein pouvoir donné aux ministres espagnols. Trois pages sur papier.

2° *20 sept. 1697.* — Le traité en 38 articles.

Cet instrument est en espagnol; le roi Charles II et ses plénipotentiaires y sont nommés avant Louis XIV et ses ministres. Le document est signé seulement de Lillieroot et des ministres espagnols. Cet instrument n'est donc pas l'original français, mais probablement l'original espagnol.

3° *20 sept. 1697.* — Art. séparé pour le terme accordé à l'empereur et à l'Empire pour accepter le traité.

4° *8 oct. 1697.* — Ratification du traité et de l'article séparé.

5° et 6°. — Deux déclarations : l'une du 24 oct. pour rectifier quelques erreurs qui s'étaient glissées dans l'art. 7 (espagnol et français en face); l'autre du 8 nov. pour apporter quelques modifications à l'art. 25 relatif aux prises.

7° — Ratification de l'article substitué à l'art. 7.

Nous publions d'après Dumont le traité entre les deux rois en français.

SÉRIE E. — EMPEREUR ET EMPIRE. — QUATORZE PIÈCES

1° et 2°. — Plein pouvoir donné à un plénipotentiaire. *3 février 1697*, en latin par l'empereur. — *15 juin 1697*, en allemand par la diète de Ratisbonne.

3° *22 sept.* — Suspension d'armes; en latin; v. Dumont, p. 421.

4° *4 oct.* — Ratification de la précédente.

5° *30 oct.* — Traité de paix. 60 articles, en latin sur 10 f^os de papier, 29 cachets et signatures, dont 3 pour l'empereur, 3 pour la France et 23 pour les délégués des princes et de la diète; v. Dumont, p. 422.

6° *30 oct.* — Article séparé sur les prétentions de la duchesse d'Orléans contre l'électeur palatin; v. Dumont, p. 430.

7° et 8° *30 oct.* — Deux extraits du protocole de la médiation suédoise.

9° *30 oct.* — Déclaration des ambassadeurs de Suède au sujet de la ville de Strasbourg sur les clauses concernant la religion, en latin.

10° *9 nov.* — Acte d'inclusion des rois d'Espagne et d'Angleterre et de la république des Provinces-Unies conforme à l'art. 58, en latin.

11° et 12° — Ratification du traité de Ryswick : 1° par la diète, le 26 nov. (3 pages avec cette mention : copie authentique); 2° par l'empereur. 24 pages sur parchemin; ces deux actes en latin.

13° *7 déc.* — Ratification de l'article séparé pour la duchesse d'Orléans; en latin, 8 pages sur papier.

14° *13 déc.* — Acte d'échange des ratifications en latin; 2 pièces d'une page chacune.

TRAITÉ DE PAIX DE TURIN

ENTRE LOUIS XIV ET VICTOR-AMÉDÉE II, DUC DE SAVOIE, DU 29 JUIN 1696

Le Roi Très-Chrêtien, ayant toûjours conservé pendant le cours de cette Guerre un desir sincere de procurer le repos de l'Italie, et Dieu ayant aussi inspiré les mêmes sentimens à Son Altesse Royale de Savoye, Sa Majesté de son côté a donné son Plein-pouvoir, Commission et Mandement, au Sieur René Sire de Froullai, Comte de Tessé [1] Chevalier des Ordres du Roi, Lieutenant General de ses Armées, Colonel General des Dragons de France, Gouverneur d'Ypres, Lieutenant General pour le Roi dans les Provinces du Maine, et du Perche, et Commandant presentement pour Sa Majesté dans les Païs et Places de la Frontiere de Piémont, et S. A. R. de sa part ayant pareillement donné ses pouvoirs, et mandemens au Sieur Charles Victor Joseph Marquis de S. Thomas, Ministre et premier Secrétaire d'Etat de Sadite Altesse Royale lesdits Plenipotentiaires, après s'être reciproquement donné les Originaux de leurs Pleins-pouvoirs, en vertu desquels ils traitent, sont convenus des Articles suivans.

---

1. René de Froulai, comte de Tessé, d'une vieille famille du Maine, né en 1650, obtint dans l'armée un avancement rapide par la protection de Louvois : il fut maréchal de camp (1688), lieutenant-général et colonel-général des dragons (1692) et enfin maréchal de France en 1703. S'il battit les Autrichiens près de Castiglione (1701) et les Portugais à Badajos (1705), il fut lui-même repoussé devant Barcelone (1706), mais il prit sa revanche en forçant les Italiens à lever le siège de Toulon (1707). Ses négociations sont de même mêlées de succès et d'échecs. Il réussit en 1696 à rétablir la paix avec le duc de Savoie, mais il ne put empêcher le pape en 1708 de reconnaître l'archiduc Charles comme roi d'Espagne ; plus tard, à Madrid, il négocia le mariage de Louis XV avec une infante d'Espagne. Mais on sait comment ce mariage fut rompu cinq ans plus tard. Tessé, revenu mécontent de l'ambassade d'Espagne, se retira dans un couvent de Camaldules où il mourut le 10 mai 1725. Il était renommé pour la finesse de son esprit. Sa belle correspondance qui est au Dépôt de la Guerre fourmille d'anecdotes curieuses. (V. aux Archives de la Guerre cartons nos 1225, 1271, 1327 et 28, 1330, 1369, 1372 et 73.)

I. Qu'il y aura doresnavant pour toùjours une Paix stable et sincere entre le Roi et son Royaume, et S. A. R. Monsieur le Duc de Savoye et ses Etats, comme si elle n'avoit jamais été troublée, et le Roi reprenant les mêmes sentimens de bonté qu'il avoit auparavant pour Sadite A. R. comme elle l'en supplie, Sadite A. R. renonce par le present Traité, et se départ entierement de tout engagement pris, et de tous traitez faits avec l'Empereur, Rois et Princes contenus sous le nom de la ligue [1], et se charge d'employer tous ses soins et de faire tout ce qu'il pourra, pour obtenir desdites Puissances, au moins de l'Empereur, et Roi Catholique la Neutralité pour l'Italie, jusqu'à la Paix Generale, par un Traité particulier qui sera fait [2] ou au défaut dudit Traité par des Déclarations que lesdits Empereur, et Roi Catholique feront au Pape, et à la République de Venise, et qui seront en même temps suivies de la retraite de toutes les Troupes que les Alliez ont presentement en Italie, ainsi qu'il sera marqué ci-après. Et faute par les susdits Princes de donner leur consentement à la dite neutralité d'Italie, sur la réquisition que S. A. R. en fera à l'Empereur et au Roy Catholique, S. A. R. s'engage avec le Roy à une ligue offensive et deffensive jusqu'à la paix générale, agissant conjointement avec les troupes de Sa M[té] et les siennes comme de bons et loyaux Alliés doivent faire pour un même intérest et pour faire la guerre contre l'Estat de Milan et contre tous ceux qui voudront s'opposer à l'effet du présent Traitté [3]. Au surplus pour témoignage évident du retour

1. Le dernier engagement du duc de Savoie avec les ennemis de la France est le renouvellement de la Grande Alliance conclu le 21 septembre 1695, sans discontinuer d'ailleurs les négociations secrètes qui avaient commencé dès le mois de janvier 1692 entre Chamlay et Groppello et qui avaient continué entre Tessé et Saint-Thomas à peu près sans interruption depuis cette époque (v. Turin, t. 94 à 96 et *Carutti*, Storia della diplomazia della Corte di Savoia, t. III).

2. Ce traité sous forme de suspension d'armes fut signé à Vigevano le 7 octobre 1696 entre Victor *Amé* II, duc de Savoie, d'une part, et d'autre part l'empereur Léopold et le roi d'Espagne Charles II (v. Dumont, t. VII, part. II, p. 375).

3. Toute cette phrase depuis « Et faute par les susdits princes.... » n'existe pas dans Dumont. C'est que Dumont et tous ceux qui ont suivi n'impriment que le traité publié le 29 août. Le véritable traité fut signé le

effectif de l'amitié du Roi pour S. A. R. Sa Majesté veut bien consentir, et promet que la Ville et Citadelle de Pinerol, Forts sainte Brigide, la Perouse, et autres forts en dépendans seront razez et démolis quant aux seules Fortifications, aux frais du Roi, et lesdites Fortifications démolies, le tout sera remis entre les mains de S. A. R. aussi bien que les terres et domaines compris sous le nom du gouvernement de Pinerol, et qui avoit appartenu à la Maison de Savoye devant la Cession que Victor Amé premier Duc de ce nom en avoit fait au Roi Loüis XIII. Lesquelles Ville démolie, Citadelle et Forts démolis et Territoire, seront pareillement remis à S. A. R. pour les tenir en Souveraineté, et en jouïr pleinement et à perpetuité, et elle et ses successeurs à l'avenir, comme d'une chose leur appartenant en propre, au moyen de laquelle presente Cession S. A. R. s'engage, et promet tant pour lui que ses Heritiers et Successeurs et ayant cause, de ne faire rebâtir, ni rétablir aucune des susdites Fortifications, ni en faire construire de nouvelles sur, et dans l'espace des susdits territoire, fonds, et rochers, ni en quelque autre Lieu que ce soit, cedé par le present Traité, suivant lequel il sera seulement loisible à S. A. R. ou aux Habitans de Pinerol de fermer ledit Pinerol d'une simple clôture de muraille non terrassée et sans Fortifications. Bien entendu qu'hormis dans ledit Territoire cedé par le present Traité, S. A. R. sera en liberté de faire construire telle place, Places, ou Fortifications qu'elle jugera à propos, sans que le Roi le puisse aucunement trouver mauvais [1]. Qu'en outre

29 juin et prévoyait deux hypothèses : à savoir si la *Ligue* voudrait accorder la neutralité de l'Italie, oui ou non. « Si c'est le premier voilà notre affaire finie. Si c'est le dernier, le duc de Savoye se joindra au Roy pour faire la guerre dans le Milanais. Ce que je vous mande est fort secret, quoique les alliés s'en défient. » (Tessé à Forbin-Janson, 28 juillet 1696 dans Turin, t. 95). Les alliés ayant promis la neutralité on supprima du traité publié le 29 août tout ce qui se rapportait à la seconde hypothèse.

1. La négociation relative à *Pignerol* fut la plus difficile. Louis XIV dans ses *premières propositions* (janvier 1692) ne parlait pas de restituer cette place. Le 25 mars 1695, le roi d'Angleterre déclarait encore « qu'il ne voyait pas que les alliés pussent forcer la France à la cession de *Pignerol* ». (Carutti, t. III, p. 224). Au mois de février 1696, Groppello demanda Pignerol; Louis XIV réclama en échange soit Nice, soit la vallée de Barcelonnette, soit un terri-

S. M. remettra à Sadite A. R. ses Païs, et Places conquises, Châteaux de Montmellian, de Nice, Villefranche, de Suze, et autres sans exception, sans démolition, et dans leur entier, avec la quantité de munitions de Guerre, et de Bouche, Canons et Artillerie, tout ainsi qu'elles étoient pourvûës et munies alors qu'elles sont tombées entre les mains de S. M. sans qu'il puisse être touché aux Bâtimens, fortifications, augmentations et amelieurations faites par S. M.; et après la restitution desdites Places, S. A. R. pourra entretenir, et augmenter les fortifications comme choses à lui appartenantes, sans que le Roi sur cela le puisse inquieter, ni le trouver mauvais. Bien entendu que le Roi retirera de la Ville, Citadelle et Forts de Pinerol toutes les Artilleries, Munitions de Guerre, et de bouche, armes, et effets amovibles de quelque nature qu'ils soient. Qu'à l'égard des Revenus de la Ville, dépendances, et Territoire de Pinerol le roi les remet à S. A. R. de la même forme et maniere que le Roi en jouït presentement, et les Dispositions que le Roi peut en avoir faites subsisteront de la sorte portée par leur contract, don, possession ou acquisition. Que ladite Restitution des Païs, et Places de S. A. R. et remise de Pinerol rasé et ses Dépendances comme dessus se fera ensuite de la signature du present Traité, et seulement après que les Troupes étrangeres seront effectivement sorties d'Italie, et seront arrivées, sçavoir les Alemans, Troupes de Baviere, Brandebourg, Religionnaires soldoiez par l'Angleterre, et autres Troupes Auxiliaires seront arrivez réellement en Allemagne, et les Espagnols, et autres Troupes qui sont presentement à la solde du Roi Catholique retournées dans le Milanois, en maniere que l'Execution d'aucun des articles, ni restitution d'aucune Place n'aura lieu qu'après que ladite sortie des Troupes telle qu'elle vient d'être exprimée, aura été entierement accomplie [1], bien entendu que ladite sortie

---

toire autour de Seyssel; mais le duc de Savoie refusa toute compensation. Il fut convenu enfin que Pignerol serait rasé et remis au duc (Turin, t. 90, février à juin 1696).

1. La restitution des châteaux de Montmélian, de Nice, Villefranche et Suze ne devait d'abord avoir lieu qu'à la fin de la guerre. Louis XIV se relâcha encore sur ce point de ses exigences primitives.

des Troupes étrangeres sera censée entierement accomplie, quoi qu'il arrivât comme cela se pourroit, que les Espagnols en retirassent quelque petit nombre d'hommes pour recruter les Corps, qui sont à leur Solde, et s'il y a quelques-unes desdites Troupes qui prennent parti, et entrent réellement dans les Etats de la République de Venise, elles seront censées être reentrées en Allemagne dés qu'elles seront sur l'Etat Venitien, et remises à ladite République de Venise. Et après la Ratification du present Traité, l'on travaillera incessamment aux fourneaux necessaires pour la Démolition des susdites Ville, Citadelle, et Forts de Pinerol; mais au cas que S. A. R. jugeât à propos de continuer le secret du present traité au delà du terme de ladite ratification, il est convenu pour éviter l'éclat que pourroit faire le travail desdits fourneaux, qu'on ne les commencera que quand, après le temps de ladite Ratification, S. A. R. le voudra. Laquelle démolition se fera, et l'on y travaillera, en maniere que deux ou trois mois après la sortie des Troupes ci-dessus marquée, le tout soit remis à S. A. R. surquoi il sera loisible d'envoyer un Commissaire pour y assister, et jusques à l'execution de ce que dessus, S. M. veut bien pour la plus grande satisfaction de S. A. R. lui faire remettre lors qu'il en requerrera S. M. deux Ducs et Pairs pour rester en Otage entre les mains de Sadite A. R. qui les traitera selon la Dignité de leur rang.

II. Sa Majesté ne fera aucun Traité de Paix, ni de Tréve avec l'Empereur, ni le Roi Catholique que S. A. R. n'y soit comprise dans des termes convenables, et efficaces, et le present Traité sera confirmé dans celui de la Paix Generale, aussi bien que ceux de Querasque, de Munster, Pirenées, et Nimegue, tant pour quatre-cens quatre-vingt quatorze mille écus d'or qui sont mentionnez particulierement dans celui de Munster [1] à la décharge de Son Altesse Royale, dont le Roi demeurera toûjours garant envers Monsieur le Duc de Mantoüe, qu'en tout ce qu'ils contiennent, qui n'est

1. V. l'article 95 du traité de Munster.

point contraire au present, qui sera irrevocable, et demeurera dans sa force et vigueur, le tout nonobstant la presente remise de Pinerol, et de ses Dependances; Et à l'égard des autres Interêts, ou Pretensions qui regardent la Maison de Savoye, S. A. R. se reserve d'en parler par Protestations, Memoires, ou Envoyés, sans que ce present Traité puisse être préjudiciable à icelles Pretentions.

III. Que le Mariage de Monseigneur le Duc de Bourgogne avec Madame la Princesse fille de S. A. R. se traitera incessamment pour s'effectuer de bonne foi, lors qu'ils seront en âge, et que le contract se fera lors de l'effet du présent Traité. Après la publication duquel la Princesse sera remise entre les mains du Roi. Que dans ledit Contract de Mariage qui sera consideré comme Partie essentielle du present Traité [1], et dans lequel ladite Princesse fera les Renonciations accoûtumées, avec promesse de ne rien pretendre au de là de la Dot suivante sur les Etats, et Succession de S. A. R. Sadite A. R. donnera pour Dot à Madame la Princesse sa Fille deux cents mille écus d'or, pour le payement desquels S. A. R. fera une Quittance de cent mille écus, deus du reste du Mariage de Madame la Duchesse Royale [2], avec les interêts écheus, et promis; et pour le restant le Roi le remet, en faveur du present Traité, S. A. R. s'obligeant d'ailleurs de donner à la Princesse sa Fille au tems de la celebration de son Mariage ce qu'on appelle en Piemontois Fardel, et en François Trousseau ou present de noces, et quand le contract de mariage sera stipulé le Doüaire que S. M. accordera suivant la coûtume de France.

IV. Que S. A. R. se departant presentement, efficacement et de bonne foi, comme elle a fait ci-dessus, de tous les engagements qu'elle peut avoir avec les puissances ennemies, espere aussi que S. M. correspondra avec tous les Sentiments que S. A. R. demande et souhaite, et qu'ayant

---

1. Ce contrat de mariage est publié par Dumont, t. VII, p. II, p. 371; il est daté du 15 septembre 1696.

2. Il s'agit du mariage d'Anne-Marie d'Orléans, seconde fille de Philippe d'Orléans, frère de Louis XIV et d'Henriette d'Angleterre.

l'honneur d'appartenir de si près au Roi et s'engageant encore dans la splendeur d'une nouvelle Alliance, S. M. lui accorde, et promet sa puissante protection, dont S. A. R. lui demande le retour, et que S. M. lui rend dans toute son étenduë. Et comme S. A. R. souhaite d'entretenir une entiere neutralité avec les Roys, Princes et Puissances, qui sont presentement ses alliez, S. M. promet de n'exiger de S. A. R. aucune contrainte sur le desir qu'elle a de garder avec eux toutes les mesures exterieures de bienseance et libres, telles qu'il convient à un Prince Souverain, ayant chez les Princes des Ambassadeurs et Envoyez : et retenant dans sa Cour des Ambassadeurs et Envoyez des mêmes Princes, sans que S. M. le puisse trouver mauvais, comprenant sous ledit mot de Princes l'Empereur, Roys, et Puissances de l'Europe.

V. S. M. promet, et declare que les Ambassadeurs de Savoye tant ordinaires qu'extraordinaires recevront à la Cour de France tous les honneurs sans exception, et dans toutes les circonstances que reçoivent les Ambassadeurs des Testes Couronnées, sçavoir comme le sont les Ambassadeurs des Rois, et que les Ambassadeurs tant ordinaires qu'extraordinaires de S. M. dans toutes les Cours de l'Europe sans nulle exception, pas même de celles de Rome et de Vienne, traiteront aussi lesdits Ambassadeurs tant ordinaires qu'extraordinaires, et Envoyés de Savoye, de la même maniere que ceux des Rois et Têtes Couronnées; cependant comme cette augmentation d'honneur pour le traitement des Ambassadeurs de Savoye, n'avoit jamais été établie au point que S. M. l'accorde, elle reconnoit que c'est en faveur du Traité soit contract de Mariage de Mgr le Duc de Bourgogne avec Madame la Princesse sa Fille, et S. M. promet que cette dite augmentation aura lieu du jour que le Traité du Mariage susdit sera signé [1].

VI. Que le Commerce ordinaire d'Italie se fera et main-

1. Dans le contrat de mariage Victor-Amédée n'est plus qualifié seulement d'Altesse royale mais de « très haut et très puissant prince ».

tiendra comme il étoit étably avant cette guerre du tems de Charles Emanuel second, Pere de S. A. R. et enfin, l'on fera, observera et pratiquera en tout et par tout, entre le Royaume et toutes les Parties de l'Etat de S. M. et ceux de S. A. R. ce qui se faisoit, observoit, et pratiquoit, en tout du vivant dudit Charles Emanuel second, par le chemin de Suze, la Savoye, et le Pont-Beauvoisin et Ville Franche, chacun payant les droits, et doüanes de part et d'autre. Les Bastiments François continueront de payer l'ancien Droit de Ville Franche, comme il se pratiquoit du tems de Charles Emanuel, à quoi il ne se fera nulle opposition comme l'on pourroit en avoir fait dans ce tems-là. Les Courriers, et les Ordinaires de France passeront comme auparavant par les Etats de S. A. R. et en observant les reglemens, payeront les droits pour les marchandises, dont ils se seront chargés.

VII. Son Altesse Royale fera publier un Edit, par lequel elle ordonnera sous de rigoureuses peines corporelles à ceux qui habitent dans les Vallées de Luserne sous le nom de Vaudois, de n'avoir aucune communication sur le fait de la Religion, avec les sujets du Roi, et s'obligera S. A. R. de ne point souffrir dès la date de ce traité aucun établissement de Sujets de S. M. dans les vallées protestantes sous couleur de religion, mariage, ou d'autres raisons d'établissement, commodité, heritage, ni autre pretexte, et qu'aucun Ministre ne vienne dans l'étenduë de la domination du Roi, sans être rigoureusement puni de peine corporelle, et qu'au surplus S. M. n'entrera dans aucune connoissance de la maniere dont S. A. R. traitera les Vaudois, à l'égard de la religion, S. A. R. s'obligeant de ne point souffrir aucun exercice de la religion pretenduë reformée dans la Ville de Pinerol, et terres cedées, comme S. M. n'en souffre, ni n'en souffrira dans son Royaume.

VIII. Qu'il y aura de part et d'autre un perpetuel oubli et amnistie de tout ce qui a été fait depuis le commencement de cette guerre en quelque maniere, ou en quelque lieu que les hostilités se soient executées. Que dans cette amnistie seront compris tous ceux qui ont servi S. M. durant la guerre, en quelque emploi que ce puisse être, non-obstant qu'ils soient sujets de S. A. R. en sorte qu'on ne pourra faire aucune recherche contre eux ny les inquieter dans leurs personnes et biens par voye de fait ou de justice, ou pour quelque autre pretexte que ce puisse être. Il en sera de même à l'égard de sujets du Roi qui auront servi S. A. R.

IX. Que les Benefices Ecclesiastiques pourvûs jusqu'à present par le Roi dans les Pays de S. A. R. conquis par Sa Majesté, durant l'espace du tems que Sadite Majesté en a joüi, demeureront à ceux qui en ont été pourvûs par le Roi, et par les Bulles du Pape; et qu'à l'égard des Commanderies de S. Maurice, Charges de judicature, et Magistrature, S. A. R. n'aura aucun égard à la nomination que le Roi en a faite pendant la possession des Etats de S. A. R. et les Provisions pour les charges de robe faites par S. A. R. de ceux qui en ont abandonné les fonctions durant la Guerre demeureront fermes.

X. Qu'à l'égard des Contributions imposées sur les terres de la domination de S. A. R. bien qu'elles soient legitimement imposées et deues, et qu'elles se montent à des Sommes très-considerables, S. M. les remet dans leur entier à S. A. R. par un effet de sa Liberalité, en maniere que du jour de la Ratification du present Traité, le Roi n'en prendra ni n'exigera aucune desdites contributions, laissant à Sadite Altesse Royale la joüissance de ses revenus dans tous ses etats aussi-bien que de la Savoye, Nice, environs de Pinerol, et Suze, comme aussi Son Altesse Royale reciproquement n'exigera sur les Sujets, et Terres de la Domination du Roi aucune contribution.

XI. Qu'à l'égard des pretentions de Madame la Duchesse de Nemours sur S. A. R. Sa Majesté laissera entre Sadite Altesse Royale et ladite Dame de Nemours la discussion des susdites pretentions dans la voye ordinaire de la justice, sans s'en mêler aucunement.

XII. Qu'il sera loisible à Son Altesse Royale d'envoyer

des Intendants ou Commissaires en Savoye, Comté de Nice, Marquisat de Suze, et Barcelonette, Pinerol et ses dependances pour y regler ses interêts, droits, revenus, et établir ses douannes, et gabelles de Sel, et autres, et lesdits Deputez seront reçûs, et autorisés dans leurs fonctions après la ratification du present Traité, après laquelle lesdits droits seront et apartiendront à S. A. R. sans exception ni contradiction.

XIII. Que si la neutralité d'Italie s'acceptoit, ou que la Paix generale se fit, comme un grand nombre de troupes seroient totalement inutiles, et à charge à S. A. R. et qu'outre les dépenses excessives pour les entretenir, c'est souvent une occasion de mesintelligence que de conserver sur pied plus de troupes qu'il n'en faut dans un Etat, soit pour la Conservation ou pour la dignité de souverain, Son Altesse Royale s'oblige de n'entretenir en tems de Neutralité que six mille hommes de pied en deça des monts, et quinze cents au delà des monts pour les garnisons de la Savoye, et Comté de Nice, et en tout quinze cens chevaux ou dragons, et cette obligation de Son Altesse Royale n'aura lieu que jusques à la paix generale.

XIV. Qu'au cas que S. A. R. désirât au tems de la déclaration de guerre, ou bien de la neutralité accordée si elle se peut obtenir de faire une nouvelle signature des articles stipulés ce jourd'huy, ou même d'un des deux traittés, afin de ne pas stipuler qu'ils ont été stipulés ce aujour d'huy, Monsieur le Comte de Tessé les fera copier et les signera avec la personne que S. A. R. pourroit nommer de sa part sous la date dont on conviendra afin de les pouvoir publier et cacher la stipulation faite aujourd'hui [1].

Nous Plenipotentiaires susdits avons arreté et signé les presents Articles, et nous promettons, et nous obligeons de les faire ratifier [2] et confirmer par Sa Majesté et par Son

1. Cet article ne se trouve ni dans les actes de la paix de Ryswick ni dans Dumont. Il est devenu inutile quand la paix est devenue définitive.

2. Les ratifications sont signées pour le Roi de Versailles le 7 septembre 1696, pour le duc de Savoie de Turin, le 30 août 1696. Le traité signé le 29 juin ne fut tenu secret que jusqu'au 20 août (v. Turin, t. 95).

Altesse Royale, promettants aussi qu'ils seront tenus secrets religieusement jusques à la fin du mois de Septembre prochain, auquel tems, si on en fera d'autres de la même substance, et teneur, ceux-ci seront supprimés; fait à Turin le vingt-neuf d'Août mille six-cent nonante six.

RENÉ DE FROULLAI TESSÉ. DE S. THOMAS.

TRAITÉ SECRET DE TURIN

POUR LA NEUTRALITÉ DE L'ITALIE, ENTRE LOUIS XIV ET VICTOR AMÉDÉE II DUC DE SAVOIE, DU 29 JUIN 1696

Le préambule de la ratification [1] porte que le marquis de saint Thomas muni de ses pleins pouvoirs a signé avec le comte de Tessé le 29 juin un traité pour la neutralité de l'Italie dont la teneur suit :

« En exécution de ce qui est convenu dans le traité de ce jour, S. A. R. devant faire tous ses efforts pour concilier et porter l'Empereur et le Roy Catholique à vouloir travailler d'aussi bonne foy que S. A. R. se trouve obligée de la désirer du moins d'y consentir et au repos de ses Estats par une neutralité en Italie jusqu'à la paix générale, les Plénipotentiaires soussignés en cas que S. A. R ne puisse l'obtenir après avoir essayé de les y obliger par tous les moyens de douceur possibles, sont convenus en vertu des pouvoirs en bonne forme qu'ils ont de S. M. trés Chrestienne du 18 mars dernier et de S. A. R. du 28e du présent mois de juin, lesdits Plénipotentiaires après s'être mutuellement donné les originaux de leurs pleins pouvoirs en vertu desquels ils traitent, ont arrêté et signé les articles qui suivent conjointement avec ceux en cas de neutralité d'Italie, lesquels ne dérogent ni n'altèrent en rien ceux du présent traité.

I. Que S. A. R. ne pouvant porter les alliés à consentir à la neutralité d'Italie jusqu'à la paix générale Sadite A. R. s'oblige d'unir ses forces à celles du Roy pour agir conjointement comme des alliés unis, et dans les mêmes intérest,

1. L'original du traité n'existe pas, mais la *ratification* dont nous avons tiré, d'après le manuscrit original, le texte que nous publions, doit être, selon la coutume invariable, une copie absolument authentique. On remarquera que ce traité a les allures d'une convention militaire et qu'on n'y retrouve pas les formules ordinaires : il y est presque toujours question du « Roy » et non de « Sa Majesté très chrestienne ».

doivent faire pour la même cause. Le Roy s'obligeant à ne faire aucun traité de paix ou de trève avec l'Empereur ny le Roy d'Espagne sans que S. A. R. soit restablie en ce qu'elle pourroit perdre dans cette guerre contre le Milanois.

II. Que S. A. R. fournira dans des places ou lieux seurs, des magasins pour les munitions de guerre et de bouche pour les troupes de S. M. et en un mot ils agiront de concert pour la mesme cause.

III. Que les troupes de S. M. vivront dans une discipline très exacte dans les terres de la domination de S. A. R. et que supposant qu'il arrivast quelque desordre, le général de S. M. et chaque Général a part soy y remédiera et fera faire justice aux sujets de S. A. R. leur procurant actuellement leur indemnisation.

IV. Que S. M. déclarera S. A. R. le généralissime de ses armées en Italie pour et aussi longtems que ses armes seront jointes à celles de S. M. Que cependant S. M. tiendra pour commander sous S. A. R. tels maréchaux de France général ou généraux en tel nombre qu'il lui plaira, qui recevront la parole de S. A. R. et agiront sous ses ordres. Que S. A. R. employera suivant leur caractère les Officiers généraux de ses troupes qu'il luy plaira et qu'elle nommera un des dits généraux de ses troupes, lequel recevra l'ordré et la parole de celuy nommé par S. M. et passera avec luy d'intelligence et de bon concert. Bien entendu que les Généraux et Officiers de S. M. auront tous égards, considérations respects et obéissance deubs à la dignité de la personne de S. A. R.

V. Les Officiers généraux et autres des troupes de S. M. à caractère égal, commanderont ceux de S. A. R. et ceux de S. A. R. commanderont ceux des troupes du Roy qui leur seront inférieurs en caractère.

VI. Que s'il arrivoit quelque démeslé entre les troupes et officiers de S. M. et de S. A. R. ou autres sujets de Sa dite A. R., la justice s'en fera par juges my partis à caractère égal des officiers du Roy et de ceux de S. A. R.

VII. Que si du nombre des Troupes que S. A. R. sera obligée d'entretenir en campagne, lequel nombre sera spécifié dans un article cy après il convenoit que pour la seureté de quelques places de S. A. R. menacée d'être attaquée l'on y jettast quelques Troupes, il sera loisible a Sadite A. R. de retirer des (*sic*) sesdites Troupes de l'armée pour les y jetter.

VIII. Que le Roy s'obligera de donner à S. A. R. pour ledit commandement de son armée en Italie et jonction de ses Troupes aux siennes la somme de 600.000 escus par an qui est 150.000 livres par mois payables d'avance dans quinze jours avant la fin de chaque mois et S. M. donnera le premier mois d'avance.

IX. Que S. M. et S. A. R. donneront les ordres nécessaires pour que les Troupes soient pourveues de munitions de guerre et de bouche chacun se pourvoyant séparément; et que S. A. R. donnera aussi ses ordres pour que les Munitionnaires du Roy ne soient point lesez dans l'achat des choses nécessaires pour faire fournir leurs magasins, et que les peuples ne survendront point les denrées au delà du prix courant des marchés.

X. Qu'en cas de siège S. A. R. s'oblige de fournir la quantité qui sera trouvée nécessaire de gros canon avec leurs affuts boulets de calibre et mortiers dont il sera requis. S. M. se chargeant de toutes les autres dépenses nécessaires pour un siège, de fournir aux frais de la voiture et consommation de la poudre et de faire payer les boulets au prix qu'ils auront cousté à S. A. R. Et à l'égard des outils à pionniers, chacun y pourvoira de sa part pour l'usage et service de ses Troupes. Le Roy de sa part fournira 30 pièces de campagne attelées pour le service de l'armée et en estat de tirer et S. A. R. suppléera à la fourniture de la quantité des pièces de campagne qui sera jugé (*sic*) à propos pour la cause commune.

XI. Que dans les places de S. A. R. ou lieux asseurés S. M. pourra déposer le tout ou partie de son artillerie sans introduire des gens de guerre dans les places, et S. A. R. aidera suivant les conjonctures et les projets l'armée du

Roy de munitions de guerre et de bouche dont il sera tenu compte et que S. M. fera payer ou remettre dans les mesmes qualitez et quantitez que les dites munitions de guerre et de bouche, suivant le besoin, auront été fournies des Magasins ou par les ordres de S. A. R. Comme aussi si le cas arrivoit que S. A. R. eust besoin de celles de S. M., l'on l'en aideroit aux mesmes conditions; ce qui s'entendra par un cas d'accident et en quantité modique de part et d'autre.

XII. Qu'immédiatement dans le tems convenu pour l'exécution du présent traité et que S. A. R. aura déclaré son traité à la Ligue pour unir ses forces en cas de guerre avec celles du Roy pour agir contre le Milanois, le Roy fera remettre à S. A. R. les Places, forts et pays conquis par le Roy sur S. A. R. pendant la présente guerre en l'estat et tout de mesme qu'il est porté par l'art. I du traité qui accompagne celuy cy; excepté seulement le chateau de Montmélian, chateau de Suze et citadelle de Pinerol, les fortifications de la dite ville de Pinerol, fort de sainte Brigite et autres devant estre rasées, comme dit est dans l'art. I de l'autre traité de paix et de neutralité; desquels chateaux de Montmélian de Suze et citadelle de Pinerol, le Roy demeurera nanty jusqu'à la fin de la guerre de la dite Italie, et à la sortie des troupes allemandes Bavaroises religionnaires et auxiliaires comme dit est dans le dit art. I du traité joinc à celuicy. Au quel tems S. M. remettra et rendra à S. A. R., tant les dits chateaux de Montmelian, de Suze que citadelle de Pinerol, rasée comme il est porté par le traité de ce jour : S. M. promettant et d'en faire sa déclaration au Pape et à la République de Venise; et outre sa parole, S. M. pour la plus grande satisfaction et seureté de S. A. R. luy remettra quelques jours avant ladite déclaration les ostages spécifiés dans ledit traité de même date, Lesquels ostages resteront entre ses mains jusqu'à la restitution cy dessus convenüe des chateaux de Montmelian, de Suze et citadelle de Pinerol rasée; moyennant quoy S. A. R. en vertu du présent traité et au mesme tems de la déclaration du Susdit traité et remise des ostages exercera toutes sortes d'actes de souveraineté non seulement dans les pays cy dessus remis, mais dans Pinerol et territoire cédé, marquisat de Suze et la Savoye et comté de Nice, le Roy se réservant seulement les places dudit Montmélian et Suze et citadelle de Pinerol pour la seureté du présent traité et s'obligeant de remettre les susdites places lors de la paix générale et neutralité d'Italie, comme dit est, sans délay nonobstant toute raison et prétexte qu'il puisse estre. S. A. R. pourra aussi recevoir dans Pinerol et ses dépendances ses droits de doüane et de sel et autres de quelque nature qu'ils soient, comme elle le pratique dans ses Estats et commettra qui elle jugera à propos pour vaquer à ses interest; bien entendu pourtant que ce qui passera pour le service de l'Armée ne payera aucun droit moyennant les passe-ports que l'on donnera gratis.

XIII. Que comme l'objet de la présente guerre est le repos de l'Italie, si quelque Prince de Lombardie ou autres vouloient ou pouvoient se joindre à ce traité ils y seront receus; et que si le sort des armes et les bons ordres que S. A. R. donnera pour faire agir l'armée qu'il commandera réussissoient à quelque entreprise, et que Dieu, dont la cause est en cecy soutenüe favorisoit suivant les apparences les entreprises que l'on pourroit faire sur quelques places de S. M. Catholique, les conquestes seront partagées et pour les conserver, les garnisons y seront my parties; le Roy se réservant d'y mettre un Gouverneur et S. A. R. un lieutenant de Roy et un Major et en cas que l'on prist deux Places, S. M. en gardera une et S. A. R. l'autre; et les succès augmentans seront pareillement partagez.

XIV. Qu'en cas que pendant la présente guerre la mort du Roy d'Espagne arrivast sans enfans, S. M. s'oblige d'aider de tout son pouvoir S. A. R. pour luy faire acquérir le Milanois, et *renonce par ce présent traité au dit cas de la* mort du Roy d'Espagne sans enfants à toute prétention par conqueste ou autrement sur le Duché de Milan; et que si du vivant dudit Roy d'Espagne, on fait des conquestes dans le Milanois, le Roy en cédera la possession à S. A. R.; bien entendu que S. A. R. en donnera l'équivalent à S. M. en Savoye; au cas qu'elle pust conquérir avec la protection et les assistances du Roy tout l'Estat de Milan, en sorte que le Roy remettroit à S. A. R. l'Estat de Milan, moyennant la Savoye toute entière, sans autre prétention de S. M. à cet égard [1].

XV. Qu'à l'égard des quartiers d'hiver, si l'on en prend dans le pays des Ennemis, S. A. R. les destinera ou les distribuera; et si, pour le bien et l'occasion de la mesme cause S. A. R. jugeoit à propos que quelques Troupes de S. M. hivernassent en Piémont, ce seroit en payant, et par une convention qui ne seroit point à charge aux Peuples des Estats de S. A. R. qui ne s'oblige qu'au simple couvert; et les Troupes de S. M. et celles de S. A. R. participeront aux dits quartiers d'hiver dans le pays ennemi, à proportion de leur nombre.

XVI. Que pour l'effet de tout ce que dessus S. M. de sa part s'oblige d'entretenir pour la dite guerre d'Italie et faire descendre en Piémont 20.000 hommes de pied et au moins 5.000 chevaux ou dragons, outre le train d'artillerie spécifié dans un des articles cy dessus, auquel nombre de cavalerie et d'infanterie S. A. R. s'oblige de joindre et d'entretenir de sa part 2500 chevaux ou dragons y compris ses gardes du corps et 8.000 hommes de pied.

XVII. Que si la neutralité d'Italie s'acceptoit ou que la paix générale se fist, comme un grand nombre de Troupes seroit totalement inutile et à charge à S. A. R. et qu'outre les dépenses excessives pour les entretenir c'est souvent une occasion de mésintelligence de conserver sur pied plus de

---

1. Au lendemain de l'accord concernant la reddition de Casal, Victor-Amédée avait envoyé à Madrid son confident Vernon, pour obtenir de Charles II le gouvernement perpétuel du Milanais pour lui et ses successeurs dans les mêmes conditions que le duc de Bavière avait obtenu le gouvernement des Pays-Bas. Le Milanais et le Piémont auraient constitué désormais un tout indivisible et moyennant subside de la cour d'Espagne, le duc de Savoie s'offrait même de protéger les autres possessions Espagnoles en Italie et en particulier le royaume de Naples. La mission eut lieu au mois de juillet 1695 Elle échoua (v. Legrelle, *Notes sur la paix de Ryswick*, p. 30). La promesse d'obtenir le Milanais du roi de France fut sans doute l'argument qui décida Victor-Amédée à se rapprocher de Louis XIV.

troupes qu'il n'en faut dans un Estat, soit pour la conservation ou pour la dignité de Souverain, S. A. R. s'oblige à n'entretenir en tems de neutralité que 6.000 hommes de pied en deça des monts et 1.500 au delà des monts pour les garnisons de la Savoye et comté de Nice et en tout 1.500 chevaux ou dragons. Cet article qui avoit esté icy transposé est le 13° du traité de paix de ce jour et cette obligation de S. A. R. n'aura lieu que jusqu'à la paix générale.

XVIII. Que si pour la cause commune et pour le soutien de cette guerre d'Italie, il estoit besoin que S. A. R. augmentast le nombre de ses troupes. S. M. voudra bien employer son crédit, autant qu'il le pourra auprès des Suisses pour que S. A. R. puisse lever et entretenir jusqu'à 3.000 hommes de troupes réglées, et ce seulement pendant que la guerre d'Italie durera; et que si cela ne pouvoit réussir, S. M. lui fournira les susdits 3.000 hommes de troupes réglées, lesquels seront payés et recevront de S. A. R. le mesme traitement que le Roy leur fait; S. M. s'obligeant de les choisir dans les Troupes étrangères qu'il a à son service soit Savoyardes ou Piémontoises, soit Suisses, Valonnes, Bourguignonnes ou Allemandes; et lesdits 3.000 hommes quoy que payez par S. A R. pendant le susdit tems seront sensées estre des Troupes de S. M. et non de celles de S. A. R. et recevront du Roy leurs commissions et brevets. Qu'en outre, si dans la suite de cette guerre S. A. R. avoit besoin de quelques services en France S. M. ne s'opposeroit pas qu'elle y en fist.

XIX. Que pour le passage et séjour en Piémont des Troupes de S. M. et tems que les dites Troupes pourroient estre obligées de rester dans le pays de S. A. R. elle donnera ses ordres comme Souverain dans son Pays et comme Général d'armée pour les fourages nécessaires qui seront à fournir par magasins ou fouragez par les Troupes en campagne; et le Roy fera payer la ration de fourage accoutumée, à raison de 5 sols de Piémont chaque ration, tant pour les chevaux d'officiers, cavaliers, dragons, équipages, mulets et chevaux d'artillerie et des vivres, pour le détail de quoy

S. M. d'une part et S. A. R. de l'autre nommeront des commissaires.

XX. Qu'à l'égard des contributions que l'on pourra exiger du pays ennemy, le partage s'en fera au profit de S. M. et de S. A. R. à proportion du nombre dont l'armée sera composée.

XXI. Que tout ce que dessus, sera ponctuellement exécuté par S. M. et par S. A. R. jusqu'à la paix générale ou neutralité d'Italie [1]. Après quoy ladite paix générale ou neutralité d'Italie estant faite, le présent traité de guerre estant remply, chacun demeurera dans son Estat naturel et la teneur des articles intitulez : Articles convenus pour la paix et neutralité d'Italie arrestez ce même jour demeurera dans son entier.

XXII. Comme par le présent traité le Roy remet entièrement les Places et Forts du Comté de Nice y compris Villefranche, l'on est convenu qu'en cas qu'il y eust quelque apparence positive que les dites Places du Comté de Nice fussent attaquées des ennemis, S. A. R. en ce cas permettra que pour le bien de la cause commune le Roy y puisse jetter de ses Troupes pour assister à la défense sous les ordres pourtant des Gouverneurs de S. A. R.

Nous plénipotentiaires susdits, avons arresté et signé les présents articles, et nous promettons et nous obligeons de les faire notifier et confirmer par S. M. et par S. A. R., promettant aussi qu'ils seront tenus secrets religieusement jusques à la fin du mois de septembre prochain au quel tems, si on en fera d'autres de la mesme substance et teneur, ceux-ci seront supprimez. Fait à Turin, le 29 de juin 1696.

Signé Tessé et de saint Thomas.

Ratification de V. Amé (avec son cachet).

---

1. Victor-Amédée ayant obtenu de ses anciens alliés la promesse de retirer leurs troupes et d'observer la neutralité de l'Italie la présente convention militaire devint sans objet. Elle n'en est pas moins intéressante pour se rendre compte des clauses ordinaires des conventions militaires à cette époque.

TRAITÉ DE PAIX DE RYSWICK

ENTRE LOUIS XIV ET LES ÉTATS GÉNÉRAUX DU 20 SEPTEMBRE 1697

Au nom de Dieu, et de la Très-Sainte Trinité. A tous presens et avenir soit notoire, que pendant le cours de la plus sanglante guerre, dont l'Europe ait été affligée depuis long tems, il a plu à la divine Providence de preparer à la Chrestienté la fin de ses maux en conservant un ardent desir de la paix dans le cœur de Très-haut, Tres-excellent, et Très-puissant Prince Louis XIVe par la grace de Dieu Roi Très-Chrêtien de France et de Navarre; Sa Majesté Très-Chrêtienne, n'ayant d'ailleurs en veue que de la rendre solide et perpetuelle par l'équité de ses Conditions; et les Seigneurs Etats Generaux des Provinces-Unies des Païs-Bas, souhaitant de concourir de bonne foy, et autant qu'il est en eux, au retablissement de la tranquilité publique, et de rentrer dans l'ancienne amitié et affection de Sa Majesté Très-Chrêtienne, ont consenti en premier lieu à reconnoître pour cet effet la médiation de Très-haut, Très-excellent, et Très-puissant Prince Charles onzième, de glorieuse memoire, par la grace de Dieu Roi de Suede, des Goths et des[1] Vandales; mais une mort precipitée aiant traversé l'esperance que

---

1. Charles XI est mort le 15 avril 1697 à l'âge de cinquante-deux ans. Le 4 février 1697 les belligérants sauf l'Espagne s'étaient entendus pour recourir à la médiation du roi de Suède sur la base des traités de Westphalie et de Nimègue. V. Hollande, t. 165. — Charles XI accepta dès le 27 octobre 1690 le rôle de médiateur que lui offrait le roi de France et le 28 octobre de la même année proposa à l'empereur de lui reconnaître cette qualité de médiateur. (*Actes et Mémoires de la paix de Ryswick*, t. I, p. 2 et 8). Le comte d'Avaux en Suède fit connaître les premières propositions du roi en juillet 1693 (*id.* p. 33). Des négociations suivies s'engagèrent à Stockholm à partir du 12 janvier 1695 entre d'Avaux, Heeckeren et Stahrenberg, ces deux derniers représentants de la Hollande et de l'Autriche (*ibid.*, p. 59), tandis que d'autres pourparlers s'engagèrent parallèlement à Vienne et à la Haye depuis le mois d'août 1690 (*ibid.*, p. 225).

toute l'Europe avoit justement conceüe de l'heureux effet de ses Conseils, et de ses bons Offices : Sa Majesté Très-Chrêtienne, et lesdits Seigneurs Etats Generaux, persistans dans la resolution d'arrêter au plûtôt l'effusion de tant de Sang Chrêtien, ont estimé ne pouvoir mieux faire que de continuer de reconnoître en la même qualité Très-haut, Très-excellent, et Très-puissant Prince Charles douzième, Roi de Suede, son Fils et son Successeur, qui de sa part a continué aussi les mêmes soins pour l'Avancement de la Paix entre Sa Majesté Très-Chrêtienne, et lesdits Seigneurs Etats Generaux, dans les Conferences qui se sont tenuës pour cet effet au Château de Ryswik[1], dans la Province de Hollande, entre les Ambassadeurs extraordinaires, et Plenipotentiaires nommés de part et d'autre; sçavoir de la part de Sa Majesté Très-Chrêtienne le Sieur Nicolas Auguste de Harlay, Chevalier, Seigneur de Bonneuil, Comte de Cely, Conseiller ordinaire de Sa Majesté en son Conseil d'Estat, le Sieur Louïs Verjus, Chevalier, Comte de Crecy[2], Conseiller ordinaire du Roi en son Conseil d'Estat, Marquis de Treon, Baron de Couvay, Seigneur du Boulay, les deux Eglises de Fortisle, du Menillet, etc.; et le Sieur François de Callieres[3], Chevalier, Seigneur de

---

1. Le congrès de Ryswick a été préparé par un assez grand nombre de conférences entre Caillières pour le roi de France, Boreel et Dykwelt pour les Etats Généraux, sur l'entremise du sieur Mollo, négociant à Amsterdam et représentant de la Pologne auprès des Provinces-Unies. Caillières se transporte successivement dans la banlieue d'Utrecht, au Sas-de-Gand, à Rotterdam, au fort Lilo, à Leychendam près la Haye et enfin à Ryswick; du 2 juin 1695 au 25 février 1697 où il reçoit ses pouvoirs réguliers, Caillières n'a cessé de traiter « à travers les voleurs et les partys » tantôt sur terre, tantôt sur le yacht de Dykwelt et souvent avec des déguisements variés pour n'être pas reconnu et afin que la négociation reste absolument secrète. — V. la Correspondance de Caillières et les réponses du Roi dans Holl., t. 159 à 165. — M. Legrelle a résumé toute cette négociation dans ses *Notes et documents sur la paix de Ryswick*, p. 48 à 77.

2. Louis Verjus, comte de Crécy, fils d'un conseiller au parlement, né à Paris en 1620 mort en 1709, remplit un grand nombre de missions en Portugal, en Allemagne (1669), où il eut des démêlés très vifs avec Lisola qui publia contre lui « la sauce au Verjus ». A la diète de Ratisbonne (1679) et au congrès de Ryswick. Il était membre de l'Académie française depuis 1679.

3. François de Caillières né à Thorigny (Normandie), en 1645, mort en 1717 remplit plusieurs missions en Pologne, en Italie, en Suisse, en Allemagne, et surtout en Hollande, où il prépara longuement le congrès de Ryswick. Il fut nommé en 1689 membre de l'académie française pour un panégyrique historique de Louis XIV qui tient plus du panégyrique que de l'histoire.

Callieres, de la Roche-Chellay, et de Gigny; et de la part des Seigneurs Estats Generaux, les sieurs Antoine Heinsius, Conseiller pensionaire des Estats de Hollande et de West-Frise, Garde du grand Seau, et Surintendant des Fiefs de la même Province; Everhard de Wede, Seigneur de Weede, Dykvelt, Ratcles, et autres Lieux, Seigneur Foncier de la Ville d'Oudewart, Doyen et Escolatre du Chapitre Imperial de Ste Marie à Utrecht, Dykgrave de la Riviere le Rhin, dans la Province d'Utrecht; President des Etats de ladite Province; et Guillaume de Haren, Grietman du Bilt, Deputé de la part de la Noblesse aux Estats de Frise, et Curateur de l'Université de Franeker, Deputés en leur Assemblée de la part des Estats de Hollande, d'Utrecht, et de Frise; lesquels après avoir imploré l'Assistance divine, et s'être communiqué respectivement leurs pleins Pouvoirs, dont les Copies seront inserées de mot à mot à la fin du present Traitté, et en avoir deuëment fait l'échange par l'intervention et l'entremise du sieur Baron de Lillieroot, Ambassadeur extraordinaire, et Plenipotentiaire du Roy de Suede, qui s'est acquité de la fonction de Mediateur avec toute la prudence, toute la capacité, et toute l'equité necessaires; ils seroient convenus à la gloire de Dieu, et pour le bien de la Chrêtienté des Conditions, dont la teneur s'ensuit.

I. Il y aura à l'avenir entre Sa Majesté Très-Chrêtienne, et ses Successeurs Roys de France et de Navarre, et ses Royaumes, d'une part, et les Seigneurs Etats Généraux des Provinces-Unies du Païs-Bas, d'autre, une Paix bonne, ferme, fidelle et inviolable, et cesseront ensuite et seront delaissez tous Actes d'Hostilité, de quelque façon qu'ils soient, entre ledit Seigneur Roy, et lesdits Seigneurs Etats Generaux, tant par Mer, et autres Eaux, que par Terre, en tous leurs Royaumes, Pays, Terres, Provinces et Seigneuries, et pour tous leurs sujets et habitans de quelque qualité ou condition qu'ils soient, sans exception des lieux ou des Personnes.

II. Il y aura un oubli et amnestie generale de tout ce qui a esté commis de part et d'autre à l'occasion de la derniere guerre, soit par ceux qui estant nez sujets de la France et engagez au service du Roy Très-Chrêtien, par les emplois et biens qu'ils possedoient dans l'étendue de la France, sont entrez et demeurez au service des Seigneurs Estats Generaux des Provinces-Unies, ou par ceux qui estant nez Sujets desdits Seigneurs Estats Generaux, ou engagez à leur service par les emplois et biens qu'ils possedoient dans l'estenduë des Provinces-Unies, sont entrez ou demeurez au service de Sa Majesté, Très-Chrestienne, et les susdites personnes de quelque qualité et condition qu'elles soient, sans nul excepter, pourront rentrer, rentreront, et seront effectivement laissez et restablis en la possession et jouissance paisible de tous leurs biens, honneurs, dignitez, privileges, franchises, droits, exemptions, constitutions et libertez, sans pouvoir estre recherchez, troublez, ny inquiétez en general, ny en particulier, pour quelque cause ou pretexte que ce soit, pour raison de ce qui s'est passé depuis la naissance de ladite Guerre, et en consequence du present Traité, et après qu'il aura esté ratifié tant par Sa Majesté Très-Chrestienne, que par lesdits Seigneurs Estats Généraux, leur sera permis à tous et à chacun en particulier, sans avoir besoin de Lettres d'abolition et de pardon, de retourner en personne dans leurs maisons, en la jouïssance de leurs Terres, et de tous leurs autres Biens, ou d'en disposer de telle maniere que bon leur semblera[1].

. . . .

VIII. Tous les pays, Villes, Places, Terres, Forts, Isles et Seigneuries, tant au dedans qu'au dehors de l'Europe, qui pourroient avoir été pris et occupés depuis le commencement de la presente guerre, seront restitués de part et d'autre au même estat, qu'ils estoient pour les fortifications lors de la prise, et quant aux autres edifices, dans l'état qu'ils se trouveront, sans qu'on puisse y rien detruire ny deteriorer, sans aussi qu'on puisse pretendre aucun dédom-

1. Les art. III-VII du présent traité étant la reproduction exacte des art. II à VI du traité de paix de Nimègue entre Louis XIV et les Etats Généraux, nous ne jugeons pas nécessaire de les publier à nouveau; on les trouvera dans ce même fascicule p. 55 et 56.

magement pour ce qui auroit pû estre demoli ; Et nommement le Fort et habitation de Pondichery [1] sera rendu aux conditions susdites à la Compagnie des Indes Orientales establie en France : et quant à l'artillerie qui y a esté amenée par la Compagnie des Indes Orientales des Provinces-Unies elle luy demeurera ainsi que les Munitions de guerre et de bouche, esclaves et tous leurs autres effets, pour en disposer comme il luy plaira, comme aussi des terres, droits et privileges qu'elle a acquis tant du Prince que des habitans du Pays.

IX. Tous prisonniers de Guerre seront delivrez de part et d'autre sans distinction ou reserve et sans payer aucune rançon.

X. La levée des Contributions cessera de part et d'autre du jour de l'eschange des ratifications du present Traité de Paix, et aucuns arresrages desdites Contributions demandées et accordées ne pourront estre exigez, mais toutes les prestentions, qui pourroient rester sur ce sujet, sous quelque titre ou pretexte que ce soit, seront entierement annéantis de part et d'autre. Comme aussi cesseront à l'eschange desdites Ratifications du present Traité toutes les Contributions de part et d'autre à l'esgard des Païs des Rois Très-Chrestien et Catholique.

XI. Pour affermir d'autant plus et faire subsister ce Traité, on est de plus convenu entre Sa Majesté et les Seigneurs Estats Generaux, qu'estant satisfait à ce Traité, il se fera, comme se fait cettuy-ci, une Renonciation tant generale que particuliere sur toutes sortes de Pretentions, tant du tems passé, que du present, quelles qu'elles puissent estre, que l'un parti pourroit intenter contre l'autre, pour oster à l'avenir toutes les occasions que l'on pourroit susciter et faire parvenir à de nouvelles dissentions.

---

1. Pondichéry avait été vendu par Aureng-Zeb aux Hollandais pour 50.000 pagodes (450.000 fr.). François Martin, gouverneur de la place, ne disposait que de 6 canons, de 40 Français et de 400 Hindous. La ville fut bombardée du 31 avril au 6 septembre 1693 par le général batave Laurent Pit. Le 8 septembre, la capitulation fut signée. François Martin obtint les honneurs de la guerre.

XII. Les voyes de la Justice ordinaire seront ouvertes, et le cours en sera libre resciproquement; et les Sujets de part et d'autre pourront faire valoir leurs Droits, Actions et Prestentions suivant les Loix et les Statuts de chaque Païs, et y obtenir les uns contre les autres sans distinction toute la satisfaction qui leur pourra legitimement appartenir; et s'il y a eu des lettres de represailles accordées de part ou d'autre, soit devant ou après la desclaration de la derniere guerre, elles demeureront revoquées et annullées, sauf aux parties, en faveur desquelles elles auroient été accordées à se pourvoir par les voyes ordinaires de la Justice.

XIII. Si par inadvertence ou autrement il survenoit quelque inobservation ou inconvesnient au present Traité de la part de Sa Majesté ou desdits Seigneurs Estats Généraux et leurs Successeurs, cette Paix et Alliance ne laissera pas de subsister en toute sa force, sans que pour cela on en vienne à la rupture de l'amitié, et de la bonne correspondence. Mais on reparera promtement lesdites contraventions; et si elles procedent de la faute de quelques particuliers Sujets, ils en seront seuls punis et chastiez.

XIV. Et pour mieux assurer à l'avenir le Commerce et l'Amitié entre les Sujets dudit Seigneur Roy et ceux desdits Seigneurs Estats Généraux des Provinces-Unies des Païs-Bas, il a esté accordé et convenu, qu'arrivant cy-après quelque interruption d'Amitié ou Rupture entre la Couronne de France et lesdits Seigneurs Estats desdites Provinces-Unies (ce qu'à Dieu ne plaise) il sera tousjours donné neuf mois [1] de tems après ladite rupture aux Sujets de part et d'autre pour se retirer avec leurs effets et les transporter où bon leur semblera, ce qu'il leur sera permis de faire, comme aussi de vendre et transporter leurs biens et meubles en toute liberté, sans qu'on leur puisse donner aucun empêchement, ni proceder pendant ledit tems de neuf mois à aucune saisie de leurs effets, moins encore à l'arrest de leurs Personnes.

1. L'art. XV du traité politique de Nimègue ne donnait que six mois de délai au lieu de neuf.

XV. Le Traité de Paix entre le Roi, Très-Chrestien, et le feu Electeur de Brandebourg, fait à Saint-Germain en Laye, le 29 juin 1679, sera rétabli entre Sa Majesté Très-Chrestienne, et Son Altesse Electorale de Brandebourg d'à present, en tous ses Points et Articles [1].

XVI. Comme il importe à la Tranquillité publique, que la paix concluë entre Sa Majesté Très-Chrestienne, et Son Altesse Royale le Duc de Savoye, le 9 Août 1696 [2] soit exactement observée, il a été convenu de la confirmer par ce present Traité.

XVII. Et comme Sa Majesté et les Seigneurs Estats Généraux, reconnoissent les puissans offices que le roi de Suede [3] a contribuez incessamment par ses bons Conseils, et avertissemens au salut et au repos public, il a été convenu de part et d'autre, que Sadite Majesté Suedoise avec ses Royaumes soit comprise nommément dans le present Traité en la meilleure forme que faire se peut.

XVIII. En ce present Traité de Paix et d'Alliance, seront compris de la part dudit Seigneur Roi Très Chrestien, tous ceux qui seront nommez avant l'eschange des ratifications, et dans l'espace de six mois après qu'elles auront été eschangées.

---

1. L'électeur de Brandebourg Frédéric III envoya au congrès de Ryswick deux représentants, Schmettau et Danckelmann. Le premier seul obtint le titre d'Excellence, car selon l'étiquette alors en usage, les rois seuls avaient le droit d'avoir plusieurs représentants. « Rien ne peut nous être plus sensible que d'être ainsi outragé aux yeux de toute l'Europe comme les impérieux le veulent apparemment, écrivait Frédéric III à Schmettau (14 mai 1697). » Il voulut obtenir un traité à part « ut pars belligerans et supremus dux in Prussia ». Schmettau soutint que l'électeur ayant fait la guerre « suo nomine et suis auspiciis, il pouvait obtenir un traité séparé. Il s'attira cette verte réponse de Louis XIV : « L'électeur de Brandebourg n'a pas eu de sujet particulier de me déclarer la guerre. Je n'ai point de traité séparé à faire avec lui, et il n'est mon ennemi que comme prince de l'Empire ; s'il m'a déclaré la guerre en son nom, comme il le prétend, je l'ai ignoré. » (Hollande, t. 167, 3 juin 1697). L'électeur obtint seulement ce court article XV du traité (V. A. WADDINGTON, l'acquisition de la couronne royale de Prusse par les Hohenzollern, p. 84 et suiv.). Dès l'année 1688 des négociations avaient été entamées entre Gravel et l'électeur Frédéric-Guillaume, qui n'avait voulu s'engager qu'à observer la neutralité à l'égard de l'électeur de Cologne et du roi de Danemark (V. France, t. 422, p. 559).

2. La paix avec le duc de Savoie fut signée le 29 juin et publiée le 30 août.

3. L'article XVII du traité de Nimègue conçu dans les mêmes termes comprenait dans le traité le roi d'Angleterre médiateur.

XIX. Et de la part des Seigneurs Estats Généraux le Roi de la Grande Bretagne, et le Roi d'Espagne, et tous leurs autres Alliez, qui dans le tems de six semaines, à compter depuis l'eschange des Ratifications se déclareront d'accepter la Paix, comme aussi les treize louables Cantons des ligues Suisses [1] et leurs alliez et confederez, et particulierement en la meilleure forme et maniere, que faire se peut, les Républiques et Cantons Evangeliques, Zurich, Berne, Glaris, Bâle, Schaffouse, et Appenzel, avec tous leurs Alliez et Confederez, nommément la République de Geneve et ses Dependances, la Ville et Comté de Neufchâtel, les Villes de S. Gallen, Mulhausen et Bienne; item les Ligues Grises et Dépendances, les Villes de Bremen, et d'Emden, et de plus tous Rois, Princes et Estats, Villes, et Personnes particulieres, à qui les Seigneurs Estats Généraux, sur la requisition qui leur en sera faite, accorderont d'y être compris.

XX. Ledit Seigneur Roi, et lesdits Seigneurs Estats Généraux, consentent que le Roi de Suede, comme Mediateur, et tous autres Potentats et Princes, qui voudront bien entrer en un pareil engagement, puissent donner à Sa Majesté, et ausdits Seigneurs Estats Généraux leurs promesses et obligations de garantie de l'execution de tout le contenu au present Traité.

XXI. Le present Traité sera ratifié et approuvé par le Seigneur Roi, et les Seigneurs Estats Généraux, et les Lettres de Ratification seront delivrées dans le terme de trois semaines, ou plûtôt si faire se peut, à compter du jour de la signature [2].

XXII. Et pour plus grande sûreté de ce Traité de Paix, et de tous les points et articles y contenus, sera ledit present Traité publié, verifié, et enregistré en la Cour du Par-

1. En vertu de l'art. XVIII de la paix de Nimègue les cantons Suisses pouvaient être compris s'ils le voulaient dans le traité de la part du roi de France. Dans le traité de Ryswick, les cantons Suisses apparaissent au contraire comme protégés par les États Généraux.

2. La ratification du roi est datée de Fontainebleau le 3 octobre 1697; celles des États Généraux de la Haye, le 10 octobre 1697 (V. Dumont, p. 385).

lement de Paris, et de tous autres Parlemens du Royaume de France, et Chambre des Comptes dudit Paris, comme aussi semblablement ledit Traité sera publié, verifié, enregistré, par lesdits Seigneurs Estats Généraux, dans les Cours et autres Places, là où on a accoustumé de faire les Publications, Verifications et Enregistremens.

En foy de quoy nous Ambassadeurs de Sadite Majesté, et des Seigneurs Estats Généraux, en vertu de nos Pouvoirs respectifs, avons èsdits noms signé ces présentes de nos Seings ordinaires, et à icelles fait apposer les Cachets de nos Armes. A Ryswick en Hollande le vingtième jour du mois de septembre mil six cents quatre vingt dix sept.

(*L. S.*) N. Lillieroot.

(*L. S.*) N. A. de Harlay Bonneuil.
(*L. S.*) Verjus de Crecy.
(*L. S.*) De Callières.

(*L. S.*) A. Heynsius.
(*L. S.*) E. de Weede.
(*L. S.*) W. v. Haren.

TRAITÉ DE COMMERCE ET DE NAVIGATION DE RYSWICK

ENTRE LOUIS XIV ET LES ÉTATS GÉNÉRAUX DU 20 SEPTEMBRE

Ce traité est dans la plupart de ses articles la reproduction identique du traité de commerce et de navigation de Nimègue du 10 août 1678. Nous renvoyons donc au texte publié ci-dessus p. 63 et suivantes. Nous n'indiquons ici que les articles nouveaux avec leur numéro d'ordre dans le traité de Ryswick.

VIII. Les sujets des Etats Generaux ne pourront aussi être traitez autrement ou plus mal dans les Droits de contablie, d'encrage, du sol parisis et touttes autres charges et impositions de quelque nom qu'elles puissent être appellées, soit sous le titre du droit étranger ou autrement, sans aucune reserve ou exception, que les sujets mêmes de Sa Majesté trés-Chrêtienne, qui ne seront pas bourgeois dans les lieux, où lesdits droits se levent [1].

IX. Qu'à l'égard du Commerce du Levant en France, et des vingt pour cent qui se levent à cette occasion, les Sujets des Etats Generaux des Provinces-Unies jouïront aussi de la même liberté et franchise, que les Sujets du Roi Très-Chrêtien, tellement qu'il sera permis ausdits sujets des Etats Generaux de porter des marchandises du Levant, à Marseille et autres places permises en France, tant par leurs propres vaisseaux, que dans des vaisseaux François, et que ny dans l'un ny l'autre cas lesdits sujets des Etats Generaux ne seront assujettis audits vingt pour cent, sinon dans le cas, où les François y sont sujets, portant des marchandises dans leurs propres vaisseaux à Marseille, ou autres places

1. Ces articles VIII à XII du traité de Ryswick sont placés entre les articles VII et VIII du traité de Nimègue.

permises, et qu'en ceci ne pourra se faire aucun changement au préjudice des sujets desdits Etats Generaux.

X. Il sera permis aux sujets des Seigneurs Etats Generaux d'apporter, faire entrer et debiter en France et dans les païs conquis, librement et sans aucun empeschement du Harang salé, sans distinction, et sans être sujets au rempacquement, et ce nonobstant tous edits, déclarations et arrêts du Conseil à ce contraires, et nommément ceux des 15 Juillet, et 14 Septembre mil six cens quatre-vingt-sept, portant défenses d'apporter ni faire entrer dans les Ports de France aux Places conquises du Harang autrement qu'en vrac et salé du Sel de Brouage et qui ordonnent que ledit Harang sera apporté dans les Ports de Mers en vrac dans des barils, dont les dix-huit composeront douze de harang paqué lesquels arrêts demeureront révoquez et annullez [1].

XI. L'on dépêchera réciproquement à la douane ou aux bureaux, tant en France qu'aux païs des Etats Generaux également et sans aucune distinction les Sujets de l'une et de l'autre nation, aussitôt qu'il sera possible, sans leur causer aucun empeschement ny retardement, quel qu'il puisse être.

XII. L'on fera un nouveau Tarif commun et suivant la convenance réciproque, dans le tems de trois mois, et cependant le tarif de l'an 1667 sera executé par provision, et en cas, qu'on ne convienne pas dans ledit tems dudit tarif nouveau, le tarif de l'an 1664, aura lieu pour l'avenir [2].

. . . .

---

1. Louis XIV n'avait d'abord accordé aux Hollandais que le choix entre deux concessions : la suppression du droit de 50 sols par tonneau ou l'autorisation de l'entrée et du debit en France du harong salé et du sel étranger. Le 27 août il leur accorda les deux « facilités. » « Je vois les inconvénients qu'il y aura pour mon royaume d'accorder en même temps ces deux articles, mais la continuation de la guerre cause trop de malheurs à la chrétienté pour ne pas contribuer de tout mon pouvoir à les terminer. » (Hollande, t. 169. 27 août 1697.)

2. Le traité commercial de 1678 se contente de mentionner l'égalité de traitement pour l'entrée des marchandises de chacun des États dans l'autre. Cette égalité ne porte pas atteinte au droit de 50 sous par tonneau qui continue d'être perçu en France sur tous navires étrangers. — En 1697, il est stipulé que le tarif de 1667 est remplacé par un autre tarif plus doux ou à défaut d'un nouveau tarif par celui de 1664. Déjà à la suite du traité de

XXXIX. A l'avenir aucuns consuls ne seront admis de part et d'autre, et si l'on jugeoit à propos d'envoyer des Residens, Agens, Commissaires ou autres, ils ne pourront établir leur demeure, que dans les lieux de la residence ordinaire de la Cour [1]..........................

XLIII. L'on préviendra de part et d'autre, autant qu'il sera possible, tout ce qui pourroit en aucune maniere empêcher directement ou indirectement l'execution du present Traité, et specialement de l'Article septième et l'on s'oblige aux moindres plaintes, qui se feront de quelques contraventions, de les faire incessamment reparer [2]..............

XLV. Et pour plus grande sûreté de ce Traité de commerce et de tous les points et articles, y contenus, sera ledit present Traité publié, vérifié et enregistré en la Cour du Parlement de Paris, et en tous autres parlemens du Royaume de France, et Chambre des Comptes dudit Paris, comme aussi semblablement ledit Traité sera publié, vérifié et enregistré par lesdits Seigneurs Etats Generaux dans les Cours et autres Places, là où on a coûtume de faire les publications, verifications et enregistremens [3].

Nimègue, Louis XIV avait consenti à cette substitution de tarifs en faveur des Hollandais, mais cette renonciation au tarif de 1667 avait fait l'objet d'un accord particulier, le roi ne voulant pas aliéner par un acte authentique son droit domanial d'imposer des tarifs.

1. Cet article XXXIX est en contradiction avec l'art. XXXIV du traité de 1678 qu'il remplace et qui est ainsi conçu : Ledit Seigneur Roy, comme aussy lesdits Seigneurs Estats Generaux, pourront establir pour la commodité de leurs Sujets Trafiquans dans le Royaume et Estats l'un de l'autre, des Consuls de la Nation de leursdits Sujets, lesquels jouïront des Droits, Libertez, et Franchises qui leur appartiennent par exercice et employ, et l'établissement en sera fait aux *Lieux et endroits*, où de commun consentement il sera jugé nécessaire.

2. L'article XLIII du traité de Ryswick est placé entre les articles XXXVII et XXXVIII du traité de Nimègue. — L'article XLV du traité de Ryswick vient à la suite de l'art. XXXVIII et dernier du traité de Nimègue. L'art. VII de ce traité auquel il est fait allusion stipule la liberté et la réciprocité absolues du commerce et de la navigation des sujets de chacun des deux États dans les ports et le territoire de l'autre État.

3. Mêmes signatures que pour le traité de paix.

TRAITE DE PAIX DE RYSWICK [1]

ENTRE LOUIS XIV ET GUILLAUME III, ROI D'ANGLETERRE

20 SEPTEMBRE 1697

A tous ceux en général et à chacun en particulier qui sont interressez ou qui le pourront estre en quelque façon que ce soit; on fait a scavoir que la guerre s'estant malheureusement allumée entre le sérénissime et très Puissant Prince Louis 14e par la grâce de Dieu roy très Crétien [2] de France et de Navarre d'une part et le sérénissime et très puissant Prince Guillaume 3e aussy [3] par la grâce de Dieu, Roy de la Grande Bretagne d'autre; les affaires ont esté enfin réduites à ce point par la permission et la bonté divine, que l'on a conceu de part et d'autre la pensée de faire la Paix : Et leurs dites Majestés très Crétienne et Britannique, animées d'un même zèle pour arrêter au plutost l'efusion du sang crétien et pour le prompt rétablissement de la tranquilité publique ont unanimement consenty en premier lieu à reconnoître pour cet éfet la médiation du Sér^me^ et très puissant Prince de glorieuse mémoire Charles XIe par la grâce de Dieu roy de Suède, des Goths et des Vandales; Mais une mort précipitée ayant traversé l'espérance que toute l'Europe avoit justement conceue de l'heureux éfet de ses conseils et de ses bons offices; leurs dites Majestés ont estimé ne pouvoir mieux faire que de continuer de reconnoître en la même qualité le Sérénissime et très puissant Prince Charles 12e Roy de Suède, son fils et son successeur,

---

1. Dumont publie ce traité en latin d'après les *Actes et mémoires de la paix de Ryswick*. Il contient un préambule où Guillaume III prend le titre de roi de France que ne contient pas l'exemplaire original. Le roi Guillaume y est nommé le premier. Ce qui indique que c'est un exemplaire anglais et non un exemplaire français qui a servi.
2. On a scrupuleusement respecté l'orthographe du texte de l'instrument original.
3. Cet « aussy par la grâce de Dieu » est une concession singulière à un élu de la souveraineté nationale.

qui de sa part a continué aussy les mêmes soins pour l'avancement de la Paix entre leurs dites Majestés très Crétienne et Britannique dans les conférences qui se sont tenues à cet éfet au Château de Riswick [1], dans la province de Hollande entre les Ambassadeurs extraordinaires et les Plénipotentiaires [2] nommez de part et d'autre : Sçavoir de la part de S. Majesté très crétienne, le Sieur Nicolas Auguste de Harlay, chevalier seigneur de Bonneuïl, Comte de Cély, conseiller ordinaire de Sa dite Majesté en son Conseil d'État; le sieur Louis Verjus, chevalier Comte de Crécy, conseiller ordinaire du Roy en son Conseil d'État, marquis de Tréon, baron de Couvay, seigneur de Boulay les deux Églises, de Fortisle, du Menillet et autres lieux, et le sieur François de Callières, chevalier seigneur de Callières la Roche Chellay et de Gilly [3]; et de la part de Sa Majesté Britannique, le sieur Thomas, comte de Pembrok et de Montgommerry, baron d'Herbert et de Cardiff, garde du sceau privé d'Angleterre, conseiller ordinaire du Roy en son Conseil d'État, et l'un des justiciers d'Angleterre. Le sieur Édouard vicomte de Villers et de Darfort, baron de Hoo, chevalier mareschal d'Angleterre, et l'un des justiciers d'Irlande. Le sieur Robert de Lexington, baron d'Evram, gentilhomme de la Chambre du Roy et le sieur Joseph Williamson, Chevalier, Conseiller ordinaire de Sa ditte Maj. en son Conseil d'État, et Garde des Archives de l'État. Lesquels après avoir imploré l'assistance divine et s'estre communiqué respectivement les pleins pouvoirs dont les copies seront insérées de mot à mot à la fin du présent Traité et en avoir deüement fait l'eschange par l'interven-

1. On sait que les conférences de Ryswick n'ont été qu'un fantôme de *congrès*, où les plénipotentiaires ont été mis à une diète presque absolue de négociations, tandis que les conditions de la paix avec le roi d'Angleterre étaient discutées et arrêtées dans les quatre conférences qui eurent lieu à Hall, près Bruxelles, entre le maréchal de Boufflers et lord Bentinck, *comte de Portland*, du 8 juillet au 2 août 1697.

2. Ils sont qualifiés dans le texte latin de « *Nobilissimes, Illustrissimes et excellentissimes Seigneurs*; » les plénipotentiaires anglais y sont nommés avant ceux de *France*.

3. Le texte de Dumont porte de Gigny qui semble être le vrai nom.

tion et l'entremise du sieur Nicolas baron de l'Illeroot, ambassadeur extraordinaire et Plénipotentiaire de Sa Maj. le Roy de Suède, qui s'est acquité de sa fonction de médiateur avec toute la prudence, toute la capacité et toute l'équité nécessaire, Ils seroient convenus à la gloire du Saint nom de Dieu et pour le bien de la Chrestienté des conditions dont la teneur s'ensuit.

I. Il y aura une paix universelle et perpétuelle, une vraye et sincère amitié entre le Sérénissime et très-puissant prince Louis 14e Roy très Crétien et le sérénissime et très puissant Prince Guilleaume 3e, Roy de la Grande Bretagne [1] leurs Héritiers et Successeurs, leurs Royaumes, États et Sujets, et cette Paix sera inviolablement observée entr'eux, si religieusement et sincèrement, qu'ils feront mutuelement tout ce qui pourra contribuer au bien, à l'honneur et à l'avantage l'un de l'autre; vivans en tout comme bons voisins et avec une telle confiance et si réciproque, que cette amitié soit de jour en jour fidèlement cultivée, affermie et augmentée.

II. Touttes Inimitiés, hostilités, Guerres et discordes entre ledit Seigneur Roy très Crétien, et le Roy de la Grande Bretagne et pareillement entre leurs Sujets, cesseront et demeureront éteintes et abolies; En sorte qu'ils éviteront soigneusement à l'avenir, de se faire part ny d'autre aucun tort injure ou préjudice; et qu'ils s'abstiendront de s'attaquer, piller, troubler ou inquiéter en quelque manière que ce soit, par terre, par mer ou autres eaües dans tous les endroits du monde et particulièrement dans toute l'étendue des Royaumes, Terres et Seigneuries de l'obéissance des dits Seigneurs Roys sans aucune exception.

III. Tous les torts, dommages, injures et offenses que les dits Seigneurs Roys et leurs Sujets auront soufferts ou receus les uns des autres pendant cette guerre seront abso-

1. Louis XIV s'était refusé à traiter avec Guillaume III qu'il ne voulait reconnaître qu'après avoir arrêté définitivement tous les articles de la paix avec les Hollandais. C'est ce qui décida Guillaume à déléguer le comte de Portland pour négocier directement avec Boufflers (V. Caillières au roi, 18 mai 1697, Hollande, t. 163).

lument oubliés ; et leurs Majestés et leurs Sujets pour quelque cause et occasion que ce puisse estre, ne se feront désormais, ny ne commanderont ou ne souffriront qu'il soit réciproquement fait de part ny d'autre, aucun acte d'hostilité ou d'inimitié, trouble ou préjudice de quelque nature et manière que ce puisse estre par autruy ou par soy même, en public ou en secret, directement ou indirectement, par voye de fait ou sous prétexte de justice.

IV. Et comme l'intention du Roy très crétien a toujours été de rendre la Paix ferme et solide, Sa Majesté s'engage et promet pour elle et pour ses successeurs Roys de France, de ne troubler ny inquiéter en quelque façon que ce soit le Roy de la Grande Bretagne dans la possession de ses Royaumes, pays, États, terres ou Gouvernemens dont Sa ditte Maj. Britanique jouit présentement, donnant pour cet éfet sa parole Royalle de n'assister directement ou indirectement aucun des ennemis dud. Roy de la Grande Bretagne [1], de ne favoriser en quelque manière que ce soit, les cabales, menées secrètes ou rebellions qui pourroient survenir en Angleterre, et par conséquent de n'ayder sans aucune exception n'y réserve, d'armes, de munitions, vivres, vaisseaux, argent ou d'autre chose, par mer ou par terre, personne qui que ce puisse estre, qui prétendroit troubler led. Roy de [illegible]ande Bretagne, dans la paisible possession des dits Royaumes, pays, États, terres ou gouvernemens sous quelque prétexte que ce soit ; comme aussi le Roy de la Grande Bretagne promet et s'engage de son costé même inviolablement pour soy et ses successeurs Roys de la Grande Bretagne à l'égard du Roy très Crétien, ses Royaumes, Pays, Estats et terres de son obéissance [2], réciproquement, sans aucune exception ny réserve [3].

---

1. C'est un abandon solennel sous la foi de la parole royale de la cause de Jacques II.

2. Il y avait dans le Mémoire remis par le roi de son obéissance « et gouvernements »; ces deux derniers mots ont été retranchés de l'article du traité.

3. Cet article 4 a donné lieu aux négociations les plus délicates entre Boufflers et Portland. Guillaume III demandait d'abord que le roi chassât de France Jacques II, ce qui fut refusé avec hauteur. Il tenait beaucoup à ce

V. La Navigation et le Commerce seront libres entre les Sujets desdits Seigneurs Roys de même qu'ils l'ont toujours été en temps de paix et avant la déclaration de la dernière Guerre; en sorte que lesdits Sujets puissent librement et réciproquement, aller et venir avec leurs marchandises, dans les Royaumes, Provinces, Villes de Commerce, Ports et Rivières desdits Seigneurs Roys, y demeurer et négotier, sans estre troublés, ny inquiétés et y jouir et user de touttes les libertés, immunités et Privilèges qui sont establis par les Traités solemnels, ou accordés par les anciennes coutumes des lieux.

VI. Les voyes de la justice ordinaire seront ouvertes et le cours en sera libre réciproquement dans tous les Royaumes terres et Seigneuries de l'obéissance des dits Seigneurs Roys, à leurs Sujets de part et d'autre qui pourront faire valoir leurs droits actions et prétentions suivant les loix et les statuts de chaque pays et y obtenir les uns contre les autres sans distinction toute la satisfaction qui leur pourra légitimement appartenir.

VII. Ledit Seigneur Roy très Crétien fera remettre au Seigneur Roy de la Grande Bretagne, tous les pays isles forteresses et colonies, en quelques lieux du monde qu'elles soient situées, que les Anglois possédoient, avant que la présente Guerre fust déclarée; et pareillement, ledit Seigneur Roy de la Grande Bretagne restituera au dit Seigneur Roy très Crétien, tous les pays, Isles, forteresses et colonies

---

que son rival ne fût pas nommé dans le traité, ce qui fut accordé en fin de compte. Mais Louis XIV ne pouvait admettre que l'égalité des termes fût employée afin de désigner le pouvoir des deux rois sur leurs sujets. « Lorsque je voudrai empêcher mes sujets de secourir le roi d'Angleterre, pas un n'aura la pensée de le faire » (Le roi aux plénipotentiaires, 11 juillet 1697, Hollande, t. 168). Portland propose d'insérer un article où les deux rois s'engageraient *dans les mêmes termes* à ne point assister leurs ennemis (Boufflers au roi, 15 juillet, Hollande, t. 172). « Comme cette égalité ne peut avoir lieu, que la soumission de mes sujets et la tranquillité de mon royaume ne me donnent à craindre ni factions, ni rébellions... » (18 juillet 1697, Hollande, t. 168). Le 20 juillet, Portland remet à Boufflers un Mémoire sur les termes à employer et le 24 juillet le roi adresse à Boufflers un contre-mémoire amendant celui de Portland (24 juillet 1697, Hollande, t. 168). Ce sont les termes de ce contre-mémoire qui ont été reproduits dans l'article 4 (Voir toutes les pièces relatives à cet incident dans l'opuscule de M. Legrelle, *Notes et documents sur la paix de Ryswick*, p. 89 à 113).

en quelque partie du monde qu'elles soient situées, que les François possédoient avant la déclaration de la présente guerre, et cette restitution se fera de part et d'autre dans l'espace de six mois, ou plustost même s'il est possible. Et pour cet éfet aussytost après l'eschange des ratifications du présent Traité, lesdits Seigneurs Roys se donneront réciproquement ou feront donner et délivrer aux Comissaires qu'ils députeront de part et d'autre pour les recevoir en leur nom, tous actes de cession, ordres ou mandemens nécessaires et en si bonne et deue forme que la ditte restitution soit efectivement et entièrement exécutée.

VIII. On est convenu qu'il sera nommé de part et d'autre des Commissaires pour l'examen et jugement des droits et prétentions réciproques que chacun des dits Seigneurs Roys peut avoir sur les places et lieux de la Baye d'Hudson que les François ont pris pendant la dernière Paix et qui ont esté repris par les Anglois depuis la présente Guerre; et doivent estre remis au pouvoir de Sa Maj. très Crétienne, en vertu de l'article précédent. Comme aussy que la Capitulation accordée par les Anglois au commandant du fort de Bourbon [1], lors de la dernière prise qu'il en ont faite le 5e sept. 1696, sera exécutée selon sa forme et teneur, les éfets dont y est fait mention, incessamment rendus et restitués. Le Commandant et autres pris dans ledit Fort, incessamment remis en liberté si fait n'a esté; et les contestations qui pourroient rester pour raison de l'exécution de la ditte capitulation, ensemble de l'estimation de ceux des dits éfets qui ne se trouveront plus en nature, seront jugez et décidez par les dits Commissaires, qui auront pareillement pouvoir de traiter pour le règlement des limites et confins des pays cédez ou restituez de part et d'autre par ledit article précédent, et des échanges qui pourront s'y trouver estre à faire pour la convenance commune tant de Sa Maj.

1. Ce fort n'est pas mentionné dans le texte latin de Dumont. Cet article fut rendu inutile par la *bravoure du Canadien Iberville* qui venait de reprendre le fort Bourbon après un beau combat maritime où, avec un seul vaisseau de 50 canons, il avait coulé un vaisseau anglais de 52 canons, pris une frégate de 32 et mis en fuite une autre frégate d'égale force (sept. 1697).

très crétienne que de Sa Maj. Britanique; et à cet éfet les dits Commissaires seront nommés de part et d'autre aussy tost après la ratification du présent Traité s'assembleront à[1] .... dans .... à compter du jour de la dite ratification et seront tenus de terminer entièrement touttes les dittes difficultés dans[2].... du jour de leur première conférence; Après quoy les points et articles dont ils seront demeurés d'accord seront approuvez par led. Seigneur Roy très Crétien et par led. Seigneur Roy de la Grande Bretagne pour avoir ensuite la même force et vigueur et estre exécutez de la même manière que s'Ils étoient contenus et insérez de mot à mot dans le présent traité.

IX. Touttes lettres tant de représailles que de marque et contremarque qui ont esté délivrés jusques à présent, pour quelque cause et occasion que ce puisse estre, demeureront et seront réputées nulles, inutiles et sans éfet, et à l'avenir, aucun des deux Seigneurs Roys n'en délivrera de semblables contre les Sujets de l'autre, s'il n'apparoit auparavant, d'un dény de justice manifeste, ce qui ne pourra estre tenu pour constant, à moins que la requeste de celuy qui demandera les lettres de représailles, n'ayt esté raportée ou représentée au Ministre ou Ambassadeur qui sera dans le pays de la part du Roy, contre les Sujets duquel on poursuivra lesd. lettres, affin que dans l'espace de quatre mois il puisse s'éclaircir du contraire, ou faire en sorte que le défendeur, satisfasse incessamment le demandeur; et s'il ne se trouve sur le lieu aucun Ministre ou Ambassadeur du Roy contre les Sujets duquel on demandera lesd. lettres, l'on ne les expédiera encore qu'après quatre mois expirez, à compter du jour que la Requête de celuy qui demandera les dittes lettres aura esté présentée au Roy contre les Sujets duquel on les demandera ou à son Conseil privé.

X. Et pour prévenir et retrancher tous les sujets de

---

1. Le texte latin porte Londres dans l'espace de trois mois.
2. Le texte latin porte dans l'espace de six mois.

plaintes, contestations ou procès qui pourroient naistre à l'occasion de la restitution prétendue des vaisseaux marchandises ou autres éfets de même nature qui seroient pris et enlevés cy-après de part et d'autre, depuis le présent Traité de Paix conclu et signé, mais avant qu'il eût pu estre connu et publié sur les costes ou dans les pays les plus éloignez; On est convenu que tous navires, marchandises ou autres éfets semblables, qui depuis la signature du présent traité pourront estre pris et enlevez de part et d'autre, demeureront sans aucune obligation de récompense à ceux qui s'en seront saisis dans les mers Britaniques et Septentrionales, pendant l'espace de douze jours immédiatement après la signature et publication dudit traité et dans l'espace de six semaines pour touttes les prises faittes depuis lesdites Mers Britaniques et Septentrionales jusques au cap de St Vincent; Et depuis ou au delà de ce Cap jusques à la Ligne, tant dans l'Océan que dans la mer Méditeranée ou ailleurs dans l'espace de dix semaines, et enfin dans l'espace de six mois au delà de la Ligne et dans tous les endroits du monde sans aucune exception, ny autre ou plus particulière distinction de temps ou de lieu [1].

XI. Que s'il arrivoit par hasard, inadvertance ou autre cause quelle qu'elle puisse estre, qu'aucun des Sujets de l'un des dits Seigneurs Roys fist ou entreprist quelque chose par terre, par mer ou sur les rivières en quelque lieu du monde que ce soit qui pust contrevenir au présent Traité, et en empescher l'entière exécution ou de quelqu'un de ses Articles en particulier, La Paix et bonne correspondance rétablie entre les dits Seigneurs Roys ne sera pas troublée, ny censée interrompue à cette occasion, et elle demeurera toujours au contraire en son entière et première force et vigueur. Mais seulement celuy desd. Sujets qui l'aura troublée répondra de son fait particulier et en sera

1. Ces délais sont un peu différents de ceux qui furent arrêtés avec les Hollandais dans l'art. 3 du traité de commerce de Nimègue et qui furent reproduits intégralement dans le traité de commerce de Ryswick avec la Hollande.

puny conformément aux loix et suivant les règles établies par le droit des gens.

XII. Et s'il arrivoit aussy (ce qu'a Dieu ne plaise) que les mésintelligences et inimitiés éteintes par cette Paix se renouvelassent entre le Roy très Crétien et le Roy de la Grande Bretagne et qu'ils en vinssent à une guerre ouverte, tous les vaisseaux, marchandises et tous les éfets mobiliers des Sujets de l'un des deux Roys qui se trouveront engagez dans les ports et lieux de la domination de l'autre, ny seront point confisquez ny en aucune façon endomagez; Mais l'on donnera aux Sujets desdits Seigneurs Roys, le terme de six mois entiers à compter du jour de la rupture, pendant lesquels ils pourront, sans qu'il leur soit donné aucun trouble ny empeschement, enlever ou transporter ou bon leur semblera, leurs biens de la nature cy-dessus exprimée et tous leurs autres éfets [1].

XIII. Quant à la principauté d'Orange et autres terres et Seigneuries qui apartiennent au Seigneur Roy de la Grande Bretagne, l'Article séparé du Traité de Nimègue conclu le dixième du mois d'Aoust de l'Année 1678 entre Sa Majesté très Crétienne et les Seigneurs Etats Généraux des Provinces Unies [2] sera entièrement exécuté selon sa forme et

---

1. L'art. 14 du traité avec la Hollande porte ce délai à neuf mois.

2. Cet article séparé stipulait que les terres appartenant au prince d'Orange en France, Franche-Comté, Charolois, Flandres et autres pays de la domination de S. M. qui avaient été saisies au début de la guerre et dont les revenus avaient été attribués au comte d'Auvergne seraient restituées au prince d'Orange (V. Dumont, t. VII, part. I, p. 353). En même temps que le *Mémoire* sur la promesse de ne point assister le roi d'Angleterre, Louis XIV avait envoyé un *Article pour Orange* ainsi conçu : « .....Le roi de la Grande Bretagne, voulant empêcher que la ville d'Orange, qui lui sera rendue par S. M. Très Chrétienne ne serve de retraite aux sujets de Sadite Majesté qui auraient manqué à ce qu'ils lui doivent, le dit roi de la Grande Bretagne promet et s'engage par le présent article secret de défendre de son propre mouvement et en vertu de ses droits de souveraineté sur cette principauté au gouverneur et à ses officiers de la dite ville et principauté d'y admettre et de souffrir qu'il s'y établisse aucuns des sujets de S. M. très chrétienne, à l'exception toutefois des sieurs....., à qui le roi de la Grande Bretagne en a donné la permission » (24 juillet 1697, Hollande, t. 168). Portland ayant assuré que le roi d'Angleterre était disposé « à donner sa parole secrète de ne souffrir qu'aucun des sujets de S. M. Très Chrétienne s'établisse dans la ville et principauté d'Orange sans la permission et le consentement de Sa dite Majesté, et qu'il serait très religieux dans l'exécution de cette parole, » cet article séparé ne fut pas inséré dans le traité définitif (V. Hollande, t. 172, 27 juillet 1697, et Legrelle, *ouv. cité*, p. 90-113).

teneur; et en conséquence toutes innovations et changements qui se trouveront y avoir esté faits depuis et au préjudice dud. Traité, de quelques espèces qu'ils soient, seront réparés sans aucune exception; et tous les arrêts, édits ou autres actes postérieurs et qui pourront y estre contraires, de quelque manière que ce soit demeureront nuls et de nul éfet, sans qu'à l'avenir il se puisse rien faire de semblable à cet égard; en sorte que l'on rendra au Seigneur Roy de la Grande Bretagne, tous les dits biens, au même État et en la manière en laquelle il les possédoit et en jouissoit avant qu'il eust esté dépossédé pendant la Guerre qui a esté terminée par la Paix de Nimègue, ou qu'il devoit les posséder et en jouir aux termes et en vertu dudit Traité; et pour d'autant plus prévenir et terminer sans retour, touttes les dificultés, troubles, prétentions et procès *nez* et à naistre à l'occasion desd. biens; les dits Seigneurs Roys nommeront des Commissaires de part et d'autre, et leur donneront pouvoir de décider ou acomoder entièrement tous lesdits diférents; comme aussy de régler et liquider suivant les déclarations qui leur en seront remises la restitution que Sa Maj. très Crétienne convient de faire avec tous les intérêts qui seront légitimement deubs à Sa Maj. Britanique, des revenus, profits, droits et avantages [1], tant de la principauté d'Orange, que des autres biens, terres et Seigneuries appartenantes à Sa Maj. Britanique, dans les pays de la domination de Sa Maj. très Crétienne, jusques à concurrence de ce dont on justifiera, que les Ordres et l'Authorité de Sa Maj. Très Crétienne aura empesché Sa Maj. Britanique d'en jouir depuis la conclusion du Traité de Nimègue, jusques à la déclaration de la présente Guerre.

XIV. Le Traité de Paix entre le Roy très Crétien et le feu Electeur de Brandebourg fait à St Germain en Laye le 28e juin 1679 sera retably entre Sa Maj. Très Crétienne et

1. Voir un compte des revenus non touchés depuis le traité de Nimègue par le prince d'Orange dans sa principauté estimé à la somme de 480.000 fr. (Hollande, t. 169, f° 81).

S. A. Electorale de Brandebourg d'a présent en tous ses points et articles [1].

XV. Comme il importe à la tranquilité publique que la Paix conclue entre Sa Maj. très Crétienne et S. A. Royale le duc de Savove le 9e Aoust 1696 soit exactement observé, il a esté convenu de la confirmer par ce présent Traité.

XVI. Seront compris dans le présent Traité de Paix, ceux qui avant l'échange des ratifications qui en seront fournies ou dans l'espace de six mois après seront nommez à cet éfet de part et d'autre, et dont on conviendra réciproquement. Et cependant comme le Sérénissime et très Puissant Prince Louis Quatorzième Roy Très Crétien, et le Sérénissime et très Puissant Prince Guillaume troisième, Roy de la Grande Bretagne reconnoissent avec gratitude les offices sincères et le zèle continuel du Sérénissime et très Puissant Prince Charles douzieme, Roy de Suède, qui avec l'assistance divine a si fort avancé le salutaire ouvrage du présent Traité de Paix et l'a enfin conduit par sa médiation au plus heureux succès qu'on en pouvoit souhaiter de part et d'autre, leurs dittes Majestés pour luy temoigner une pareille affection ont arrêté et résolu d'un commun consentement que Sa Sacrée et Royale Majesté de Suède sera comprise dans le présent Traité de Paix, en la meilleure forme qu'il se peut pour tous ses Royaumes Seigneuries et Provinces et pour tous les droits qui lui peuvent appartenir [2].

XVII. Enfin les ratifications solemnelles du présent Traité expédiées en bonne et deue forme seront raportées et eschangées de part et d'autre dans le terme de trois semaines ou plus tost, s'il est possible, a compter du jour que ledit Traité aura esté signé au Chasteau de Riswick dans la province de Hollande [3]. Et en foy de tous et chacuns

1. Cet article et le suivant sont la reproduction des articles XV et XVI du traité de paix conclu avec la Hollande.

2. En vertu de cet article le pape, tous les princes d'Italie, le roi de Portugal, les treize cantons des Ligues Suisses et leurs coalisés furent compris dans le traité passé entre la France et l'Angleterre (V. les actes d'inclusion dans *Actes et mém. de la paix de Ryswick*, t. IV, p. 257).

3. Les ratifications de ce traité sont signées pour l'Angleterre du château de Loo en Gueldre, le 25 sept. 1697; pour la France, de Fontainebleau, le 3 oct. de la même année.

les points cy dessus expliquez et pour leur donner d'autant plus de force et une pleine et entière Authorité, Nous Ambassadeurs extraordinaires et Plénipotentiaires conjointement avec l'Ambassadeur extraordinaire et Médiateur avons signé le présent Traité et y avons apposé le Cachet de nos armes. Fait à Riswick en Hollande le vingtième septembre mil six cent quatre vingt dix sept.

N. Lillieroot.	de Harlay Bonneuil.	Pembroke.
	Verjus de Crécy.	Villiers.
	N. Callières.	J. Williamson.

TRAITÉ DE PAIX DE RYSWICK

ENTRE LOUIS XIV ET CHARLES II D'ESPAGNE DU 20 SEPTEMBRE 1697

I. Il est convenu et accordé [1] qu'à l'avenir il y aura bonne ferme et durable Paix, Confédération et perpetuelle Alliance et Amitié entre les Rois Très-Chrêtien et Catholique, leurs Enfans nez et à naître, leurs Hoirs, Successeurs et Heritiers, leurs Royaumes, Etats, Païs, et Sujets; qu'ils s'entr'aimeront comme bons Freres, procurant de tout leur pouvoir le Bien, l'Honneur et la Reputation l'un de l'autre, évitant de bonne foi, et autant qu'il leur sera possible, ce qui pourroit leur causer reciproquement quelque dommage.

II. En consequence de cette Paix et bonne union, tous Actes d'Hostilitez cesseront entre lesdits Seigneurs Rois, leurs Sujets et Vassaux, tant par Mer et autres Eaux que par Terre, et generalement en tous Lieux où la Guerre se fait par les Armes de leurs Majestez; tant entre leurs Armées qu'entre les Garnisons de leurs Places, et s'il y étoit contrevenu par la prise d'une, ou plusieurs Places soit par attaque, par surprise ou par intelligence, et même s'il se faisoit des Prisonniers ou qu'il se commit d'autres Actes d'hostilité par hazard ou autrement, la Contravention sera reparée de part et d'autre de bonne foy, sans retardement ni difficulté, restituant sans aucune diminution ce qui aura été occupé, et delivrant les Prisonniers sans rançon ni payement de dépense.

III. Tous sujets d'inimitié ou de mesintelligence demeu-

---

1. Nous avons supprimé à dessein le préambule de ce traité. Il est identique, presque phrase pour phrase, au préambule du traité conclu avec l'empereur, que nous reproduisons d'après *l'original*, tandis que nous n'aurions pu transcrire qu'une copie pour ce traité avec l'Espagne. Dans l'exemplaire original en Espagnol des Archives, le roi de France et les plénipotentiaires français sont nommés après le roi d'Espagne et ses plénipotentiaires; c'est le contraire dans le texte de Dumont.

seront éteints et abolis pour jamais. Il y aura de part et d'autre un oubli et une Amnistie perpetuelle de tout ce qui s'est fait pendant la presente Guerre, ou à son occasion, sans qu'on puisse à l'avenir, sous aucun prétexte, directement ni indirectement, en faire aucune recherche, par voye de Justice ou autrement, sous quelque prétexte que ce soit, et leursdites Majestez, ni leurs Sujets, Serviteurs et Adherants n'en pourront témoigner de ressentiment ni en prétendre aucune sorte de réparation [1].

IV. Seront remises et laissées en la possession, Domaine et Souveraineté de Sa Majesté Catholique, les Places de Gironne, Rose et Belver en l'état qu'elles ont été prises avec l'Artillerie, qui s'y est trouvée dans le même temps, et toutes les autres Villes, Places, Forts, Lieux et Châtellenies generalement quelconques, qui ont été occupez pendant cette Guerre, par les Armes de Sa Majesté Très-Chrêtienne, et depuis le Traité de Nimegue, dans la Principauté de Catalogne, ou ailleurs en Espagne, leurs Appartenances, Dépendances et annexes seront remises en l'état auquel ils se trouvent à present, sans en rien retenir, reserver, affoiblir ni deteriorer. Sera aussi remise de même au Pouvoir, Domaine et Souveraineté de Sa Majesté Catholique, la Ville de Barcelone, Fort et Fortifications en dependants avec toute l'Artillerie, en l'état auquel le tout s'est trouvé au jour de la prise, avec toutes Appartenances, Dependances et annexes [2].

V. La Ville et Forteresse de Luxembourg, en l'état auquel elle se trouve presentement, sans y rien demolir, changer, diminuer, affoiblir ou deteriorer des Ouvrages, Forts et Fortifications d'icelle, avec l'Artillerie qui s'y est trouvée au temps de la prise : ensemble la Province et Duché de Luxembourg, et Comté de Chiny en toutes leurs consis-

---

1. Les trois premiers articles de ce traité sont la reproduction à peu près littérale des articles correspondants de la paix de Nimègue.

2. La prise de Barcelone par Vendôme le 22 juillet 1697 rendit l'avantage dans les conseils du roi Charles II au parti national qui ne voulait pas sacrifier aux intérêts autrichiens le salut de l'Espagne. C'est ce qui décida de la paix.

tances, et tout ce qu'ils comprennent avec leurs Appartenances, Dependances et Annexes, seront rendus et remis au Pouvoir, Souveraineté, Domaine et Possession du Roi Catholique, de bonne foi, pour en joüir par ledit Seigneur Roi Catholique, tout ainsi qu'il a fait ou pû faire lors et avant le Traité de Nimegue, sans en rien retenir ni reserver, si ce n'est ce qui en a été cedé à Sa Majesté Très Chrêtienne, par le precedent Traité de Paix [1].

VI. La Forteresse de Charleroi sera pareillement remise au Pouvoir et sous la Souveraineté, de Sa Majesté Catholique avec sa Dependance en l'état auquel elle est à present sans y rien rompre, demolir, affoiblir ou deteriorer, de même que l'Artillerie, qui y étoit lorsqu'elle a été prise [2].

VII. Sera remise aussi à la Souveraineté, Domaine et Possession de Sa Majesté Catholique la Ville de Mons Capitale de la Province de Hainaut avec ses Ouvrages et Fortifications dans l'état auquel elles se trouvent à present, sans y rien rompre, demolir, affoiblir ou deteriorer [3]; ensemble l'Artillerie qui s'y est trouvée au temps de la prise, et la Banlieuë et Prévôté, Appartenances et Dependances de la même Ville en toute sa consistance, ainsi que le Roi Catholique en a joui, ou pû joüir lors et avant ledit Traité, de même que la ville d'Ath dans l'état où elle étoit au tems de sa derniere prise, sans y rien rompre, demolir, affoiblir ni deteriorer de ses Ouvrages avec l'Artillerie qui s'y est trouvée audit jour, ensemble la Banlieuë, Châtellenie, Appartenances, Dependances et annexes de ladite Ville, comme elles ont été cedées par le Traité de Nimégue, à la reserve des Lieux ci-après, sçavoir le Bourg d'Anthoin, Vaux, Guarrin, Ramecroix, Bethôme, Constantin, le Fief de Paradis, lesdits derniers étant des enclavements de Tournaisis, et ledit Fief de Paradis, en tant qu'il contribuë avec le Village de Kain, Havines, Mêles, Mourcourt, le Mont

1. Luxembourg avait été pris le 4 juin 1684 et immédiatement fortifié par Vauban.
2. Charleroi fut conquis le 11 octobre 1693, après la bataille de Neerwinden.
3. Mons avait été pris par Vauban sous les yeux du roi le 10 avril 1691.

de S. Audebert dit de la Trinité, Fontenoy, Maubray, Hernies, Caluelle, et Viers, avec leurs Paroisses, Appartenances et Dependances resteront, sans en rien reserver, en la Possession et Souveraineté de Sa Majesté Très-Chrétienne, la Province de Hainaut demeurant au surplus à la Souveraineté de Sa Majesté Catholique, sans prejudice neanmoins de ce qui a été cedé à Sa Majesté Très-Chrétienne, par les precedens Traitez.

VIII. Sera remise au Pouvoir, Domaine, Souveraineté et Possession de Sa Majesté Catholique la Ville de Courtray, dans l'état present avec l'Artillerie, qui s'y est trouvée au tems de la derniere prise; ensemble la châtellenie de ladite Ville, Appartenances, Dependances, annexes conformement au Traité de Nimegue.

IX. Ledit Seigneur Roi Très-Chrétien fera aussi restituer à Sa Majesté Catholique toutes les Villes, Places, Forts, Châteaux et Postes, que ses Armées ont ou pourroient avoir occupez jusqu'au jour de la Paix, et même depuis icelle, en quelque Lieu du Monde qu'elles soient situées, comme pareillement Sadite Majesté Catholique, fera restituer à Sa Majesté Très-Chrétienne toutes les Places, Forts, Châteaux et Postes que ses Armées pourroient avoir occupez durant cette Guerre, jusqu'au jour de la Publication de la Paix, et en quelques Lieux qu'ils soient situez.

X. Tous les Lieux, Villes, Bourgs, Places et Villages que le Roi Très-Chrétien a occupez et réunis depuis le Traité de Nimegue dans les Provinces de Luxembourg, Namur, Brabant, Flandres, Hainaut, et autres Provinces du Païs-Bas, selon la Liste desdites réunions produites de la part de Sa Majesté Catholique dans les Actes de cette Negociation, et dont Copie sera annexée au present Traité [1], demeureront à Sa Majesté Catholique absolument et à toûjours, à la reserve des 82 Villes, Bourgs, Lieux, et Villages contenus dans la

1. Voir Dumont, t. VII, part. II, p. 415 la « liste et déclaration des réunions ou occupations faites par S. M. Très Chrétienne dans les provinces de S. M. Catholique aux Pays-Bas », et à la page 418, la « liste d'exception des Lieux que les Ambassadeurs de France ont prétendu réserver. »

Liste d'exception, qui en a été aussi fournie de la part de Sa Majesté Très-Chrêtienne, et qui sont par elle prétendus, pour raisons des Dépendances des Villes de Charlemont, Maubeuge et autres cedées à Sa Majesté Très-Chrêtienne, par les Traitez d'Aix la Chapelle et de Nimegue, à l'égard desquels 82 Lieux susdits seulement dont la liste sera pareillement annexée au present traité, on est demeuré d'accord qu'il sera nommé incessamment après la signature du present Traité des Commissaires de part et d'autre, tant pour régler auquel des deux Rois lesdits 82 Villes, Bourgs, Lieux, ou villages, ou aucun d'iceux devront demeurer et appartenir, que pour convenir des échanges à faire des Lieux, et Villages enclavez dans les Païs de la Domination de l'un et de l'autre; et en cas que lesdits Commissaires ne pûssent demeurer d'accord, leurs Majestez Très-Chrêtienne et Catholique en remettront la derniere decision au Jugement des Seigneurs Etats Generaux des Provinces-Unies, que lesdits Seigneurs Rois ont réciproquement consenti de prendre pour Arbitres, sans préjudice neanmoins aux Ambassadeurs Plenipotentiaires desdits Seigneurs Rois T. C. et Catholique, d'en convenir autrement entr'eux à l'amiable, et même avant la Ratification du present Traité, s'il est possible, moyennant quoi toutes difficultez tant à l'égard desdites Rëünions que des limites, et Dependances, demeureront de part et d'autre entierement assoupies et terminées : en consequence cesseront toutes poursuites, Sentences, Separations, Incorporations, Commises, Decretements, Confiscations, Reunions, Declarations, Reglemens, Edits, et tous Actes generalement quelconques données au nom et de la part de Sa Majesté Très-Chrêtienne pour raison desdites Réunions, soit par le Parlement ou Chambre établie à Mets, soit par tous autres Tribunaux de Justice, Intendant, Commises, ou Delegations contre Sa Majesté Catholique et ses Sujets, et seront revoquées et annullées à toûjours, comme s'ils n'avaient jamais été et au surplus la Generalité desdites Provinces, demeureront à Sa Majesté Catholique, à la reserve de toutes les Villes, Places, et Lieux cedez à Sa Majesté Très-Chrêtienne, par les precedens Traitez, avec les Appartenances et Dependances [1].

XI. Toutes les Places, Villes, Bourgs, Lieux et Villages, Circonstances, Dependances et annexes ci-dessus remis et cedez par sa Majesté Très-Chrêtienne, sans en rien reserver ni retenir, rentreront en la Possession de Sa Majesté Catholique, pour en joüir par elle et de toutes les Prerogatives, Avantages, Profits et Revenus, qui en dépendent, avec la même étenduë, et aux mêmes Droits de Proprieté, Domaine et Souveraineté qu'elle en joüissoit avant la derniere Guerre, lors et avant le Traité d'Aix la Chapelle et de Nimegue, et tout ainsi qu'elle en a pû ou dû joüir.

XII. La Restitution desdites Places se fera de la part dudit Seigneur Roi Très-Chrêtien réellement, et de bonne foi, sans retardement ni difficulté pour quelque cause et occasion que ce soit à celui ou à ceux qui seront à ce deputez par ledit Seigneur Roi Catholique, immediatement après la Ratification du present Traité, sans rien demolir, affoiblir, diminuer ou endommager en aucune sorte dans lesdites Villes, et sans que l'on puisse pretendre ni demander aucun remboursement pour les Fortifications, Edifices publics, et Bâtimens faits ausdites Places, ni pour le payement de ce qui pourroit être dû aux Soldats et Gens de Guerre, qui s'y trouveront lors de la Restitution.

XIII. Le Roi Très-Chrêtien fera retirer de toutes lesdites Places qu'il remet au Roi Catholique toute l'Artillerie que Sadite Majesté a fait apporter dans lesdites Villes, depuis qu'elles ont été prises, toutes les Poudres, Boulets, Armes, Vivres, et autres Munitions qui s'y trouveront, lors qu'elles seront remises à Sadite Majesté Catholique; et ceux que le Roi Très-Chrêtien aura commis pour cet effet, pourront se servir pendant deux mois des Chariots et des Bâteaux du Païs : ils auront le Passage libre tant par Eau que par

1. V. Dumont, t. VII, p. II, p. 470, un traité du 3 décembre 1699 entre les mêmes souverains pour le règlement des limites et l'échange de quelques lieux en exécution du traité de Ryswick. Les commissaires français étaient Dugué de Bagnols et François Voisin, tous deux conseillers d'État; les commissaires espagnols le comte de Tirimont et le conseiller d'État Bruchoven.

Terre pour faire emporter lesdites Munitions dans les Places de Sa Majesté Très-Chrétienne, les plus voisines. Les Gouverneurs, Commandans, Officiers, et Magistrats des Places et Païs ainsi restituez feront donner toutes les facilitez qui dependront d'eux pour la voiture et conduite desdites Artillerie et Munitions ; pourront aussi les Officiers, Soldats et Gens de Guerre, qui sortiront desdites Places, en retirer et emporter les Biens Meubles à eux appartenans, sans qu'il leur soit loisible d'exiger aucune chose des Habitans desdites Places, et du plat Païs, ni d'endommager les Maisons, ni d'emporter aucune chose appartenante aux Habitans [1].

XIV. Les Prisonniers de quelque nature et Condition qu'ils puissent être, seront mis en liberté de part et d'autre, et sans rançon, aussi-tôt après l'échange des Ratifications, en payant leur dépense, et ce qu'ils pourroient d'ailleurs legitimement devoir. Et si quelques-uns avoient été mis aux Galères de leursdites Majestez, à l'occasion et par le malheur desdites Guerres seulement, ils seront promptement delivrez et mis en liberté, sans aucun retardement ni difficulté, pour quelque cause et occasion que ce soit, et sans qu'on leur puisse demander en ce cas aucune chose pour leur rançon ou pour leur dépense [2].

XV. Par le moyen de cette Paix et étroite Amitié les Sujets des deux côtez quels qu'ils soient pourront en gardant les Loix, Usages, et Coûtumes du Païs, aller, venir, demeurer, traficquer et retourner au Païs l'un de l'autre comme bons Marchands, et ainsi que bon leur semblera, tant par Terre que par Mer et autres Eaux, traiter et negocier ensemble, et feront soutenus et defendus les Sujets au Pays l'un de l'autre, comme propres Sujets, en payant raisonnablement les Droits en tous Lieux accoûtumés, et autres qui par lesdits Rois ou leurs Successeurs seront imposés [3].

---

1. Rapprocher cet article de l'art. 17 du traité de Nimègue.

2. Cet article relatif aux prisonniers mis aux galères n'a pas son correspondant dans le traité de Nimègue, cela prouve l'acharnement croissant de la guerre.

3. On pourra consulter sur le commerce de l'Espagne deux documents

XVI. Tous les Papiers, Lettres, Documents concernans les Païs, Terres et Seigneuries qui seront cédés et restitués auxdits Seigneurs Rois par le present traité de Paix seront fournis et delivrés de bonne foi de part et d'autre dans trois mois, après que les Ratifications du present Traité auront été échangées en quelques lieux que lesdits Papiers et Documents se puissent trouver, même ceux qui auront été enlevés de la Citadelle de Gand et de la Chambre des comptes de Lille [1].

XVII. Les Contributions établies, ou demandées de part et d'autre, Represailles, Envois de Fourage, Grains, Bois, Bestiaux, Ustensiles, et autres espéces d'Impositions sur les Païs de l'un et de l'autre Souverain, cesseront aussi-tôt après la Ratification du present Traité, et tous les Arrerages ou Parties qui en peuvent être deus ne pourront être reciproquement exigés, à quelque Titre et sous quelque pretexte que ce soit [2].

XVIII. Tous les Sujets de part et d'autre Ecclesiastiques et Séculiers, Corps, Communautés, Universités et Colleges seront rétablis tant en la jouissance des Honneurs, Dignités et Benefices dont ils étoient pourveus avant la Guerre, qu'en celle de tous et chacun leurs Droits, Biens, Meubles et Immeubles, Rente à rachapt dont les Capitaux demeurent en existence, et les Rentes viagéres saisies et occupées depuis ledit tems, tant à l'occasion de la Guerre, que pour avoir suivi le Parti contraire, ensemble de leurs Droits, Actions et Successions à eux survenuës, même depuis la Guerre commencée, sans toutefois pouvoir rien demander ni pretendre des Fruits et Revenus perceus et écheus pendant cette Guerre, dès le saisissement desdits biens

---

intéressants : 1° Le commerce et les ressources de l'Espagne en 1690; détail de ses échanges par produit et par pays; 2° un mémoire sur le commerce de l'Espagne en 1691 et sur ses colonies (*Mémoires et documents*, Espagne, t. 78 et 79).

1. Rapprocher cet article de l'art. 20 du traité de Nimègue.

2. Au traité de Nimègue (art. 18), la levée des contributions devait durer pendant six semaines, et la poursuite des arrérages dus se continuer dans un délai de trois mois après la signature du traité.

Immeubles, Rentes et Benefices jusqu'au jour de la Publication du present Traité.

XIX. Ne pourront semblablement rien demander ni prétendre des Dettes, Effets et Meubles qui auront été confisqués avant ledit jour, sans que jamais les Creanciers de telles Dettes, et Depositaires de tels Effets, et leurs Heritiers ou ayant cause en puissent faire poursuite ni en pretendre recouvrement, lesquels rétablissements, en la forme avant dite, s'entendront en faveur de ceux qui auront suivi le Parti contraire, en sorte qu'ils rentreront par le moyen du present Traité, en la grace de leur Roi et Prince Souverain, comme aussi dans leurs Biens tels qu'ils se trouveront existans à la conclusion et signature du present Traité.

XX. Et se fera ledit retablissement des Sujets de part et d'autre, selon le contenu des Articles 21. et 22. du Traité de Nimegue, nonobstant toutes Donations, Concessions, Declarations, Confiscations, Commises, Sentences Preparatoires et Definitives, données par contumace en l'absence des Parties et icelles non oüyes, lesquelles Sentences et leurs Jugemens, demeureront nuls et de nul effet et comme non données et prononcées, avec liberté pleine et entiere ausdites Parties de revenir dans les Païs, d'où elles se sont retirées ci-devant, pour joüir en personne de leurs Biens immeubles, Rentes et Revenus, ou d'établir leurs demeures hors desdits Païs, en tel Lieu que bon leur semblera, leur en demeurant le choix et élection, sans qu'on puisse user contre eux d'aucune contrainte, pour ce regard; et en cas qu'ils aiment mieux demeurer ailleurs, ils pourront deputer ou commettre telles Personnes non suspectes que bon leur semblera, pour le gouvernement et joüissance de leurs Biens, Rentes et Revenus; mais non au regard des Benefices requerant Residence, qui devront être personnellement administrez et servis [1].

XXI. Les Articles 24. et 25. dudit Traité de Nimegue,

---

1. Les articles 18 à 20 sont la reproduction à peu près textuelle des art. 21 à 23 du traité de Nimègue, mais avec spécification plus précise sur certains points de détail.

concernants les Benefices seront executez, et en conséquence ceux qui ont été pourvûs de Benefices par celui des deux Rois, qui au temps de la Collation possedoit les Villes et Païs où lesdits Benefices sont situez, seront mainteuus en la Possession et jouïssance desdits Benefices.

XXII. Les Sujets de part et d'autre auront la liberté, et entiere faculté de pouvoir vendre, changer, aliener, ou autrement disposer, tant par Acte d'entre vifs que de dernière volonté des Biens et Effets Meubles et Immeubles, qu'ils ont ou auront situez sous la Domination de l'autre Souverain, et chacun les y pourra acheter, Sujet ou non Sujet, sans que pour cette Vente, ou Achat aucun ait besoin d'Octroi, Permission ou autre Acte quelconque que ce present Traité.

XXIII. Comme il y a des Rentes affectées sur la Generalité de quelques Provinces, dont une partie est possedée par Sa Majesté Très-Chrètienne, et l'autre par le Roi Catholique, il est convenu et accordé que chacun payera sa quote part, et seront nommez des Commissaires pour regler la Portion que chacun desdits Seigneurs Rois en devra payer [1].

XXIV. Les Rentes legitimement établies, ou dûës sur les Domaines par les precedens Traitez, et du payement desquelles il apparoîtra dans les comptes rendus aux Chambres des Comptes par les Receveurs de leurs Majestez Très-Chrêtienne et Catholique avant lesdites Cessions, seront payées par leursdites Majestez aux Creanciers desdites Rentes, de quelque Domination qu'ils puissent être, François, Espagnols ou d'autre Nation sans distinction.

XXV. Et comme par le present Traité il se fait une Paix bonne et ferme tant par Mer que par Terre entre lesdits Seigneurs Rois, en tous leurs Royaumes, Païs, Terres, Provinces, et Seigneuries, et que toute Hostilité doit cesser

1. Ce principe a prévalu dans le droit public européen. Tout État ou Souverain doit prendre à son compte la dette des États ou provinces qui peuvent lui échoir par un traité quelconque. — Le règlement de la part de charges afférentes à chaque souverain eut lieu en même temps que celui des frontières, par les mêmes commissaires et en vertu du même traité du 3 décembre 1699 (V. Dumont, t. VII, part. II, p. 470).

à l'avenir, il est stipulé que si quelques prises se font de part ou d'autre dans la Mer Baltique, ou dans celle du Nord, depuis Terneuze en Norwegue jusqu'au bout de la Manche dans l'espace de quatre semaines; au bout de ladite Manche, jusqu'au Cap de S. Vincent dans l'espace de six semaines; et de là dans la Mer Mediterranée, et jusqu'à la Ligne dans l'espace de dix semaines; au delà de la Ligne et en tous les autres Endroits du Monde dans l'espace de huit mois, à compter du jour que se fera la Publication du present Traité, lesdites prises qui se feront de part et d'autre après le terme prefix seront rendus avec récompense de tous les Dommages qui en seront provenus [1].

XXVI. Il y aura en cas de Rupture, ce qu'à Dieu ne plaise, un Terme de six mois pour donner moyen aux Sujets de part et d'autre de retirer, et transporter leurs Effets et Personnes où bon leur semblera, et il leur sera permis de le faire en toute liberté, sans qu'on leur en puisse donner aucun empêchement ni proceder pendant ledit temps à aucune saisie desdits effets, et moins encor à l'arrêt de leurs Personnes.

XXVII. Les Troupes de part et d'autre, se retireront aussi-tôt après la Ratification du present Traité sur les Terres et Païs de leurs propres Souverains, et dans les Places, et Lieux qui doivent réciproquemment demeurer et appartenir à leurs Majestez, après ou suivant le present Traité, sans pouvoir rester, sous quelque prétexte que ce soit, dans les Païs de l'autre Souverain, ni dans les Lieux qui lui doivent pareillement ci-après demeurer ou appartenir, et il y aura aussi-tôt après la signature de ce même Traité cessation d'Armes et d'Hostilités en tous Endroits de la Domination desdits Seigneurs Rois, tant par Mer et autres Eaux que par Terre.

XXVIII. Il a été aussi accordé que la perception des Droits, dont ledit Seigneur Roi Très-Chrêtien est en pos-

1. Ce sont les termes stipulés de même avec les Hollandais. V. Art. III du traité de commerce et de navigation du 20 septembre 1697.

session, sur tous les Païs qu'il remet ou restitue audit Seigneur Roi Catholique, sera continuée jusqu'au jour de la Restitution actuelle des Places, dont lesdits Païs sont dependans, et que ce qui en restera dû lors de ladite Restitution sera payé de bonne foi, à ceux qui en ont pris les Fermes; comme aussi que dans le même tems les Proprietaires des Bois confisqués dans les Dependances des Places, qui doivent être remises à Sa Majesté Catholique, rentreront en la possession de leurs Biens, et de tous les Bois qui se trouveront sur le lieu : bien entendu que du jour de la signature du present Traité, toutes les coupes de Bois cesseront de part et d'autre [1].

XXIX. Le Traité de Nimegue, et les precedents seront executez selon leur forme et teneur, excepté dans les Points et Articles, où il y aura été ci devant dérogé, ou fait en dernier lieu quelque changement par le present Traité.

XXX. Toutes les Procedures faites et les Jugemens rendus entre particuliers par les Juges, et autres Officiers de Sa Majesté Très-Chrêtienne établis tant dans les Villes et Places dont elle a jouy en vertu du Traité d'Aix-la-Chapelle, et qu'elle a cédé depuis à Sa Majesté Catholique, que dans celles qui appartiennent au Roi Très-Chrêtien en vertu du Traité de Nimegue, ou dont il a été en possession depuis ledit Traité, et pareillement les Arrêts du Parlement de Tournai rendus pour raison des differens, et procès poursuivis par les Habitans desdites Villes et de leurs Dépendances, durant le tems qu'elles ont été sous l'obeïssance de Sa Majesté Très-Chrêtienne, auront lieu et sortiront leur plein et entier effet, comme si ledit Seigneur Roi demeuroit Seigneur et Possesseur desdites Villes et Pays; et ne pourront être lesdits Jugemens et Arrêts revoquez en doute et annullez, ni leur Execution autrement retardée ou empêchée : bien sera-t-il loisible aux Parties de se pourvoir par Revision de la Cause, et selon l'Ordre et la Disposition des Loix et des Ordonnances, demeurant cependant les Juge-

1. Cet article est la reproduction exacte de l'art. XIX du traité de Nimègue entre les mêmes.

mens en leur force et vertu, sans prejudice de ce qui est stipulé à cet égard dans l'Article 21. du susdit Traité de Nimegue.

XXXI. La Ville et le Château de Dinant seront remis par Sa Majesté Très-Chrêtienne à l'Evèque et Prince de Liege en l'état qu'ils étoient lorsqu'ils ont été occupés par les Armes de Sa Majesté.

XXXII. Sa Majesté Très-Chrêtienne ayant témoigné souhaiter que l'Isle de Ponza qui est dans la Mer Mediterranée soit remise au Pouvoir de Monsieur le Duc de Parme, Sa Majesté Catholique en consideration des offices de Sa Majesté Très-Chrêtienne a bien voulu declarer qu'elle fera retirer les Gens de Guerre qu'elle y peut avoir, et remettre cette Isle au Pouvoir et possession de Monsieur le Duc de Parme, aussitôt après la Ratification du present Traité.

XXXIII. Comme il importe à la tranquilité publique que la Paix concluë à Turin le 29 d'Août 1696 entre Sa Majesté Très-Chrêtienne, et Son Altesse Royale de Savoye, soit aussi exactement observée, il a été trouvé bon de la confirmer et comprendre dans le present Traité, et dans tous ses Points, tels qu'ils sont contenus dans la Copie signée et séellée par les Plenipotentiaires de Savoye et qui sera jointe au present Traité, pour la Manutention duquel Traité et du present leursdites Majestés donnent à Son Altesse Royale leur Garantie.

XXXIV. Leursdites Majestez reconnoissans les offices, et les soins que le Serenissime Roi de Suede a continuellement employez pour le retablissement de la Paix, sont convenuës que Sa Majesté Suedoise, ses Royaumes et Etats seront nommément compris dans le present Traité, en la meilleure forme et maniere que faire se peut [1].

XXXV. En cette Paix, Alliance, et Amitié, seront compris tous ceux qui seront nommez de part et d'autre, d'un commun consentement, avant l'échange des Ratifications, dans l'espace de six mois aprèsqu'elles auront été échangées.

1. V. plus haut l'art. XVI du traité conclu avec le roi d'Angleterre, et plus bas, l'art. LV du traité conclu avec l'empereur Léopold.

XXXVI. Lesdits Seigneurs Rois Très-Chrêtien et Catholique, consentent que Sa Majesté Suedoise en qualité de Mediateur, et tous autres Rois, Princes et Républiques qui voudront entrer dans un pareil engagement, puissent donner à leurs Majestez leurs Promesses et Obligations de Garantie, pour l'execution de tout ce qui est contenu au present Traité.

XXXVII. Et pour plus grande seureté de ce Traité de Paix et de tous ses Points et Articles y contenus, sera le present Traité publié, verifié et enregistré tant au Grand Conseil, et autres Conseils, et Chambre des Comptes dudit Seigneur Roi Catholique aux Païs-Bas, qu'aux autres Conseils des Couronnes de Castille et d'Arragon, le tout suivant et en la forme contenuë au Traité de Nimegue, de l'année 1678; comme semblablement ledit Traité sera publié, vérifié et enregistré en la Cour de Parlement et en tous autres Parlemens du Royaume de France et Chambres des Comptes dudit Paris : Desquelles publications et enregistremens seront remises et délivrées des Expeditions de part et d'autre, dans l'espace de trois mois après la Publication du present Traité.

Fait à Ryswic, en Hollande, le vingtiéme Septembre seize cent quatre-vingt dix sept.

Ainsi signé,
Sur l'Original.

LILLIEROOT.	HARLAY BONNEÜIL.	DON FRANCISCO B. DE
	VERJUS DE CRECY.	QUIROS.
	FRANÇOIS DE CALLIERES.	LE COMTE DE TIRIMONT[1].

1. Les ratifications du présent traité sont datées, pour la France, de Fontainebleau, 3 octobre 1697; et pour l'Espagne, de Madrid, 8 oct. 1697. (V. Dumont, t. VII, part. II, p. 414.) — L'exemplaire original en espagnol des Archives ne porte pas la signature des ministres français. — Les deux plénipotentiaires espagnols, personnages d'ailleurs obscurs et qui ne faisaient pas partie de la maison des souverains catholiques, sont désignés dans le préambule du traité par les titres suivants : « Dom Francisco Bernardo de Quiros, chevalier de l'ordre de Saint Jacques, conseiller du roi en son conseil royal et suprême de Castille, et Louis Alexandre de Scockart de Tirimont, baron de Gœsbeke, conseiller du conseil suprême des Pays Bas à Madrid, membre du conseil d'Etat et du conseil privé dans les mêmes pays. »

TRAITÉ DE PAIX DE RYSWICK

ENTRE L'EMPEREUR LÉOPOLD ET LOUIS XIV DU 30 OCTOBRE 1697

In nomine Sacrosanctæ Trinitatis, Amen.

Notum sit omnibus et singulis, quorum interest : cùm ab aliquot jam annis ferale bellum cum multâ sanguinis Christiani effusione et plurimarum provinciarum desolatione gestum esset inter Serenissimum et Potentissimum Principem et Dominum, Dominum Leopoldum etc.[1] Sacrumque Romanum Imperium ab unâ : et Serenissimum atque Potentissimum Principem et Dominum, Dominum Ludovicum XIV tum Franciæ et Navarræ Regem Christianissimum ab altera parte : sua Sacra Cæsarea Majestas verò et sua Sacra Regia Majestas Christianissima ad finienda quantocyùs hæc mala in perniciem rei Christianæ indies augescentia animum serio advertissent, factum Divinâ Bonitate esse, ut annitente Serenissimo et Potentissimo Principe et Domino, Domino Carolo XI, Suecorum, Gothorum, Vandalorumque Rege, Magno Principe Finlandiæ, Duce Scaniæ, Esthoniæ, Livoniæ, Careliæ, Bremæ, Verdæ, Stetini, Pomeraniæ, Cassubiæ et Vandaliæ, Principis Rugiæ, Domino Ingriæ et Wismariæ, nec non Comite Palatino Rheni, Bavariæ, Juliaci, Cliviæ et Montium Duce[2] etc.

1. V. ses qualités, au préambule du traité de Nimègue entre les mêmes, p. 100.

2. Nous croyons devoir donner l'explication rapide des différents titres des rois de Suède comme nous avons donné celle des titres des empereurs au préambule du traité de Munster : rex *Suecorum, Gothorum et Vandalorum* ; encore aujourd'hui la Suède comprend deux parties distinctes, la Suède proprement dite au Nord, la Gothie au Sud. Mais il n'y est pas resté trace des Vandales dont les premières migrations connues ont eu lieu au Sud de la Baltique, de la Prusse vers le Mecklembourg. — *Magnus princeps Finlandiæ*, la Finlande fut conquise en 1155 par Saint Eric, roi de Suède. — *Dux Scaniæ* ; la Scanie, au N.-E. du Sund a longtemps été disputée entre les rois de Danemark et de Suède. Depuis les traités de Roskild et de Copenhague (1658-1660) les rois de Suède ont pris le titre de ducs de Scanie. — *Dux Esthoniæ* ; l'Esthonie fut conquise en 1561, sous Eric XIV. — *Dux Livoniæ* :

inclytæ memoriæ, qui mox ab exortorum motuum initio pacem inter Christianos Principes sollicitè suadere non destitit, atque dein Mediator universim receptus illam quamprimum conciliare, ad mortem usque gloriosè allaboravit, solennes ea de causa tractatus in Palatio Riswicensi in Hollandia instituti, post ejus autem è vivis decessum pari studio succedentis in paternas pro tranquillitate publicâ curas Serenissimi et Potentissimi Principis et Domini, Domini Caroli XII [1] etc. ad finem perducti fuerint. Comparentes quippe dicto loco utrinque legitimè constituti Legati Extraordinarii et Plenipotentiarii, nomine quidem Sacræ Cæsareæ Majestatis Illustrissimi et Excellentissimi Domini, Dominus Dominicus Andreas S. R. I. Comes à Kaunitz, hæreditarius Dominus in Austerlitz, Hungarischbrod, Marischpruss et majoris Orzechau, Eques aurei Velleris, Sacræ Cæsareæ Majestatis Consiliarius Status intimus, Camerarius et Sacri Imperii Pro-Cancellarius : Dominus Henricus Joannes S. R. I. Comes à Stratman et Peürbach, Dominus in Orth, Smidingh, Spatenbrunn et Carlsberg, Sacræ Cæsareæ Majestatis Consiliarius Imperialis

---

depuis le traité d'Oliva (1660), Charles XI a pris ce titre. — *Dux Careliæ*; la Carélie conquise sur les Russes par Charles IX, fut annexée par Gustave Adolphe aux dépens de la Russie en vertu du traité de Stockholm (1618). — *Dux Bremæ, Verdæ, Stetini, Pomeraniæ, Cassubiæ et Vandaliæ*, possessions acquises au traité d'Osnabruck (1648). Les quatre duchés de Stettin de Poméranie, de Cassubie, de Vandalie qui forment la province actuelle de Poméranie furent partagés entre l'électeur de Brandebourg, Frédéric Guillaume et la reine de Suède, Christine; celle-ci n'obtint, en réalité, qu'une partie du duché de Stettin. Pour l'indemniser de la partie laissée au Brandebourg, la Suède obtint les évêchés sécularisés de Brême et de Verden. Mais les souverains suédois n'en ont pas moins pris les titres de terres sur lesquelles ils n'avaient plus aucun droit. — *Princeps Rugiæ*; l'île de Rugen où les Suédois avaient débarqué en 1630 leur fut laissée par le traité d'Osnabruck. — *Dominus Ingriæ*; l'Ingrie fut cédée à la Suède par le traité de Stolbowo (1617) — *Dominus Wismariæ*; Wismar fut enlevé au duc de Mecklembourg et cédé à la Suède par le traité d'Osnabruck. — *Comes palatinus Rheni, dux Bavariæ*; les rois de Suède de la maison des Deux Ponts étant cadets de la famille des Wittelspach de Bavière prenaient les qualités des terres que leurs ancêtres avaient possédées. — *Dux Iuliaci, Cliviæ et Montium*; Magdelaine, troisième sœur du dernier duc de Juliers, Clèves et Berg, épousa Jean, duc de Deux Ponts, aïeul de Charles X, roi de Suède. Elle prétendit qu'elle avait autant de droits que ses sœurs d'entrer en partage de ces duchés. La Suède n'eut cependant rien de cet héritage qui fut partagé entre les maisons de Brandebourg et de Neubourg (Voir Saint-Prest, *Histoire des traités de paix*, I, 140 et suiv.).

1. Mêmes titres et qualités que Charles XI.

Aulicus et Camerarius ; et Dominus Joannes Fridericus liber et Nobilis Baro à Seilern [1], Sacræ Cæsareæ Majestatis *Consiliarius Imperialis Aulicus et in Imperii Comitiis* Concomissarius Plenipotentiarius : nomine verò Sacræ Regiæ Majestatis Christianissimæ Illustrissimi et Excellentissimi Domini, Dominus Nicolaus Augustus de Harlay, Eques, Dominus de Bonneüil, etc. : Dominus Ludovicus Verjus Eques, etc : et Dominus Franciscus de Callieres, etc., interventu et operâ Illustrissimorum et Excellentissimorum Dominorum, Domini Caroli Bonde, Comitis in Biörnöö; Domini in Hesleby, Tyresio, Toftaholm, Gråfsteen, Gustafsberg et Rezitza, Sacræ Regiæ Majestatis Sueciæ Senatoris, et supremi Dicasterii Dorpatensis in Livonia Præsidis, et Domini Nicolai Liberi Baronis de Lillieroot, Sacræ Regiæ Majestatis Sueciæ Secretarii Stâtus, atque ad Celsos et Præpotentes Dominos Ordines Generales Fœderati Belgii Legati Extraordinarii, amborum ad pacem Universalem restabiliendam Legatorum Extraordinariorum et Plenipotentiariorum, qui munere Mediatorio integrè, sedulò et prudenter perfuncti sunt, præsentibus, suffragantibus et consentientibus Sacri Romani *Imperii*, Electorum *Principum* et Statuum Deputatorum Plenipotentiariis, post invocatam æterni Numinis opem et commutatas ritè Mandatorum formulas ad Divini Nominis gloriam et Christianæ Reipublicæ Salutem in mutuas Pacis et Concordiæ Leges convenerunt tenore sequenti.

1. Pax sit Christiana [2], Universalis et perpetua, veraque amicitia inter Sacram Cæsaream Majestatem, ejusque Successores, totum Sacrum Romanum Imperium : Regnaque et Ditiones Hæreditarias, Clientes et Subditos ab unâ : et

---

1. Johann-Frédéric, baron de Seilern, ne doit pas être confondu avec le comte Johann Seilern, son neveu. Le signataire du traité de Ryswick, mort à Vienne en 1715 dans les plus grands honneurs s'était déjà rencontré trois ans auparavant avec l'abbé Morel et le comte Verjus de Crécy.

2. Comparer cet article à l'art. 1 des traités de Munster et de Nimègue qui débutent de même et sont conçus en termes presque identiques. Dès le 8 décembre 1690, Innocent XI avait adressé à l'empereur et au roi d'Espagne des brefs pour les exhorter à la paix. Leur refus est daté du mois de janvier 1692 (V. *Actes et Mémoires de la paix de Ryswick*, t. 1, p. 13, 16 et 21).

Sacram Regiam Majestatem Christianissimam, ejusque Successores, Clientes et Subditos ab alterâ parte : eaque ita sinceré servetur et colatur, ut neutra Pars in alterius perniciem vel detrimentum sub quolibet colore quicquam moliatur, aut molientibus, seu quodvis damnum inferre volentibus ullum auxilium, quocunque nomine veniat, præstare, alteriusve subditos rebelles, seu refractarios recipere, protegere, aut juvare quavis ratione possit, aut debeat, sed potius utraque pars alterius utilitatem, honorem ac commodum serio promoveat, non obstantibus, sed annullatis omnibus, in contrarium facientibus promissionibus, tractatibus et fœderibus quomodocunque factis aut faciendis.

II. Sit perpetua utrinque amnestia[1] et oblivio omnium eorum, quæ quocunque loco, modove, ultrà citraque hostiliter facta sunt, ità ut nec eorum nec ullius alterius rei causâ vel prætextu alter alteri quicquam inimicitiæ aut molestiæ, directè vel indirectè, specie juris aut viâ facti uspiam inferat, aut inferri patiatur, sed omnes et singulæ hinc inde verbis, scriptis, aut factis illatæ injuriæ et violentiæ absque omni personarum, rerumve respectu ità penitus abolitæ sint, ut quicquid eo nomine alter adversus alterum prætendere possit, perpetuâ sit oblivione sepultum. Gaudeant etiam hac amnestiâ ejusque beneficio et effectu omnes et singuli utriusque partis Vasalli ac subditi, ita ut nemini eorum noxæ aut præjudicio sit, has vel illas partes secutum esse, quò minùs pristino, in quo ante bellum immediatè fuit, statui, quoad honores et bona plene restituatur, servatis tamen iis, quæ ratione beneficiorum Ecclesiasticorum, mobilium et fructuum articulis sequentibus speciatim definita sunt.

III. Pacis hujus basis et fundamentum sit pax Westphalica et Neomagensis, eæque statim à commutatis ratificationum formulis in sacris et profanis plenè executioni mandentur,

---

1. La question d'amnistie n'a pas soulevé les mêmes difficultés qu'avec Guillaume III parce que l'empereur Léopold était catholique et que les protestants n'avaient pas eu l'idée d'aller se réfugier en Autriche.

et posthac sartæ tectæ conserventur, nisi quatenus nunc aliter expressè conventum fuerit.

IV. Restituentur inprimis Sacræ Cæsareæ Majestati et Imperio, ejusque statibus et membris, à Sacra Regia Majestate Christianissima quævis tam durante bello et viâ facti, quàm Unionum seu Reunionum nomine occupata loca et jura, quæ extra Alsatiam sita, aut indice Reunionum à Legatione Gallica exhibito expressa sunt, cassatis, quæ eâ de causa à Cameris Metensi, et Vesontinâ, ut et Consilio Brisacensi edita sunt, decretis, arrestis, et declarationibus, omniaque in eum statum reponentur, quo ante illas occupationes, Uniones, seu reuniones fuerunt, nullo deinceps tempore amplius turbanda seu inquietanda [1], Religione tamen Catholicâ Romanâ in locis sic restitutis in statu quo nunc est, remanente [2].

V. Et quamvis ex generalibus hisce regulis facilè dijudicari queat, qui et quatenus restituendi sint, nihilominus ad aliquorum instantiam, accedentibus peculiaribus rationibus, de quibusdam causis specialem mentionem fieri placuit, ita

---

1. Cette clause oblige les parties contractantes restituées à maintenir les conversions forcées des quinze dernières années. C'est en effet depuis la nomination de François Egon de Furstenberg à l'évêché de Strasbourg que les querelles religieuses assoupies depuis longtemps en Alsace recommencèrent. Cet évêque commença une propagande active en faveur du catholicisme, propagande encouragée par Louis XIV; lors de l'annexion de Strasbourg, François de Furstenberg fit rouvrir au culte catholique la cathédrale qui était, depuis la réforme, affectée au culte protestant. D'après M. Rodolphe Reuss les *progrès du catholicisme en Alsace auraient été la principale cause* du triomphe de la cause française. (V. l'*Alsace au XVIIe siècle*, liv. II, ch. V.) L'électeur palatin Jean Guillaume, le nonce du pape à Paris, Delfini et l'envoyé toscan Salviati ont inspiré aux négociateurs français cette clause relative à la religion catholique.

2. Cette clause a failli amener la rupture au dernier moment. Les protestants allemands, soutenus par le médiateur suédois, déclarèrent que c'était une violation de la paix de Westphalie et refusèrent de signer. Les plénipotentiaires de l'empereur et des princes catholiques donnèrent leur signature, ainsi que quelques princes et villes protestantes des bords du Rhin qui cédèrent à la peur des armes françaises. Six semaines furent accordées aux protestants qui refusèrent leur signature. L'instrument original contient outre les signatures des plénipotentiaires de l'empereur et du roi celle des représentants des électeurs de Mayence, Cologne, Trèves et Bavière, du grand Maître de l'Ordre teutonique, des évêques de Wurtzbourg, Constance, Spire, Hildesheim, Liège, Munster, de la maison d'Autriche, de l'électeur palatin comme duc de Neubourg, du duc de Wurtemberg, du prince de Baden Baden, du *collège abbatial de Suévie*, des comtes de Wetterau, des trois villes impériales de Cologne, d'Augsbourg et de Francfort.

tamen, ut expressè non nominati pro omissis non habeantur, sed pari omnino cum nominatis loco sint, et eodem jure fruantur.

VI. Nominatim restituendus Dominus Elector Trevirensis et Episcopus Spirensis in Urbem Trevirensem [1], in statu, quo nunc est, absque ulteriore demolitione, ullave ædificiorum publicorum aut privatorum deterioratione, cum tormentis bellicis, quæ ibidem tempore postremæ occupationis reperta fuerunt. Omnia quoque de occupationibus, Unionibus, et Reunionibus jam præcedenti articulo quarto statuta, in commodum Ecclesiarum Trevirensis et Spirensis speciatim repetita censeri debent.

VII. Fruetur etiam omnibus emolumentis pacis hujus, ejusque assertione plenissimè comprehendetur Dominus Elector Brandenburgicus [2], cum omnibus ditionibus, possessionibus, Subditis et juribus, nominatim iis, quæ ipsi ex tractatu 29na mensis Junii anni 1679 inito competunt, ac si singula speciatim relata essent.

VIII. Restituentur à Rege Christianissimo Domino Electori Palatino occupatæ omnes ditiones, sive ad illum solum pertineant, sive cum aliis communes sint, quocunque nomine veniant, speciatim verò Civitas et Præfectura Germersheimensis, illâque comprehensæ præpositturæ et subpræfecturæ, cum omnibus arcibus, urbibus, Oppidis, pagis, villis, fundis, feudis et juribus, prout per pacem Westphalicam restitutæ fuerunt, omnibus etiam documentis literariis ex Archivo, Cancellaria, Curia feudali, Camerâ Rationum, præfecturis, aliisque Officiis Palatinis ablatis, nullo loco, re, jure, aut documento exceptis. De juribus verò seu præten-

1. Louvois est mort au moment où il songeait à faire saccager Trèves comme les villes du Palatinat. Dès 1693, l'électeur de Trèves se rapprocha de Louis XIV à cause de son ressentiment contre l'empereur qui avait érigé le Hanovre en électorat. Il admit des troupes françaises en passage et en subsistance (France, t. 422, p. 410).

2. L'électeur de Brandebourg Frédéric III refusa de signer à cause de la clause relative au maintien exclusif de la religion catholique dans les villes cédées. Il aurait voulu d'ailleurs signer avec le roi qui s'y refusa un traité particulier. V. Art. XV du traité politique du 20 sept. avec les États Généraux de Hollande.

tionibus Dominæ Ducissæ Aurelianensis [1] convenit, ut prævia restitutione supradicta res secundum formulam compromissi à Sacra Cæsarea Majestate et Sacra Regia Majestate Christianissima tanquam Arbitris juxta leges et constitutiones Imperii decidatur; illis verò in sententia discordibus, Papæ tanquam Superarbitro decidenda deferatur. Non minùs tamen interea amicabilis compositio inter partes tentetur, et donec res finem accipiat, annua summa ducentarum millium librarum Turonensium [2] seu centenorum millium florenorum Rhenensium à Domino Electore Dominæ Ducissæ Aurelianensi eâ ratione et conditione solvatur, prout peculiari articulo, ejusdem cum pace hac vigoris, expressum est, utriusque partis tam in possessorio, quam in petitorio uti et Imperii jure undiquaque integro.

IX. Restituatur Serenissimo Sueciæ Regi, ut Comiti Palatino Rheni, Comiti Sponheimii et Veldentiæ, avitus Ducatus Bipontinus liber [3] et integer cum appertinentiis et depen-

1. V. *Dumont, p. 430 un article séparé explicatif de celui-ci. Cet article* séparé est d'ailleurs aussi peu explicite que l'art. 8 du traité de Ryswick. Tous deux ont donné lieu, au sujet des bailliages contestés, à d'interminables conflits qui se perpétuent pendant tout le XVIIIe siècle.

2. La livre tournois, seule livre de compte à partir de 1667, équivalait en poids à 0 fr. 987 de notre monnaie. La valeur du florin du Rhin était à peu près double. A la mort de l'électeur palatin (15 mai 1685) Louis XIV réclama pour sa belle-sœur Madame, duchesse d'Orléans, tout le mobilier de la maison palatine, une grande partie des biens fonds comme le duché de *Simmern et le comté de Sponheim et jusqu'à l'artillerie qui garnissait les forteresses*, sous prétexte que Madame avait renoncé par son contrat seulement aux biens féodaux, mais non pas aux alleux possédés par sa famille. Louis XIV au lieu de se faire justice en occupant les territoires contestés proposa de soumettre le litige à l'arbitrage du pape Innocent XI (V. André Lebon, *Instructions*. Bavière, Palatinat, Deux Ponts, Année 1685; et France, t. 423, p. 566 bis). Deux arbitres furent nommés, le conseiller aulique Binder pour l'empereur et le lieutenant du roi à Strasbourg Obrecht. Ils rendirent à Francfort, le 26 avril 1701, deux sentences contradictoires. Binder déchargeait *l'électeur palatin de toute prétention élevée contre lui : Obrecht adjugeait à* la duchesse la moitié des duchés de Simmern, de Lautern et de Sponheim. Le pape, invoqué comme surarbitre, confia l'examen de l'affaire à la Congrégation de la Rote, qui décida que l'électeur, en payant à la duchesse la somme de 300.000 écus, serait désormais à l'abri de toute revendication (V. Koch, t. I, p. 245).

3. En vertu d'un arrêt de la chambre de réunion de Metz le duché de Deux-Ponts, berceau de la famille régnante de Suède, avait été assigné au roi. Charles XI fut sommé de venir rendre hommage et malgré les protestations *de son ambassadeur menacé de la saisie et de la privation de ses droits si* la condition de l'hommage n'était pas remplie dans un délai fixé. En effet, Louis XIV se saisit du duché et en donna l'investiture au palatin de Birkenfeld. Charles XI, très irrité, déclara que comme un de ses prédécesseurs

dentiis, iisque juribus, quibus Sacræ Regiæ Majestatis Prædecessores Comites Palatini et Duces Bipontini gavisi sunt, aut gaudere potuerunt, ad normam Pacis Westphalicæ : ita ut omnia sub quocunque titulo à Corona Galliæ hactenus ex toto, vel parte istius Ducatûs prætensa, occupata et reunita pleno jure ad Sacram Regiam Majestatem Sueciæ ejusque hæredes Comites Palatinos Rheni redeant. Reddantur quoque Documenta literaria, ad dictum Ducatum spectantia, unà cum tormentis bellicis, quæ tempore occupationis ibidem exstiterunt, cunctaque alia, de quibus in favorem restituendorum, præcedentibus Articulis conventum est.

X. Quantum ad Principatum Veldenziæ, et quæ sub nomine dicti Principatus aut Lautereccensis defunctus Princeps Leopoldus Ludovicus Comes Palatinus Rheni possederat, restituentur juxta §um, quartum et Indicem à Legatione Gallica exhibitum, salvis cujuscunque prætendentium tam in possessorio quam petitorio juribus [1].

XI. Magno Ordinis Teutonici Magistro et Episcopo Wormatiensi, Domino Principi Francisco Ludovico Palatino reddentur plenè ablatæ à Gallia inclyto Ordini antiquitùs dicatæ seu possessæ Commendæ, loca, reditus, et jura, fruaturque dictus Ordo ratione Commendarum et bonorum sub dominio Gallico sitorum tam circa collationem, quàm administrationem iisdem usibus, privilegiis et immunitatibus, quibus antehac juxta statuta et regulas suas gavisus est, et Ordo Sancti Joannis Hierosolymitani gaudere

---

avait été le premier à s'opposer à la puissance excessive de la maison d'Autriche, il serait aussi le premier à réduire la couronne de France en de plus étroites limites. Le 30 septembre 1681, le jour même où Louis XIV prenait possession de Strasbourg et de Casal, Charles XI signa avec Guillaume III le traité d'association de la Haye, premier embryon de la ligne d'Augsbourg. (V. Geffroy, *Instructions* Suède, p. LXVII.)

1. Le comte de Veldentz Léopold Louis avait été rétabli dans ses droits par le traité de Munster. Il fut condamné en 1680 par un arrêt de la chambre de réunion de Metz à rendre hommage à l'évêque de Verdun dont relevait son fief et à reconnaître de ce fait la souveraineté du roi de France. Son duché de Lautereck lui donnait le droit de siéger dans les diètes de l'Empire. Il était aussi prince de Lutzelstein (v. Saint-Prest, *Histoire des traités de paix*, t. II, p. 404).

consuevit. Locum etiam habebunt ratione Episcopatûs Wormatiensis reliquarumque Domini Principis Ecclesiarum, quæcunque pace hac de restitutione locorum, contributionibus, aliâsve conventa sunt.

XII. Reddetur Domino Electori Coloniensi tanquam Episcopo et Principi Leodiensi Castrum et Oppidum Dinantense in statu, quo tempore occupationis fuit, cum omnibus juribus et dependentiis, tormentis quoque bellicis et documentis ibi tum repertis. Omnia porro de occupationibus, Unionibus et Reunionibus supra Articulo quarto statuta in commodum Ecclesiarum Coloniensis et Leodiensis speciatim repetita haberi debent.

XIII. Restituatur Domus Wurtembergica et nominatim Dominus Dux Georgius pro se et successoribus ratione Principatûs seu Comitatûs Mompelgardensis in eum statum, jura, prærogativas, ac in specie in eam immedietatem erga Sacrum Romanum Imperium, quâ antea gavisus est, et quâ cæteri Imperii Principes gaudent, vel gaudere debent, annullatâ penitus Vassallagii recognitione, Coronæ Galliæ Anno 1681 factâ. Fruanturque deinceps dicti Principes liberè omnibus eodem pertinentibus reditibus, tam sæcularibus, quàm Ecclesiasticis, quibus ante Pacem Neomagensem fruebantur, non minùs ac Feudis, quæ tempore detentionis Gallicæ vel aliàs iis aperta, nec ab ipsismet aliis concessa sunt, excepto pago Baldenheim cum appertinentiis, quem Rex Christianissimus Commendatori de Chamlay Regiorum Castrorum metatori Generali contulit, quodque ratum manere debet, ità tamen, ut Domino Duci Wurtembergico, velut Domino directo, ejusque successoribus homagium præstare, ab eoque feudi hujus renovationem petere teneatur. Restituantur quoque in plenariam et liberam possessionem, tam Feudorum suorum Burgundicorum, Clereval et Passavant, quàm Dynastiarum Granges, Herricourt, Blamont, Chatelôt et Clermont, cæterarumque in Comitatu Burgundiæ et Principatu Mompelgardensi sitarum cum omnibus juribus et reditibus, eo planè modo, prout ante Pacem Neomagensem possederant, abolitis penitus iis, quæ quocunque titulo, tempore ac modo in contrarium facta vel prætensa fuerunt.

XIV. Gaudeat etiam Domus Marchica Badensis omni jure et beneficio Pacis hujus, adeoque etiam Westphalicæ et Neomagensis, inprimis verò Articulorum 4ti et 5ti hujus Tractatus.

XV. Restituantur eodem modo Principes et Comites Nassovienses, Hanovienses, et Leiningenses omnesque cæteri Sacri Romani Imperii status, qui per Articulum quartum hujus tractatûs aliosve restituendi veniunt, in omnes et singulas suas ditiones eoque pertinentes proventus et reditus, aliaque omnia jura et beneficia, quocunque nomine insignita sint.

XVI. Cùm verò pacis meliùs stabiliendæ ergò, placuerit loca quædam hinc inde permutari, Sacra Cæsarea Majestas et Imperium cedunt Sacræ Regiæ Majestati Christianissimæ ejusque in regno Successoribus Urbem Argentinensem et quidquid ad illam Civitatem, in sinistra Rheni parte pertinet, cum omni jure, proprietate et supremo Dominio, quod sibi et Romano Imperio hactenus in ea competiit, aut competere poterat, eaque omnia et singula in Regem Christianissimum ejusque Successores transferunt, ità ut dicta Urbs cum omnibus suis appertinentiis et dependentiis in sinistra parte Rheni sitis, absque ulla reservatione cum omnimodâ jurisdictione et superioritate, supremoque Dominio à modo in perpetuum ad Regem Christianissimum ejusque Successores pertineat et Coronæ Galliæ incorporata intelligatur, absque Cæsaris, Imperii vel cujuscunque alterius contradictione. Ad cujus cessionis alienationisve majorem validitatem, Imperator et Imperium vigore præsentis transactionis expressè derogant omnibus et singulis prædecessorum Imperatorum Sacrique Romani Imperii decretis, constitutionibus, statutis et consuetudinibus etiam juramento firmatis aut in posterum firmandis, nominatimque Capitulationi Cæsareæ, quatenus alienatio omnimoda bonorum et jurium Imperii prohibetur, quibus omnibus expressè renuntiant, dictamque Urbem unà cum Magistratibus, Officialibus,

Civibus et Subditis omnibus, à vinculis et sacramentis, quibus hucusque Imperatoribus et Imperio obstricta fuerat, exsolvunt, eamque ad subjectionem, obedientiam et fidelitatem Regi Christianissimo ejusque Successoribus præstandam remittunt, atque ità Regem Christianissimum in plena justaque proprietate, possessione et superioritate constituunt, omnibusque in eâ juribusque ac prætentionibus ex nunc in perpetuum renuntiant; inque hunc finem dictam Urbem Argentinensem ab Imperii Matricula expungi placet [1].

XVII. Liberum tamen maneat omnibus et singulis ejus Urbis et appertinentiarum incolis, cujuscunque conditionis sint, qui emigrare voluerint, inde domicilium alio, quocunque libuerit, unà cum mobilibus bonis sinè ullo impedimento, detractione aut exactione, intra annum à ratihabita pace, post quinquennium vero præstitis præstandis secundùm conditiones in ejusmodi casibus illic olim usitatas transferre, immobilia vero aut vendere, aut retinere, et per se, vel per alios administrare. Eadem quoque facultas retinendi et per se, vel alios administrandi aut alienandi omnibus aliis Imperii Membris aut subditis Mediatis vel Immediatis maneat, qui bona, reditus, debita, actiones, vel jura in dicta Urbe, ejusque appertinentiis habent, sive semper

---

1. La question de Strasbourg a retardé d'un an la conclusion de la paix. Dès le mois de mai 1696, Kaunitz, représentant de l'empereur à la Haye, avait demandé au nom de son maître la cession de Strasbourg. Louis XIV avait offert de remettre Strasbourg, rasé, aux Strasbourgeois, et en y maintenant le libre exercice du culte pour les catholiques. Sur de nouvelles réclamations de l'empereur, il offrit d'abandonner Strasbourg dans l'état où se trouvait la place lors de l'occupation française (V. Correspondance de Caillières avec le Roi, de mai à sept. 1696, Hollande, t. 163 et 164). Mais quand Guillaume III eut obtenu en faveur de l'Angleterre et de la Hollande les conditions qu'il jugeait indispensables à leur sécurité, les intérêts de l'empereur lui étant indifférents, il laissa Louis XIV fixer comme dernier terme pour l'acceptation des conditions qu'il avait mises à la reddition de Strasbourg d'abord le 31 août, puis le 30 sept. 1697 (*Actes de la paix de Ryswick*, t. III, p. 48). L'empereur Léopold ayant refusé de signer la paix avant cette date, Louis XIV se déclara dégagé de toutes ses propositions antérieures et put garder Strasbourg (V. Correspond. des plénipotentiaires avec le roi, août et sept. 1697, Hollande, t. 169). On remarquera que les termes de cet article impliquent une cession absolue et excluent toute revendication ultérieure de la part de l'empereur ou de l'Empire à l'égard de Strasbourg. Les termes de cet article ont été, d'ailleurs, empruntés aux articles 76, 79, 80 et 81 du traité de Munster.

retinuerint, sive duranto bello, aut ante illud confiscata seu adempta aliisque concessa fuerint, per conventionem hanc restituenda, quocunque nomine veniant, aut ubicunque degant. Salva etiam sit jurisdictio Ecclesiastica iis, ad quos antiquitùs spectavit, nec eam, ejusve exercitium impedire unquam liceat [1].

XVIII. Vicissim Sacra Regia Majestas Christianissima restituet cum omnibus juribus et dependentiis intra triginta dies à commutatis ratificationum formulis Sacræ Cæsareæ Majestati et Imperio munimentum Kehl à se exstructum in dextra Rheni parte situm integrum. Munimentum verò de la Pile cæteraque in ipso Rheno seu Rheni Insulis exstructa intra mensem sequentem aut citiùs, si fieri poterit, sumptibus Regis Christianissimi solo planè æquabuntur, à neutra parte posthac reædificanda. Fluminis autem navigatio, aliusve usus utriusque Partis Subditis, aut qui aliàs illàc commeare, navigare aut merces transvehere volent, æquò patebit : nec quicquam ab alterutra Parte illic aut alibi unquam fiet, quo Flumen divertatur, aut ejus cursus seu navigatio aliusve usus difficilior quavis ratione reddatur, multò minùs nova telonia, portoria, aut pedagia exigentur, aut vetera augebuntur, navesve, quæ transeunt, ad unam magis quàm alteram ripam appellere, aut onera, seu merces exponere, vel recipere cogentur, sed id libero cujusque arbitrio relinqui semper debebit.

XIX. Cedit quoque Sacra Regia Majestas Christianissima Sacræ Cæsareæ Majestati et Serenissimæ Domui Austriacæ urbem et Arcem Friburgensem, nec non Fortalitium S.

---

1. Cet article est une dérogation à une ordonnance royale enregistrée à Brisach le 12 juillet 1685 qui défendait l'émigration des Alsaciens « si contraire à leur devoir naturel et de si fâcheux exemple », à peine de confiscation de corps et biens. (*Ordonn. d'Alsace*, t. I, p. 150.) Le plus illustre des émigrants fut le docteur Frédéric Schrag, professeur de droit public à l'Université, qui fut plus tard nommé assesseur à la Chambre impériale de Wetzlar. Il rédigea pendant la guerre de la succession d'Espagne, en 1707, deux volumes de protestations contre les arrêts de la Chambre de Brisach : 1° *Nullitas, iniquitasque reunionis Alsatiæ*; 2° *Libertas Argentoratensium, stylo Ryswicensi non expuncta*. C'est le dernier effort tenté pour rouvrir, lors des négociations ultérieures, la question de la légitimité de la réunion de l'Alsace et de Strasbourg à la France (V. Rodolphe Reuss, *l'Alsace au XVII° siècle*, p. 264-265).

Petri, Fortalitium item Stellae nuncupatum, et quæcunque alia Munimenta ibidem aut alibi per Sylvam Hercyniam vel reliquum Brisgowiæ Districtum noviter erecta, aut restaurata, in statu, quo nunc sunt, absque ulla demolitione aut deterioratione, cum Villis Lehen, Metzhausen, et Kirchzarth, cumque omni jure, prout suæ Regiæ Majestati per Pacem Neomagensem cessa aut ab illa possessa et exercita fuerunt, uti et Archivo, omnibusque scripturis seu documentis literariis tempore occupationis illic repertis, sive ibi adhuc exstent, sive aliorsum translata sint, jure diœcesano aliisque juribus et reditibus Episcopatus Constantiensis semper salvis.

XX. Transfert similiter in Sacram Cæsaream Majestatem et Domum Austriacam Sacra Regia Majestas Christianissima Brisacum integrum in moderno statu, cum Granariis, Armamentariis, munimentis, vallis, *muris*, *turribus*, aliisque ædificiis publicis ac privatis, atque omnibus dependentiis in dextra parte Rheni sitis : iis, quæ in sinistra Rheni parte sunt, interque ea Fortalitio le Mortier dicto, regi Christianissimo relictis. Urbs tamen, quæ nova dicitur, in eadem sinistrâ Rheni parte sita, uti et pons, ac munimentum insulæ Rheni inædificatum omnino destructur et solo æquabitur, à *neutra* Parte ullo tempore *reædificanda*. Cæterùm eadem libertas Brisaco migrandi hic repetita consebitur, quæ ratione Urbis Argentinæ conventa est.

XXI. Præfata Loca, Urbes, Castra et fortalitia cum omni districtu, appertinentiis et dependentiis *Sacræ* Cæsareæ Majestati à Sacra Regia Majestate Christianissima retrocessa restituantur et tradantur absque omni reservatione, exceptione aut retentione bonâ fide et sine ulla dilatione, impedimento vel prætextu, iis, qui post ratihabitas pacis tabulas à Sacra Cæsarea Majestate ad id constituti et specialiter deputati fuerint, eaque de re locorum evacuandorum præfectis, *Gubernatoribus aut Officialibus* Gallicis fidem fecerint, ita ut dictæ Urbes, arces, fortalitia et loca cum omnibus prærogativis, utilitatibus et emolumentis ac quibuscunque ibidem comprehensis, in jus, possessionem actualem et omnimodam potestatem ac superioritatem Sacræ Cæsareæ Majestatis et Domûs Austriacæ redeant, et apud eamdem perpetuis temporibus permaneant, quemadmodum antehac ad eam spectârunt, et à Sacra Regia Majestate Christianissima hactenus possessa fuère, nihilque omnino juris aut prætentionis in Loca præfata et eorum Districtus Coronæ Galliæ remansisse, aut reservatum fuisse, intelligatur. Nec quidquam porrò exigatur pro sumptibus et expensis in munimenta aut alia ædificia publica vel privata insumptis, nec alia quacunque de causa retardetur restitutio plenaria intra triginta dies à Pace ratihabita executioni demandanda, adeo ut præsidia Gallica inde protinus abducantur, absque omni molestia, damno vel gravamine, civibus, et incolis, aut aliis quibuscunque subditis Austriacis titulo debitorum aut prætentionum quarumlibet inferendo. Neque fas sit Militiæ Gallicæ in Locis evacuandis, aut aliis quibusvis ad Sacram Regiam Majestatem Christianissimam non spectantibus diutiùs commorari, hyberna, vel stationes figere, sed in proprias Coronæ Galliæ Ditiones illico commigrare teneantur.

XXII. Eadem ratione reddetur Sacræ Cæsareæ Majestati, Sacroque Romano Imperio Philippiburgum illæsum cum munimentis ei in dextra parte Rheni junctis, omnibusque tormentis bellicis, quæ tempore ultimæ occupationis ibidem exstiterunt, Episcopatûs Spirensis jure undequaque reservato, atque eo nomine Articulus quartus Instrumenti Pacis Neomagensis expressè repetitus habebitur. Munimentum verò quod in sinistra ripa ædificatum est, unà cum ponte à Rege Christianissimo post occupationem facto, destruetur.

XXIII. Curabit Rex Christianissimus suis impensis solo æquari munimenta è regione Hunningæ in dextra ripa et in Insula Rheni exstructa, fundo cum ædificiis Domui Badensi reddendo : pons quoque illic Rheno superstructus destruetur.

XXIV. Destruendum similiter munimentum, quod in dextra parte Rheni ædificatum est, è regione fortalitii, Fort-Louis nuncupati, ipso fortalitio et insula penes Regem

Christianissimum remanentibus, solum verò Munimenti destructi Domino Marchioni Badensi cum ædificiis restituendum. Destruetur etiam ea pontis pars, quæ illuc ab Insula pertingit, à neutra parte deinceps reparanda.

XXV. Demolienda præterea à Rege Christianissimo munimenta post pacem Neomagensem Castro Trarbacensi addita, nec non Fortalitium Montroyal ad Mosellam, à nullo posthac reædificanda, relictâ tamen in pristino statu Arce Trarbacensi et unà cum Urbe et appertinentiis prioribus possessoribus plenariè restituenda.

XXVI. Eadem quoque demoliendi ratio obtineat in munimentis Arci Kurburgensi à Rege Christianissimo additis : post quæ destructa, arx hæc cum integra relicta urbe Kirn non minùs ac reliqua ad Principem Salmensem ejusque Agnatos, Rhein et Wildgravios spectantia bona, nominatim etiam Principatus Salmensis, cæteraque illis reddentur, eodem omnino modo et jure possidenda, quo ea ante destitutionem possederunt, et pace hac conventum est.

XXVII. Idem etiam de destruendis novis Munimentis Arci Eberenburgensi à Rege Christianissimo adjectis, eâque Baronibus de Sickingen cum reliquis ad illos spectantibus Bonis ab utraque parte reddendis cautum esto.

XXVIII. Cùm Dominus Dux Lotharingiæ hoc in Bello cum Sacrâ Cæsareâ Majestate conjunctus sit, et præsenti tractatu comprehendi voluerit, restituetur pro se, Hæredibus et Successoribus suis in liberam et plenariam possessionem eorum statuum, locorum et bonorum, quæ Patruus ejus Dux Carolus anno millesimo sexcentesimo septuagesimo (cùm à Christianissimi Regis armis occupata fuerunt) possidebat, exceptis tamen mutationibus, articulis sequentibus explanandis [1].

---

1. La Lorraine était occupée militairement par la France depuis 1634. Le duc Charles IV (1624-1675), véritable condottiere au service de l'Autriche, passa son long règne à conspirer contre la France et à s'en rapprocher par une série de traités, où il cédait toujours quelque nouvelle parcelle de son duché. Saint-Prest ne compte pas moins de quinze traités signés entre le duc et le roi de 1630 à 1663 (v. *Hist. des traités de paix*, t. II, p. 175 à 185). Le traité de Munster (art. 73) stipule seulement que le sort de la Lorraine sera

XXIX. Restituet inprimis Sacra Regia Majestas Christianissima Domino Duci Urbem veterem et novam Nancei cum omnibus appertinentiis, cumque tormentis bellicis, quæ in urbe Veteri tempore occupationis reperta fuerunt, eâ tamen conditione, ut integris relictis omnibus vallis et propugnaculis urbis Veteris, uti et portis urbis Novæ, hujus valla et propugnacula non minùs ac omnia utriusque munimenta exteriora, impensis Sacræ Regiæ Majestatis solo planè æquentur, nullo deinceps tempore reparanda, nisi quòd Dominus Dux ejusve successores Urbem Novam simplici et æquali muro absque angulis claudere possint, quandocunque libuerit [1].

XXX. Evacuabit quoque S. R. M. Christianissima Castrum Bitsch cum omnibus appertinentiis, uti et Castrum Hombourg, destructis priùs Munimentis, ampliùs non reparandis, ità tamen, ut ipsis Castris, et quæ illis juncta sunt, Oppidis nullum damnum inferatur, sed ea omnino illæsa conserventur.

---

remis à des arbitres ou terminé par le traité entre la France et l'Espagne. Les art. 62 à 78 du traité des Pyrénées (voir notre 1er fascicule, p. 130-136) sont consacrés à régler le sort de la Lorraine. Le duc ne voulut pas accepter les conditions imposées, c'est-à-dire la cession à la France du duché de Bar, du comté de Clermont en Argonne, des places de Stenay, Dun, Jametz et Moyenvic avec la démolition des fortifications de Nancy et la promesse de laisser libre passage pour les troupes françaises à travers son duché. Le duc Charles IV refusa sa ratification et le duché de Lorraine resta aux mains de la France. Cependant les trois traités de Paris (1661 et 1662) et de Metz (1663) permirent au duc de Lorraine de rentrer dans ses États moyennant la cession de quelques nouvelles places et surtout de Marsal. Mais le duc, suivant son inclination naturelle vers la maison d'Autriche, se rapprocha des puissances signataires de la triple alliance en 1668. Ce fut le prétexte bientôt saisi par Louis XIV pour remettre la main sur la Lorraine. Créqui l'occupa militairement au mois d'août 1670. Les articles XII à XXII du traité de Nimègue réglèrent le sort de la Lorraine. Charles V, qui avait succédé en 1675 à son oncle Charles IV, refusa d'accepter les conditions qui lui étaient imposées (v. plus haut, p. 106 à 109) et l'occupation française continua en Lorraine. Charles V, mort en 1690, fut remplacé par son fils Léopold. Celui-ci recouvra la Lorraine en vertu du traité de Ryswick après soixante-trois ans d'une occupation régulière et presque continue par la France. Voir les propositions de paix qui furent successivement présentées aux plénipotentiaires français, en mai et octobre 1697, au nom du duc de Lorraine par ses représentants Canon et Lebègue, dans les *Actes et mémoires de la paix de Ryswick*, t. II, p. 48 et t. III, p. 295.

1. L'art. XIII du traité de Nimègue avec l'empereur stipulait l'annexion de Nancy à la couronne de France et l'art. XLII du traité des Pyrénées que Nancy serait livré rasé et vide de son artillerie et de ses munitions.

XXXI. Suffragabuntur porrò Domino Duci omnia de Unionibus seu Reunionibus Articulo quarto statuta, ac si hic verbotenus repetita essent, ubicunque aut quomodocunque factæ seu decretæ fuerint.

XXXII. Reservat sibi verò Sacra Regia Majestas Christianissima Fortalitium Saarloüis cum dimidiâ leucâ in circuitu à Commissariis Regiis et Lotharingicis designandâ, cumque omni Superioritatis et supremi Dominii Jure perpetuò possidendum.

XXXIII. Urbs quoque et Præfectura Longwicensis unà cum suis pertinentiis et dependentiis cum omni Superioritate, supremo Dominio et proprietate, maneat in perpetuum penes Dominum Regem Christianissimum ejusque Hæredes et Successores : nihilque Juris imposterum in iis prætendere possit Dominus Dux ejusque Hæredes et Successores : sed in prædictæ urbis et præfecturæ permutationem sua Sacra Regia Majestas Christianissima aliam Domino Duci cedet, in uno ex tribus Episcopatibus ejusdem amplitudinis et valoris præfecturam, de quâ bonâ fide inter eosdem Commissarios conveniet : eâque sic cessâ, et in Dominum Ducem à Rege Christianissimo translatâ, tàm ipse Dux, quàm ipsius hæredes et successores fruentur in perpetuum cum omnimodis superioritatis supremi dominii et proprietatis juribus [1].

XXXIV. Pateat semper Regio militi ad loca limitanea pergenti aut inde redeunti sine obstaculo aut impedimento transitus innoxius per ditionem Domini Ducis, prævia tamen semper notificatione tempestivâ, et ut transiens miles non evagetur, nec diverticula quærat, sed viâ ordinariâ et brevissimâ utatur, et iter absque morâ debitè acceleret, nullam vim, nullumque damnum locis vel subditis Ducis inferat, annonamque ac necessaria à Commissariis Lotharingicis subministranda paratâ pecuniâ solvat, abolitis vicissim et in potestatem Domini Ducis sinè exceptione plenè redeuntibus

1. Cet article est la reproduction exacte de l'art. XVI du traité de Nimègue.

viis et locis quæ Sacræ Regiæ Majestati Christianissimæ per Pacem Neomagensem reservata fuerunt [1].

XXXV. Beneficia Ecclesiastica usque ad diem præsentis tractatûs à Rege Christianissimo collata, penes modernos possessores, qui ea à Sacra Majestate Rêgia consecuti sunt, quieta relinquantur.

XXXVI. Sancitum præterea fuit, ut omnes processus, sententiæ atque decreta lata per Consilium, Judices aut alios Regiæ Majestatis Christianissimæ Officiales in Controversiis et actionibus ad finem perductis, tàm inter Subditos Ducatus Lotharingiæ et Barri, quàm alios, tempore, quo Rex Christianissimus hosce status possedit, locum habeant, atque plenum integrumque suum sortiantur effectum, non secùs ac si Sacra Regia Majestas eorum possessor mansisset, neque dictas sententias et decreta in dubium vocare, annullare, aut executionem illorum retardare aut impedire integrum erit. Partibus quidem licitum erit juxta ordinem et dispositionem legum atque constitutionum confugere ad revisionem actorum, interim tamen sententiæ suo in robore et vigore maneant.

XXXVII. Restituentur mox à ratihabitâ pace Domino Duci, archiva et documenta literaria, quæ in Gazophylacio Nanceano et Barrensi, atque in utrâque Camerâ Computorum sive alibi locorum habeantur et ablata fuerunt.

XXXVIII. Poterit statim à ratihabità Pace Dominus Dux in Ducatus Lotharingiæ et Barri Commissarios mittere, qui rebus illius attendant, justitiam administrent, teloniorum, salinarum, aliorumque jurium curam gerant, cursum publicum disponant, cæteraque agant, quæ ad Regimen à Domino Duce eodem tempore plenè suscipiendum pertinere queant.

XXXIX. Ratione vectigalium seu teloniorum, eorumve immunitatis in vecturâ salis, et lignorum, sive terrâ, sive per flumina, servetur status seu consuetudo anni 1670 nullâ innovatione permissâ.

1. Rapprocher cet article de l'art. XIV du traité de Nimègue et de l'art. LXIX du traité des Pyrénées.

XL. Maneat antiquus usus et libertas commerciorum inter Lotharingiam et ditionem Metensem, Tullensem et Virodunensem, mutuoque utriusque Partis beneficio inposterum exactè servetur.

XLI. Serventur similiter in pristino suo vigore et robore Concordata illæsa inter Christianissimos Reges et Duces Lotharingiæ inita.

XLII. Domino Duci, ejusque Fratribus post Restitutionem integrum erit Jus, quod sibi in diversis causis competere asserunt, viâ ordinariâ persequi, non obstantibus Sententiis, quæ ipsis absentibus et non auditis latæ dici possit...

XLIII. In iis, quæ hic aliter expresse conventa non sunt, observentur quoque ratione Domini Ducis ejusque Ditionum et Subditorum ea, quæ hoc Tractatu maximè §. *Restituentur utriusque Partis Vasalli, etc.* §. *Simul-atque Instrumentum Pacis, etc. et* §. *et ut ad Subditos, etc.* cauta sunt, ac si hic speciatim enuntiata essent [1].

XLIV. Dominus Cardinalis de Furstenberg restituetur in omnia jura, bona feudalia ac allodiala, beneficia, honores et prærogativas, quæ Sacri Imperii Principibus et Membris competunt, tàm ratione Episcopatûs Argentoratensis à dextrâ parte Rheni, quàm Abbatiæ Staveloensis, aliasve, fruetur que cum Agnatis seu Cognatis, qui illi adhæserunt, et Domesticis, plenâ amnestiâ et securitate omnium factorum dictorumque et quorumlibet contra illum illosve decretorum, nec ipse, illiusque Hæredes, aut Agnati seu Cognati et domestici, ob hæreditatem defuncti Domini Electoris Maximiliani Henrici à Dominis Electoribus Coloniensi et Bavariæ, eorumque Hæredibus aut quibuscunque aliis conveniri unquàm poterunt, uti nec vicissim ex illâ hæreditate seu ob legata sibi relicta vel res donatas Dominus Cardinalis ejusque Agnati seu Cognati et domestici, aut causam ab iis habentes, quicquam quovis modo à Dominis Electoribus aliisque petere debebunt, omni jure, prætensione seu

---

1. Voir plus bas art. XLVI, L et LI.

actione personali ac reali penitùs extinctâ. Eâdem amnestiâ et securitate gaudebunt, eodemque omnino Jure utentur ex Canonicis Coloniensibus ii, qui partes illius secuti et Canonicatibus, dignitatibus ac Beneficiis privati fuerunt, restituenturque cum omnibus Canonicorum, beneficiorum et dignitatum juribus in eum Capituli Cathedralis et Collegiatarum Ecclesiarum locum et ordinem, quo ante depositionem fuerunt, ita tamen, ut reditibus penes modernos possessores manentibus, hi æquè ac restituti communibus dignitatum et beneficiorum titulis et functione, priore tamen loco restitutis delato, fruantur, post possessorum verò obitum aut voluntariam resignationem, restituti soli dignitates et reditus protinus occupent, intereà quoque pro ordine, quem inter se habent, singuli novas præbendas proximè vacaturas, consequantur. Hæcque etiam superioribus Ecclesiasticis, ad quos res pertinet, grata fore nullatenus dubitatur. Hæredes quoque illorum Canonicorum, qui pariter destituti durante Bello decesserunt, quorumque bona, reditus et jura sequestrata aut Fisco addicta fuerunt, in hisce recuperandis Beneficio §§ *Restituentur omnes utriusque Partis Vasalli,...* plenè gaudebunt eâ expresse additâ conditione, ut legata à defunctis ad pias causas relicta juxta eorum Dispositionem ex censibus assignatis absque morâ solvantur.

XLV. Amnestiâ quoque comprehendantur specialiter Landgravii Hassiæ Reinfelsenses, et in eum statum, quoad Arcem Reinfels totumque Comitatum inferiorem Cattimelibocensem cum omnibus juribus ac dependentiis reponantur, in quo eorum pater Landgravius Ernestus ante initium hujus belli extitit, salvis tamen ubivis juribus Domino Landgravio Hasso-Casselllano competentibus.

XLVI. Restituentur omnes utriusque partis Vasalli et Subditi, Ecclesiastici et Sæculares, corpora, universitates et collegia honoribus, dignitatibus et beneficiis, quibus ante bellum gaudebant, uti et in omnia jura bona, mobilia et immobilia, census quoque seu reditus, etiam qui redimi possunt, et qui vitâ terminantur (dummodo sors extincta non sit) tempore et occasione belli occupata seu detenta, unà cum juribus, actionibus et successionibus, quæ ipsis durante bello evenerint, ita tamen, ut nihil ratione fructuum seu proventuum post occupationem seu detentionem ad diem usque ratihabitæ pacis perceptorum, aut Pensionum cessarum petere possint. Similiter peti ampliùs non poterunt debita, merces et mobilia tempore et ratione Belli Fisco addicta vel authoritate publicâ in alios usus conversa, adeoque nec creditores ejusmodi debitorum, nec Domini earum mercium aut mobilium, eorumque hæredes aut causam ab iis habentes, ea persequi aut restitutionem seu satisfactionem prætendere unquam debebunt. Restitutiones hæ ad eos quoque extendentur, qui partes contrarias secuti sunt, quive eo nomine suspecti fuerunt, et quibus post Pacem Neomagensem bona, reditus aut jura ideò quòd alibi habitaverint, vel homagium non præstiterint, aut similes ob causas, seu prætextus ablata fuerunt, quique proinde virtute pacis hujus in Principis sui gratiam redibunt, sicut et in pristina jura et quævis bona, qualia hoc tempore conclusionis et subscriptionis hujus tractatûs fuerunt. Atque omnia isthæc statim à ratihabitâ pace executioni mandabuntur, non obstantibus ullis donationibus, Concessionibus, Alienationibus, declarationibus, confiscationibus, commissis, impensis, meliorationibus, sententiis interlocutoriis et definitivis, ex contumacia, partibus absentibus et non auditis, latis, quæ sententiæ et res judicatæ nullæ erunt, et perinde habebuntur, ac si judicatæ aut pronuntiatæ non essent, plenâ libertate et integrâ manente iis omnibus in patriam, seu ad bona ista redeundi, utque iis non minùs ac censibus et reditibus, vel ipsi frui, aut alibi, ubicunque ipsis visum fuerit, domicilium figere seu morari possint, prout elegerint, omni violentiâ seu coactione penitus exclusa. Tumque fas illis erit per procuratores non suspectos bona et reditus administrare, iisque uti frui, exceptis tamen beneficiis Ecclesiasticis Residentiam requirentibus, quæ personaliter administrari, et obiri debebunt. Omnibus denique utriusque partis subditis libera facultas erit, bona mobilia et immo-

bilia, census et reditus, quæ sub alterius ditione habent, vendendi, permutandi, alienandi et transferendi, aliterve de iis inter vivos et per ultimam voluntatem disponendi, ita ut quilibet, subditus vel extraneus, ea emere seu acquirere possit, nullâ aliâ seu ulteriori permissione Superioris requirenda præter eam, quæ hoc Articulo continetur.

XLVII. Si aliqua beneficia Ecclesiastica mediata vel immediata, durante hoc bello, ab unâ alterâve parte in terris, seu locis sibi tunc subjectis juxta primævæ institutionis ac generalium vel particularium de iis factorum statutorum legitimorum normam aut aliam quamvis à Summo Pontifice canonicè factam dispositionem et provisionem capacibus collata fuerint, ea non minùs atque illa beneficia Ecclesiastica quæ ante præsens bellum in locis ex hac pace restituendis tali modo collata fuerunt, præsentibus possessoribus relinquantur, ita ut nec in illorum possessione vel legitima administratione, nec in fructuum perceptione, à quocunque turbari aut impediri vel eorum nomine seu causa præterita aut præsenti in jus vocari, conveniri, aut quâvis ratione inquietari seu molestari unquam possint aut debeant, ut tamen ea præstent, quæ sibi ratione illorum beneficiorum incumbunt.

XLVIII. Cum tranquillitatis publicæ intersit, ut pax conclusa Augustæ Taurinorum 29ᵐᵃ. Augusti 1696 inter Sacram Regiam Majestatem Christianissimam et Dominum Sabaudiæ Ducem exactè observetur, illam quoque pace hac comprehendi et confirmari placuit, ut ejusdem cùm pace hac vigoris sit et perpetuò maneat. Confirmantur præterea sigillatim, quæ pace Westphalicâ et Neomagensi superiùs restabilitâ pro Domo Sabaudicâ cauta sunt, et hic nominatim repetita censentur; ita tamen ut per factam restitutionem Pinaroli ejusque dependentiarum nullâ in parte minui aut alterari queat obligatio, quam Sacra Regia Majestas Christianissima in se suscepit, solvendi Domino Mantuæ Duci, quadringenta nonaginta quatuor millia aureorum, in liberationem Domini Ducis Sabaudiæ; prout in Instrumento Westphalicæ Pacis fusiùs declaratum est. Atque ut ea pleniùs et firmiùs corroborentur, omnes et singuli principes pacis generalis consortes, quas inter se pro majori securitate stipulantur sponsiones seu guarantias, easdem Domino Duci Sabaudiæ præstant, et ab eo vicissim accipient.

XLIX. Redditione verò seu restitutione quâcunque locorum, personarum, rerum aut jurium à Galliâ factâ aut faciendâ, redintegratis seu redintegrandis nihil novi juris acquiretur. Si verò aliorum contra illos prætensiones fuerint, hæ post factam Restitutionem, quæ propterea nullatenus differri debet, loco convenienti proponendæ, examinandæ et decidendæ erunt.

L. Simul atque instrumentum Pacis hujus à Dominis Legatis Extraordinariis et Plenipotentiariis subscriptum et signatum fuerit, cesset omnis cujuscunque generis hostilitas ac violentia, ædificiorumque, Vinearum et Sylvarum vastatio aut arborum cæsio : deducanturque illicò post ratihabitiones commutatas utrinque copiæ ex locis non munitis ad alteram partem pertinentibus. Loca verò munita ex pace hac restituenda tradantur intrà triginta dies à ratihabita pace, aut citiùs, si fieri poterit, iis, qui præcedentibus articulis nominati sunt, vel si expressi non fuerint, illis, qui immediate ante destitutionem in possessione fuerunt, absque ullâ munimentorum aut ædificiorum publicorum vel privatorum destructione, aut statûs, in quo nunc sunt, deterioratione, vel quarumvis impensarum in vel ob ea factarum repetitione, ullâve militum aut eorum nomine vel aliâ de causâ faciendâ exactione, aut rerum ad incolas spectantium vel ex hac pace relinquendarum ablatione. Demolitio autem qualiscunque destruendorum, de quâ supra convenit, absque impensis et molestiâ alterius partis, minorum quidem intra mensem, majorum verò intra duos menses, aut citiùs, si fieri poterit, plenè perficiatur. Reddantur præterea bonâ fide statim à ratificationibus commutatis omnia Archiva et documenta literaria, non ea tantùm, quæ ad loca Sacræ Cæsareæ Majestati et Imperio ejusque Statibus et Membris restituenda aut relinquenda pertinent, sed et omnia illa, quæ ex Camerâ et Urbe Spirensi, alibique in Imperio ablata sunt, etsi eorum mentio specialis in hac conventione facta non sit. Captivi quoque utrinque facti ratione belli plenæ libertati absque lytro restituantur, maximè ii, qui remis addicti aut alias ad opus publicum damnati fuerunt.

LI. Et ut ad Subditos utriusque partis plenior pacis fructus mox pervenire possit, convenit, ut quæcunque contributiones pecuniæ, frumenti, vini, fœni, lignorum, pecudum, aut alterius nominis, licet alterutrius Subditis jam imperatæ aut per pacta stabilitæ fuerint, uti et pabulationes omnis generis in alterutrius ditione statim à die ratihabitionis omnino cessent, et quod tum ex ejusmodi aliisque contributionibus, indictionibus aut exactionibus residuum debebitur, penitus abolitum sit et maneat, obsides etiam ex quâcunque causâ hoc bello dati aut abducti, sine morâ absque ære reddantur, liberéque in Patriam dimittantur.

LII. Redeant quoque mox à subscriptâ pace commercia inter Sacræ Cæsareæ Majestatis Imperiique et Sacræ Regiæ Majestatis Christianissimæ, Regnique Galliæ Subditos durante bello prohibita, in eam, quæ ante bellum fuit, libertatem, fruanturque utrinque omnes et singuli, nominatim Urbium Imperialium et Emporiorum Hanseaticorum cives et incolæ, terrâ marique plenissimâ securitate, pristinis juribus, immunitatibus, privilegiis et emolumentis per solennes tractatus aut vetustam consuetudinem obtentis, ulteriori conventione post pacem remissâ.

LIII. Omnia per hanc pacem conventa valeant, ac perpetua firmitate nitantur, observenturque et executioni mandentur, non obstantibus sed abrogatis et cassatis omnibus quæ contraria credi, allegari, aut excogitari unquàm possint, etsi talia sint, ut eorum specialior seu amplior mentio fieri debeat, aut abrogatio, seu annullatio nulla seu invalida dici posse videatur.

LIV. Utrique contrahentium parti liceat pacem hanc ejusque observationem fœderibus, munimentis in proprio solo, extra loca tamen superiùs nominatim excepta, pro arbitrio extruendis et ampliandis, præsidiisque et stationibus, atque aliis mediis ad defensionem comparatis firmare :

cùm aliis quoque regibus, Principibus et Rebuspublicis, tum imprimis Sueciæ Regi, ceu Mediatori, æquè ac virtute pacis Westphalicæ eam asserere Sacræque Cæsareæ Majestati, Imperioque, et Sacræ Regiæ Majestati Christianissimæ guarantiam præstare semper fas erit.

LV. Et cùm Sacra Cæsarea Majestas, Imperiumque, et Sacra Regia Majestas Christianissima grato animo agnoscant indefessa studia et officia, quæ Serenissimus Sueciæ Rex tranquillitati publicæ reducendæ impendit, utrinque placuit, eum cum regnis et provinciis suis præsenti hoc tractatu omni meliori modo nominatim comprehendi.

LVI. Porrò quoque Sacræ Cæsareæ Majestatis et Imperii nomine pace hac comprehenduntur [1] præter nominata jam Imperii Membra etiam reliqui Electores, Principes, Status et Membra Imperii, interquè ea sigillatim Episcopus et Episcopatus Basileensis, cum omnibus eorum ditionibus, prærogativis et juribus, tum et Tredecim Helvetiorum Cantones cum eorum Fœderatis, nominatim cum Republica et Civitate Genevatum et dependentiis, Urbe et Comitatu Neocomensi ad Lacum, Civitatibus Sancti Galli, Mulhusæ et Biennæ, Tribus Ligis Rhæticis seu Grisonibus, Septemdecimis Valesianis et Abbate Sancti Galli.

LVII. Nomine Sacræ Regiæ Majestatis Christianissimæ comprehenduntur pariter Tredecim Cantones Helvetiæ eorumque Fœderati, et nominatim Respublica Valesianorum.

LVIII. Includentur etiam Paci omnes illi, qui ante permutationem Ratihabitionum, vel postea intra sex menses ab una vel altera parte ex communi consensu nominabuntur.

LIX. Pacem hoc modo conclusam promittunt, Legati Cæsarei et Regii Deputatorumque Imperii Ordinum Plenipotentiarii ab Imperatore, Imperio, et Rege Christianissimo ad formam hic mutuò placitam ratihabitum et ratificationum

1. V. *Actes et Mémoires de la paix de Ryswick* (t. IV, p. 258) plusieurs *actes d'inclusion* de la France pour comprendre dans le traité avec l'empereur, le pape, tous les princes d'Italie, le roi de Portugal, les treize cantons des Ligues suisses et leurs confédérés.

instrumenta intra sex septimanarum spatium ab hodierno die computandarum, aut citiùs, si fieri queat, hic reciprocè commutatum iri [1].

LX. In quorum fidem roburque tàm Cæsarei quàm Regii Legati Extraordinarii et Plenipotentiarii, unà cum Electorum, Principium et Statuum Imperii ad hunc Actum deputatorum Plenipotentiariis Tabulas has propriis manibus subscripserunt et Sigillis suis muniverunt. Acta hæc sunt in Palatio Riswicensi in Hollandiâ trigesimà die mensis Octobris, anno Domini millesimo sexcentesimo nonagesimo septimo [2].

(*L. S.*) D. A. C. à Caunitz. (*L. S.*) de Harlay Bonneüil.
(*L. S.*) Henr. C. de Stratman. (*L. S.*) Verjus de Crecy.
(*L. S.*) J. F. L. B. à Seilern. (*L. S.*) de Callieres [3].

---

1. Les ratifications de ce traité se trouvent dans Dumont, t. VII, part. II, p. 431. Elles sont datées, pour l'empereur, de Vienne 7 décembre 1697; pour le roi, de Meudon 14 novembre 1697.
2. La médaille frappée à l'occasion de la paix de Ryswick porte au droit l'Equité et la Valeur tenant ensemble une couronne d'olivier avec la légende : « virtus et æquitas » et au verso : « pacata Europa 1697. »
3. Suivent 23 autres signatures des représentants d'électeurs, de princes ecclésiastiques et de villes libres.

TABLE DES MATIÈRES

Pages.

I. Traités d'Aix-la-Chapelle.

Notice 1
Traité.................................... 14

II. Traités de Nimègue et Trêve de Ratisbonne.

Notice 23
Traité de paix de Nimègue entre Louis XIV et les États Généraux.................... 53
Traité de commerce et de navigation entre les mêmes 63
Traité de paix entre Louis XIV et Charles II d'Espagne.................... 70
Traité de paix entre l'empereur Léopold et Louis XIV. 100
Traité de paix de Saint-Germain entre Louis XIV et Frédéric Guillaume de Brandebourg........... 117
Traité secret de Saint-Germain entre les mêmes... 126
Trêve de Ratisbonne entre l'empereur Léopold et Louis XIV.................... 135
Trêve de Ratisbonne entre Louis XIV et Charles II d'Espagne 142

III. TRAITÉS DE TURIN ET DE RYSWICK.

Notice 149
Traité de paix de Turin entre Louis XIV et Victor-Amédée II de Savoie 171
Traité secret de Turin entre les mêmes 182
Traité de paix de Ryswick entre Louis XIV et les États Généraux 190
Traité de commerce et de navigation entre les mêmes 199
Traité de paix entre Louis XIV et Guillaume III ... 202
Traité de paix entre Louis XIV et Charles II d'Espagne 214
Traité de paix entre l'empereur Léopold et Louis XIV. 228

MACON, PROTAT FRÈRES, IMPRIMEURS

www.ingramcontent.com/pod-product-compliance
Ingram Content Group UK Ltd.
Pitfield, Milton Keynes, MK11 3LW, UK
UKHW021050220726
13924UKWH00005B/2069